日本昔話百選

改訂新版

稲田浩二・稲田和子…編著

丸木位里・丸木俊…絵

三省堂

おりゅう柳

さる昔、ありしかなかりしか知らねども、
あったこととして聞かねばならぬぞよ。

——鹿児島県黒島「昔話の序章」——

はじめに

日本にはいま、昔話を三百数十話語りついでいる語り婆《ば》さがいます。百話、二百話の語り婆さ、語り爺《じ》さはゆうに十指に余ります。ことだまの国の伝統が生きております。

祖先は何のために昔話を語りついできたのでしょうか。たしかに、昔話は太古の祖先の幽暗な心をつつみこんでいます。そこが昔話のもついいしれぬ魅力であることは争えませんが、語り婆さの前には、「まんまの一かけらくらい食わんでも、むかし（昔話）を聞きたい」という幼な子があるのです。語り手はそこで、幼い魂に呼びかけ、幼な心をおどらせる話がしたかったのです。語り手の心は、遠い過去を背おいながら未来へ向かって歩んでおりました。

その昔話は飾りけのない暮らし言葉で語りつがれます。そこに、人生を戦いぬき、愛してきた人々の心がこもります。昔話がいまにわたしたちに語りかけるゆえんです。

ここにいささか僭越ですが、若い人々のために日本の昔話を代表する百の話を選んでみました。江戸時代の百物語の故知にならい、これでひとまず日本の昔話を展望しうると考えました。「めでたしめでたし」の完形昔話は主要な話型をのがさないよう心がけ、笑話、鳥獣草木譚は心に訴えるよい語りを重視しました。

言葉をわかりやすい共通語に近づけました。ただし、会話には生きのよい語り調をいとしんで、あるていど地《じ》の方言を使っています。語りの楽しさを伝えるために、昔話特有のくりかえしを多くとどめています。

語り手は一つの風土を内蔵した昔話を伝えます。昔話の生命はその風土をはなれては薄れてしまいましょう。そこで原話を重んじ、できるだけ原話に忠実であることを志しました。原話に弱点があれば、それを補強するには、必ず同じ風土の伝承によることにしました。北国には北国の話、西国には西国の話があり、百選のふるさとは広く全土にわたりたく願いました。そこでいちおう国土を三部――北国《きたぐに》(北海道・東北)中の国(関東・中部・近畿)西国《にしぐに》(中国・四国・九州)に分けて配列してみました。

語り手と聞き手とが、あいづちをなかだちに共作してきたのが昔話です。わたしどもも数知れぬ語り手たちの声にはげまされながら、また聞き手たる読者にもなってこの百話を書いてみました。ここから、日本のより豊かな心がうまれ育つなら望外のしあわせです。

しまいになりましたが、つねづね敬愛する丸木位里、俊両画伯には、アメリカ合衆国における「原爆の図」展という、画期的な時期に、こころよく点睛の装幀と口絵・挿絵をいただきました。あつく御礼申しあげます。

一九七一年一月二十日

稲田浩二
稲田和子

改訂新版の本文についてひとこと

このたびの改訂新版に当たっては、地域語の明らかな誤りを訂正するようつとめました。そのため、全国各地のお話を語る方々からお力添えをいただき、感謝していますが、非力のため、行き届かなかった点は、今後も直していくつもりです。

新しく加えたり、差し替えた話も数話ありますが、多くは、原話の語りを尊重した初版の姿をとどめましたので、声に出して読んでみて下さい。特に、始まりの句と結末の句には古い形を残しています。

しまいになりましたが、昔話調査にあたられ、貴重な資料を残してくださった原著者の方々に心から感謝し、厚く御礼申しあげます。

なお、お子様や、地域語になじめない方々は、本文の右に添えた共通語のほうをお読みいただければ幸いです。

稲田　和子

もくじ

日本昔話百選——改訂新版

北国の昔コ

中の国のむかし

西国の昔話

カバーの絵・口絵・挿絵――丸木位里・丸木　俊
編集協力――(有)さとう出版

北国の昔コ

尻《しっ》尾《ぽ》の釣

昔あったずもな。

ある時、狐とかわうそが雪道でぱったり出会ったと。狐は、

「やあやあ、かわうそどん、いい所で行き会った。実はこれからお前のところさ《（ところに）》話しに行くところだ」

と上機嫌《きげん》で声をかけた。

「そうか、何か用でもあるのか」

「なに、格別の用事でもないが、これから冬の夜長になるから、互いによんだり《（招いたり）》よばれたり、つまりよばれ合いっこすべえ《（しようと）》と思ってさ」。

お人好しのかわうそは、

「そりゃいい考えだ。狐どん。まずお前がおれのところによばれてこいや」

とさっそく狐をさそった。そこでかわうそは、寒《かん》のさなかに川にもぐって、さけだのますだのつか

まえて、ずるずると引っ張ってもどった。晩げには、ごちそうをいっぱい並べて狐をもてなしたと。うまい魚をたらふく食った狐は、

「ああうまかった。あしたの晩にはおらとこへ来いや」

と喜んで、しょんしょん帰っていった。さてあくる日かわうそは、「あいつのごちそうは、きっと山のものだべ。兎汁《うさぎじる》でも食わせるかなあ」と、楽しんで出かけたと。ところが狐の家では、さっぱりごちそうの匂《にお》いもしないいし、物音もしない。

「狐どん、狐どん、おらよばれて来たぜ」

はいってみると、狐は柱につかまって、天井向いてだまっていると。

「狐どん、狐どん、どうした」

「かわうそどん、申しわけねえことだども、おら今日《きょう》、天守《てんま》り役が当たってな、こうやって上の方ばかり見ていねばなんねえ。悪いども今夜のところは帰って明日来てくれ」。

かわうそは、「狐どんは、聞いたこともねえ妙な役目をもらったもんだな。ま、仕方がねえ」と帰って来た。

そうしてまた次の日になると、かわうそは今日こそはと思って狐の家へ出かけたと。ところが前の晩と同じことで、さっぱり何の気配《けはい》もない。

「狐どん、狐どん、おら今夜も来たぜ」

とはいってみると、狐はいろりにつかまって下の方ばかりにらんでいる。

「狐どん、狐どん、どうした」

と聞くと、狐は顔も上げねえで、

「いや、運の悪いことに、今夜は地守《じまも》り役が当たってな、こうしている。悪いども出なおして明日来てくれ」。

かわうそは、「ははあ、おれには食わせねえつもりだな」と気づいて業《ごう》がわいたけれども、そうかと、そのままもどって来た。ところが次の晩、狐は、ひょっこりかわうその家にやって来て言ったと。

「かわうそどん、いるか。今夜こそはお前をよんでやりたいども、仕度《したく》が出来なかった。これから魚とりに行くべえと思うが、魚のとり方教えてくれねえか、お前は上手だからな」

「狐どん、そんなことならわけはねえ。うんとしば《（冷え》

れる晩《こむ》に、川の淵《ふち》さ行って尾《お》っぽを水に垂《た》らしてると、ちょろちょろと魚が一ぴきずつ来て、尾っぽにかみつく。いっぱい食いついたところで、そろっと尾っぽを持ち上げて帰ればええ」

「ふふん、それだけのことなら、とっくに知ってたやあい」

と言って、狐は帰ってったと。帰りながら、「あいつはばかだな、秘伝をすぐ他人《ひと》に教えて」と鼻をしかめて笑った。すぐその足で川へ行った狐は、水の中に尾っぽを垂らし、ちんとうずくまって向こう山を眺めていたと。

すると薄い氷が、カラカラカラッと流れて来ては、ぴたっと尾につく。カラッカラと来てはぴたっと尾につく。狐は、ははあ、これはみんな魚だな、魚がおらの尾っぽを引っ張っている、と思うとうれしくなって、ひとつ歌でもうたってやれと、

はあ　ますがついたか　やんさあ
さけがついたか　やんさあ

と、からだを揺《ゆ》すってうたっていたと。夜がふけてくると、尾っぽは次第に重くなった。狐は寒いけれども、もうちょっともうちょっとと欲を出して、じっとがまんしていたと。

やがて空が白んで夜明けが近づいてきた。川にはまっ白に氷が張って、狐の尾っぽもこおりついてしまったと。そんなこととはちっとも知らねえで、狐は考えたと。「あの早起きの犬のやつか人間に見つかったら、これは事だぞ。今のうちに魚をさげて帰った方が得《とく》というもんだ」。そこで尾っ

ぽを引っ張ってみると重いので、うんと力を入れて持ち上げようとしたども、びくともしない。あれあれと、狐は泣きだして、

さけもいらない
せんどこさのぐえんぐえんぐえん
ますもいらない
せんどこさのぐえんぐえんぐえん
さけもますもいらない
せんどこさのぐえんぐえんぐえん

と言い言い、あわてて引っ張ったが、ちょっとも上がらねと。そのうちに朝が早い嫁ごが、桶をかついで水汲《く》みに来て狐を見つけた。

「あら、狐の野郎が、こんなところに、ばかな真似《まね》をして」

と叫んで、かつぎ棒でしたたか叩《たた》いたと。狐は殺されてはたまらねえと、力の限りふんばったから、尾っぽが切れて命からがら山へ逃げこんだとさ。

どんどはれ。

——岩手県遠野《とおの》市——

＊解説

広く全国に口伝えされた話だが、北国ほど厚く、南国の九州・沖縄などでは耳にしがたい。狐の尻尾がこおりつくモチーフが楽しさの眼目だからだろう。秋田県などで、後半の狐のことばが子守唄の伝承そのままなのも、子どもに人気のあった証拠だろう。ヨーロッパでは北ドイツを南限とし、北欧に広まっている。南欧では、尻尾が氷のかわりに釣瓶《つるべ》などに結びつけられる。〔IT五三五B「尻尾の釣り―仕返し型」〕

うぐいすの里

昔あったけど《(あったそうな)》。昔あるところにな、お茶屋があったけど。きれいな姉《あね》さんがまい朝のように、五文《もん》ずつ持ってお茶を買いに来るど。番頭はふしぎな気がして、ある時そのあとをつけて行ってみれば、長い野原を通って、林の中にはいって行ったけど。そこをごんごんと歩いて行くと立派《りっぱ》な御殿があったど。「こんにちは、こんにちは」と言ったらな、毎日くる姉さんがひとりいてお茶を飲んでいたけど。おやと顔をあげて、「番頭さん、よくお出《い》でになった。早く上がってください」ってお菓子だの餅だの、どっさりごちそうしてくれたど。そしてな、

「ちょっと用たしに出るから、お前は留守居《るすい》して遊んでいてくれ。ただ遊んでいてくれればいいな（いいの）だども《だけれど》、次の座敷は十二座敷だから決して見ねでくれ」

と、かたく言いおいて出て行ったど。

それでも番頭はな、見たくて見たくて、こっそり開けて見たればな、そこはお正月の座敷であったど。床《とこ》の間にはな、松竹梅を飾り、鏡餅だの、えびだの、こんぶだの、だいだいだの、上げてあって、子どもたちはみんな赤い着物をきて甘酒を飲んでいたど。

次の間《ま》は二月の座敷でな、初午《はつうま》でな、おいなりさんの赤い鳥居が並んでいて、大勢のお参りがあって、おもちゃを売る大道店《だいどうみせ》でにぎやかだったど。

その次の間はな、三月の座敷でお雛《ひな》さんだど。お内裏《だいり》さんだの、五人ばやしだの、鳩ぽっぽだの、狗子《いぬこ》だの馬子《まご》だの、面白いものづくしだけど。

その次はな、四月の座敷でな、お釈迦《しゃか》さんだど。花御堂《はなみどう》があってな、甘茶の中に、『天にも地にもわれひとり』ていう顔の、おぼこのお釈迦さんが立ってござらしたど。

その次はな、五月の座敷で、端午《たんご》の節句でな、鯉のぼりがたんと並んであったど。よろいかぶとだの武者人形だの飾って、笹巻だの甘い菓子だのいっぱいあったけど。

その次は六月の座敷で、歯固めの氷餅くっていたど。そうして御山《みやま》参りの人たちは梵天《ぼんてん》（御幣《ごへい》）の大きいのを担《かつ》いで毎日通って行くど。

その次は七月の座敷でな、七夕《たなばた》さんで青竹に五色金銀の短冊《たんざく》つるして、桃だの瓜だの供えてお星さんのお祭だど。それから十三日はお盆でな、秋草の花だの、お供え物だの持って、ご先祖さんのお墓参りだど。それからあっちの村でもこっちの町でも鎮守《ちんじゅ》さんのお祭で、ドンドコドンドコ太鼓の音がするやら、獅子《しし》舞だので大さわぎだど。

その次はな、八月で月見の座敷で、団子だの牡丹《ぼたん》だのすすきだの飾ってな、こおろぎ籠《かご》などつるしてな、里芋のお汁で酒飲みしていたど。

その次の九月の座敷は刈入れ時だから、百姓たちは、てんてこ舞いの忙《いそが》しさだけど、十三夜はあとの名月で、ゆで栗だの青豆だののごちそうがあったど。

その次は十月の座敷で、遠い山々は白い頭巾《ずきん》をかぶって、庭の木の葉は、ひらひらひらと風に吹っ飛ばされて、村々の家では新しい餅で、みんな腹ぱんぱんだど。

その次は霜月《しもつき》のえびす講でな、鮭《さけ》の魚はうんととれて御振舞《おんふるまい》だど。そしてな、毎日毎日雪ばかり降ってるけど。

その次は師走《しわす》で、正月のしたくだと餅をついたり、正月ざかな買ったり、煤《すす》払いしたりでうんと忙しいから、子どもはみんなじゃまにされて、部屋《へや》のこたつさはいって昔語りして遊んでいだど。

そしてその時な、不意にホウホケキョと鳴いたから、番頭がびっくりしてあたりを見回したら、御殿どころかなんにもなくて、深い山の中にいるな《（いるのでした）》だけど。

これはうぐいすの内裏《だいり》というところで、よういに人の行かれぬところだけど。
どんべからっこ ねっ《(むかしコはこれでおしまい)》けど。

——山形県最上《もがみ》郡——

＊解説

うぐいすの卵からうぐいす姫が生まれ（今昔物語）、継子《ままこ》は死んでうぐいすに生まれかわる。霊鳥うぐいすと民間伝承の縁はあやしく深い。この幻想的な昔話は中でも秀逸の一つで、グリムの「マリアの子ども」も同じ趣向である。タブーを犯して不幸になる場合と、犯されて不幸になる場合との二系列がある。

〔IT八六「鶯の浄土」〕

犬ッコと猫とうろこ玉

むかし、まずあるところに優《やさ》しいじいさまがあった。ある日、町へ行っての帰り道、じいさまは子どもらが寄り集まって、小さい犬コをいじめているところさ行きあった。犬コの首に縄をつけて、川にどんぶりことつけては引きあげ、またつけては引きあげして面白がっている。

「やあれ、むぞいなや《（かわいそうに）》」とじいさまは、巾着《きんちゃく》から銭《ぜに》コを出して犬コを買いとり、家さ抱いて帰った。

「そら、飯《まま》食《く》え。そら、魚《とど》食《く》え」と大切に育てていると、じきにじいさまになついて、前からいた三毛猫とも友だちになった。


ある時じいさまがたきもの置きばをこわしてると、中から小さい白蛇コがちょろちょろと出てきた。じいさまが手の上に飯粒などのせてなめさせてみると、これもまたじいさまになついてきた。じいさまはこの白蛇コがいとしくてたまらなくなって、人に見られねえよに《（見られないように）》手箱の中に入れたところが、いつのまにやら手箱いっぱいに大きくなった。それではとたんすの中に入れておくと、いつのまにやらたんすの引出しいっぱいに大きくなった。ある時じいさまは、

「蛇どのや、蛇どのや、頭を入れれば足が出る、足を入れれば頭が出るような貧乏家では、お前《め》を満足に飼ってやることもできねえ。お前も一人歩きのできるほど大きくなったし、とんびだの鷹《たか》だのにさらわれることもなかべから、どこでも好きなところさ行って、一人前になれ」

と、因果をふくめて言いきかせた。


白蛇コはこの言葉を聞きわけたように、じいさまの膝《ひざ》から庭先の方へにょろにょろとおりて行った。さて、どこさ行くものかと、後を慕って行ってみると、庭の五葉の松の根方の穴さ、するするとはいった。「ここが蛇コの古巣であったか」と穴コのぞいて見ると、中には、しゃんがと銀光り

する物がある。「ありゃ、何だべ」と手にとって見れば、それは世にも珍しいうろこ玉という宝物であった。じいさまは、「さてはて、これは蛇どのの形見《かたみ》だべ」と押しいただいて持ち帰り、たんすの奥さ大切にしまっておいた。

あくる日、あの光る物をもう一度よく見ようと、じいさまがたんすを開けてみたらば、なんとうろこ玉から黄金《こがね》の粒が一つ湧《わ》いて出ていた。それからというものは、毎日まいにち、金が湧いて、じいさまはたいそうな金持になった。

その金をもとでに呉服屋《ごふくや》商売を始めたところが、これがまた大した繁盛《はんじょう》ぶりであったと。

ある日上方《かみがた》から一人の若者が来て、「ぜひともお店の番頭に使ってくれ」と頼みこむので、じいさまは、「よしきた」とやとってやった。これが目から鼻にぬけるような利口者で、すっかりじいさまに気に入られ、たちまちのうちに店のことを任せられるようになった。これで無事にすめばよかったものを、『人間の欲には限りがない』という言葉のとおりで、番頭はどうにかして、じいさまの宝物のうろこ玉をほしいもんだとねらうようになった。とうとうあるとき、たんすの鍵《かぎ》を預かったのをこれ幸いと、うろこ玉を盗み出し、どこへ逃げたことか消え失《う》せてしまった。

うろこ玉がなくなってからというものは、昨日までの繁盛ぶりがうそのよう、日に日に貧乏になり、とうとう元の兵六《ひょうろく》の、根っきり葉っきりな貧乏たれのじいさまになってしまった。ある日、犬コと猫とを撫でながら、じいさまは目をしょぼつかせてこんなに言い渡したと。

「これ、犬どのな、猫どのな、おめたちも長い年月この家にいてくれたが、今はおらの油断から、おめたちにやる、たづくりの一尾も、乾菜飯《ほしなめし》のひとかけもない貧乏たれになり下がってしまった。おめたちもこの家を離れて、なじょにかして（なんとかして）、どこがで暮らしをたててくれ」。

犬コも猫もよく聞きわけて、しおしおと家を出ていったと。

犬コは、これもみんなあの上方から来た番頭のせいだと、番頭の足跡《あしあと》をどこまでもかいで行った。ずんずん歩いて上方の町さ着いたところは、犬コが得意の鼻でかぎつけた番頭の店であった。町のまん中に立派な店を構えて、なかなか繁盛しているふうだった。

二匹はなじょにかしてこの店にはいりこみたいもんだと、相談の末、まず猫が店の台所へはいりこんで大きな魚を盗《と》って逃げだした。犬コは犬コで、この野良《のら》猫めが、と追いかけて、取り返した。店の女どもは、「この犬コは役にたつ犬コだ、飼ってやれ」と喜んで置いてくれることになった。猫もまたしおらしい猫なで声で、「この家のねずみを一匹のこらず取りますから」と約束して、ともどもに番頭の店へはいりこんだ。

さあて、ねずみどもにとっては一大事だ。「昨日は太郎コねずみがとられた。今日は誰の番だべ。なじょすべえか」とチュウチュウ集まって評議が始まった。しまいに猫どのへ使いを立てて、「どうぞおらの一族眷類《けんるい》を助けると思って、取らねえでけろ。どんな事でもいうこと聞くから」と願いごとをした。猫は心の中ではにかにかしながら、気振《けぶ》りにも見せないで、

「それはまた聞きがたいところだども、今度ばかりは聞いてやる。その代わり、奥にある小だんすの鍵のところばかじりとって、中にはいってるうろこ玉ば持ってこい。そしたらば、お前たちの命ば助けてやる」

と言ったから、ねずみの使いの者は、仰せごもっともと、さっそく仲間を寄せ集め、奥の間の小だんすをガリガリッとかじって、中のうろこ玉を引っぱり出し、猫どののところさ届けた。

犬コと猫は、早々にこの店を抜け出して、じいさまの家をめざして行くが行くが《(どんどん行くと)》行くうちに、大きな川へ出た。「はて、なじょにして渡ったらよかべか」と猫が案じると、犬コは、「おらの背中さ乗れ」と猫を背負い、猫はうろこ玉をくわえて川を渡った。

　向こう岸に着いたと思うと狐がぶらりと出てきて、

「もし、もし、犬どのな、猫どのな、おめたちの持っている丸けものは何だや。まりコだらば、ちょっとのま、手玉とって遊ばねえか」

と誘いをかけた。そこで三匹はうろこ玉を手玉にとって、あっちやり、こっちやり、遊びほうけていた。その時狐はひょいと受けそこねて、大事な玉を川に落としてしまった。

「ありゃ、困った、大事《おおごと》した」とあわてて川の中を探したけれども、どこへ行ったことか、うろこ玉は見つからなかった。仕方がねえと犬コと猫とは野越え谷を渡り、歩き続けてどこかの町へ来かかると一軒の魚屋があったと。見るともなしに見てみると、たったいま揚《あ》げてきたばかりとみえる大きな魚がぴん、ぴんとはねていた。「今となってはこの魚でも、じいさまのおみやげにしてあげべか」と、犬コと猫とは、ぐぇらりとその魚をとって、ぶんぶんぶんぶんと逃げた。

逃げて逃げてじいさまの家に帰り着いた。じいさまは、

「これ、お前たち、どこさ行っていた。よく昔のことば忘れねえで、こんな大きな魚コまで買ってきてくれた」と涙を流して喜んだと。さっそく包丁《ほうちょう》を入れると、どうもひとところ切れねえところがある。おかしいなと、包丁をねせて(横にして)身をそいでみると、腹の中からうろこ玉がぽろりと出てきた。

「ありゃあ、なんたら手柄をしてくれたなや、お前たちは」。

じいさまが喜べば、犬コも猫も喜んで、一家はまた昔のように栄えたとさ。

どんどはれ。


――岩手県稗貫《ひえぬき》郡――

＊解説

近くはアイヌ民族・朝鮮・中国・インドネシア・トルコ、さらにヨーロッパからアフリカへ、多数の民族が共有する昔話の代表である。まことに、世界は一つ、人間みな同胞という思いを新たにする。呪宝には玉のほかに指輪・一文銭・延命小槌《こづち》・杖などがあり、地方性、民族性をうかがうにたる。〔IT三八三「犬と猫と玉」〕

うば百合のたたり

私と夫はたいへんな貧乏暮らしをしていました。

夫は狩りに行っても一匹も獲物を取ることができず、私が畑に何か蒔いても、採れたのはほんの少しでした。着物は二人とも着ているのが一枚きりで、夫は丈が膝より上、私は膝より少し下の着物を着ていました。ある日、私が野草でも見つけて食べたいと思って出かけ、大きな木の下で休んでいたとき、木の枝に山のからすと海のからすが飛んできて止まり、こんな話をはじめました。私には鳥の言葉が分かるのです。山のからすが、

「海のからすさん、浜辺のアイヌはみんな元気ですか」と聞くと、海のからすは、

「はい。みんな元気にしています。山のアイヌのみなさんは元気にお暮らしですか」と尋ねました。

「実は村長《むらおさ》はりっぱな方なのに、いまひどい病気です。明日死ぬかもしれないのに、村人の誰にも、どうしたら命が救えるか分からないのです」と山のからすが話しました。

「ああ、それは野原の神を怒らせたからです」と海のからすは話し始めました。

「実は私は神さまがたが話されるのを聞いたから、病気のわけを知っています。村長の奥さんは働き者ですが、欲張りで、うば百合の根を、小さいものまで掘ってしまうので、野原の神は食べるところがなくなりました。怒った神が、村長を病気にしたのです。このままなら、奥さんも殺されるでしょう。人間にはそれが分からないのです」と、海のからすが残念がりました。山のからすはうなずきました。

「分かりました。アイヌの人たちがこのことに気づいて、イナウを作って拝み、神に謝れば、村長の病気も治せるわけですね」

私がすぐに家に帰り、からすの話を夫につたえると、夫はこう言って、すすめました。

「すぐ、村長のところへ知らせにいこう。お前がからすの話を聞いたのだから、お前の口から言いなさい。それにお前の着物は私のよりましだから。私は表で待っているから」

それから二人で村長の家に行くと、出てきた人は私たちをひとめ見るなり、

「ここはお前たちみたいな貧乏人の来るところではない」と軽蔑《けいべつ》して家に入れてくれません。けれども、私が、

「村長に大切な知らせを持ってきたのです。ご病気が治るかもしれませんよ」

と言うと、やっと中にいれてくれました。そこで私はからすの話を伝え、

「からすの言ったとおりにして、野原の怒りを鎮めてください」とお願いしました。

村長の家ではすぐさまイナウをけずって、

「野原の主の神様、もう決して欲張って採りすぎることはしませんから、怒りをお鎮《しず》めください」

と言って拝んだところ、村長は、今、目が覚めたように起き上がって、元気になりました。村長の妻もほかのアイヌも心から神に感謝し、喜び合いました。

私たちは村長の家から、暖かい着物や食べ物をたくさんもらいました。それ以来私はいつも、

「山や野のものを根絶やしに採ってはならない。少し残しておくように。神様も人と同じように、食べ物によって生きていらっしゃるのだから」と人びとに語り続けながら年老いていっているのです。そう一人のアイヌが語りました。


——北海道旭川市——

＊解説

周知のように、アイヌ人は、近世のころまでは、主として原野の植物の採集と、海山の動物の狩猟とで暮らしをたててきた。彼らは自然を畏敬し、野山のもの、海のものとともに生きることを願い、必要以上に彼らをむさぼり採《と》ることは罪悪とされた。生ある自然のうば百合は「野原の神」だから、これをむさぼり採りつくす者は、神を冒瀆《ぼうとく》する罪人とみなされ、神の処罰を受け、病気になる。そこでこうした病気は、野原の神を手厚く祭ることで全快するのである。

猿神退治

ざっと昔あったと。

ある村にばくちのぶっ倒れがやって来て、庄屋の家のそばを通りかかったと。すると中から、シクリシクリと泣き声がもれてきたから、はいっていって、「なんで泣くや」と尋ねたと。家中の者はみんなしおれていて、やっと一人が口をきいてくれた。

「この村の鎮守《ちんじゅ》さまは、一年に一人ずつ娘を食われる。人身御供《ひとみごくう》にあがる娘の家の屋根さ白羽の矢が当たるようになっていて、今年《ことし》は、わあ《(私の)》家さ当たったでやす。近いうちに娘が人身御供にあがらねばならねえから、泣いているのでございやす」。

ばくちのぶっ倒れは、

「鎮守さまは村の人を守ってくださる神さまだ。それが人を食うはずがねえ。これはなんでも化け物のすることに違いねえ」、そう思ったので、

「誰か鎮守さまの姿を見たとか、声を聞くとかした者はいねえか」

と聞いてみた。

「あんまりおっかねえから姿を見た者はねえが、前に娘をあげた家の衆から、化け物がこんなことを言ったって聞きました。『伊勢の国の、よだの町の天地白《てんちしろ》には、このことかまえて《(決して)》聞かせるな。キュウ　ワイ　ワイ　ワイ』」

「それはいいことを聞いた。そうだれば小遣《こづか》いくうろ《(くれろ)》。伊勢の国のよだの町さ行って天地白を探してくべえ」

ばくちのぶっ倒れは、そう言って庄屋から小遣いをもらうと旅さ出た。何日かかったことだか、伊勢の国のよだの町へ行って尋ねて回ったと。

「この村に天地白というがん《(やつ)》はいねえか。わけがあって、そいつにおれの国さ来てもらいてえんだ」

「ああ、天地白というがんは、この町のあまし者《(よけい者)》の犬だ。別に飼い主もねえから連れて行ってくうろ」。

　ばくちのぶっ倒れはまた、長い旅をして天地白を連れてもどったと。庄屋では、あのばくちのぶっ倒れにばかにしられたかと思っていたところなので、大喜びで迎えてくれた。犬にもうんとごっつおうを食べさせて精をつけてから、娘の代わりに唐《から》びつに入れたと。若い衆がそれを担《かつ》いで鎮守さまの森にのぼって行った。ばくちのぶっ倒れは、お社の前に唐《から》びつをでんと置かせると、若い衆を帰して林の中から目を光らせて見ていた。

やがてとっぷり暮れたころ、西の山の方がぴかあり、ぴかあり光りだして、化け物は紫の雲に乗ってやって来た。

伊勢の国の　よだの町の　天地白には

このことかまえて　聞かせるな

キュウ　ワイ　ワイ　ワイ

こんなうたをうたいながら、だんだんおりてきた。

キュウワイワイワイ　スッテンコロリン　トチーン

化け物は鎮守さまの庭におりて、唐びつを見ると喜んで蓋《ふた》に手をかけた。その拍子に天地白が唸《うな》りながら飛びかかって上になり下になりとっ組み合いが続いた。

やがてばくちのぶっ倒れが林の中から出てみたれば、でっかい獣《けもの》が倒れていて、そばの天地白も、どうやら深い傷を負っているらしい。「よくやった、よくやった」と、ばくちのぶっ倒れが介抱しているうちに、犬は息が絶えてしまった。あくる日、

「どうせばくちのぶっ倒れも、天地白も食われてしまったに違いねえ」

と言いながら、若い衆が朝早く上がって来たれば、ばくちのぶっ倒れは元気でいる。

「化け物は退治したが、かわいそうに天地白も死んでしまった。化け物は笹藪《ささやぶ》の中さ倒れているはずだから、行ってみべえ《(行ってみよう)》」

と言って笹藪を分けてはいってみると、年寄りの狒々《ひひ》猿が、のどをかみ切られて倒れていた。村中の人は大喜びで、ばくち打ちに「いつまでも村にいてくだされ」と頼んだと。
ばくちのぶっ倒れは庄屋どのの聟《むこ》になって、万貫長者で暮らさったと。

――福島県南会津郡――

＊解説

岩見重太郎のひひ退治の話となると誰でも知っている。院政期の『今昔物語集』にもいち早く類話が載っている。口づたえの昔話では救援の霊犬がたびたび丹波のシッペイ太郎、スッペイ太郎、オサクジョウ、デンジョウ坊などとなる。丹波から遠い北国の秋田や宮城でもそう言う。丹波がこの話の伝承に深くかかわるあかしであろう。あるいは犬神を信じる輩の伝播《でんぱ》したものか。〔IT二七五A「猿神退治―犬援助型」〕

尻《しり》鳴《な》りべら

むかしむかしなあ、あるところに食うや食わずの男がいたんだと。どんなに働いてかせいでも暮らしが楽になんねえもんだから、「おらは、よくよく生まれついての貧乏者だ。おらの中の貧乏神を追い出すには神さまにおすがりするより仕方がねえ」と考えて、近くの神さまに百度参りをして金持になれますようにとお願いもうしたんだと。

参りつづけてやっと百回目の夜なかのうしの刻に、貧乏男は柱にもたれてついうとうとと眠っていた。ほうしたら夢の中に神さまが出てこられて、

「よし、よし。その方の願いを聞いてこのへらを授けてやるぞ。赤い方で撫《な》でればおもしろい屁《へ》の音が鳴り出す、黒い方は屁《へ》どめのはたらきをする。これで金もうけができるべ」

とお告げがあって、またぱっと消えてしまわれた。はっと頭をもたげてみればすぐそばに、ちっちゃい、手の中にはいるほどのへらが一つ落ちていたんだと。男は「これはかたじけないことだ」とへらを押しいただいて家さ帰ったんだと。

あくる日、男は「一つ試してみっぺ」と思って、ずんずん歩いて行った。すると向こうに馬《ま》っこがつないであったので、そのへらの赤い方で尻をぴらんと撫でてみたんだと。するとたちまち尻はうなるような音を出し始め、だんだん大きな音になって、こう鳴り始めた。

ひょう　ひょう　ひょう　ひょうろんこう
大道　古道　古街道《かいどう》のまん中で
最新べらで撫でられて

それでおけつが鳴るぞよ
　ひょう　ひょう　ひょう　ひょうろんこう
馬《ま》っこは自分の尻がおかしな音で鳴るもんだから、たまげてしまって、後足でガン、ピョンと地を蹴ってとびあがり、暴れ馬になった。馬の持主も、どういうわけだべと走ってかけつける。人も寄ってくる。大さわぎになったんだと。男はそこへ知らん顔して、「何でがす」と現われた。

「いや、まあ見てくれ。馬の尻があのとおり、祭りのはやしみたいに続けざまに鳴ってとまらねえ。馬も疲れっから何とか止めてやりたいもんだが……」

と青くなって、「どうどうどう」と言ってみるのだがどうにもならねえ。

「それはお困りだな。おれがまじなってあげる」。

男は思案顔して馬のそばに寄って、へらの黒い側《がわ》で尻をぴらんと撫でたら、ぴたんとその音は鳴りやんだんだと。「まあ、ありがたいことだ。おかげさまで馬の鳴音《なりおと》が止まった」と、馬の持主から、酒やら夕飯やらよばれて帰ってきたんだと。

さてさて、馬の尻を鳴らしたとて金もうけにはなんねえから、と考えて男はへらを使う時を待っていた。ほうしたら隣の村でお祭りがあるというんで出かけてみると、村一番の長者どんの娘が、おばんつぁん(おばあさん)と二人で神参りに来たんで、男はこの時とばかり、へらの赤い方で娘の尻をぴらんと撫でた。尻は、はじめは小さい音でうなっていたが、

ひょう　ひょう　ひょう　ひょうろんこう
大道　古道　古街道のまん中で
最新べらで撫でられて
それでおけつが鳴るぞよ
ひょう　ひょう　ひょう　ひょうろんこう

と鳴りだした。娘はまっ赤になって、おばんつぁんの手を振りほどいて家さ走って帰った。帰って来てふとんにもぐりこんでみたけど、尻の鳴音はますます大きくなり、両隣三軒ずつに聞こえるほど、昼も夜も鳴り続けた。長者どんは、大事な一人娘がきたない病気に取りつかれて御飯も食わねえようでは命がたまんねえと、医者や法師を呼んで手をつくしたが、何の効目《ききめ》もなかったんだと。

次の日、貧乏たれは、もうよい加減のころだと長者の門を叩いて、

「おじょうさまの病気がなおるよう、手前がまじなってあげっから」

て言ったから、長者どんはとんで出て来て、手をすりひたいをこすりつけて、「何とか助けてくだされ」と頼んだ。

「はて、やさしいことでござるが、人がいてはおれのまじないはきかねえから、皆さんはあちらで待っていてくだされ」

と、人を遠ざけて二人きりになると、娘を裸にして、へらの黒い側でひとなでぴらんと撫でた。鳴《なり》

音《おと》は蓋《ふた》でもしたようにぴたんと止まった。

長者どんの家では、「おかげさまだ、おかげさまだ」と大喜び。娘の方はといえば、「病気のためとはいいながら肌まで見せた人だ。この人を聟《むこ》にしてけれ」とお父《と》っさまに頼んだので、貧乏たれは、めでたく長者どんの聟になれたんだと。

こんで　いんつこもんつこ　さげだ。

――宮城県登米《とめ》郡――

＊解　説

原話は宮城県きってのむがすコ（昔話）の語り手であり、南方町の公民館長さんでもある永浦誠喜さん（明治四二年生まれ）からお聞きした。さんさしぐれの名手永浦さんの、尻鳴りのうた語りは楽しかった。文字にしてはその楽しさが伝わりきらないうらみがある。へらは霊妙なものでおへら大明神として祭るところもあるとか。〔IT一一二「尻鳴りべら」〕

三人兄弟

むかしむかし、大きな長者殿《どの》の分家に、三人の兄弟があったと。一番目の兄を太郎、次が次郎、末っ子を三郎といったが、太郎が一番人がよかったと。

ある日、父親はこの三人の息子《むすこ》を呼んで、

「お前たちは、もう一人前の男ざかりだ。これから一年の間、旅さ出してやるから、思い思いのことを修行してこい」

と言い渡したので、息子たちは旅じたくをして家を出て行った。三人連れだって行くが行くが行くと、道がちょうど三本の枝道になったところへ出たので、めいめい別の道を行ったがよかろうと考えて、

「来年の四月二日には、ここで会おう」、そう約束してから別れたと。

次郎と三郎は里へ行く道を行ったが、太郎に残ったのは山へはいる道だった。

太郎が、山の中をどんどん行くうちに日が暮れてしまった。や、これは困った、と思っていると、

はるか向こうに灯火《あかし》がぺかぺかと見えた。とにかく今夜はあそこへ泊めてもらおうと、その灯火をば目当てに行って、戸を叩いた。

「申《ごめん》す、申す」

「はあ、いまじぶん誰だ」

と、出て来たのは山姥《やまんば》だった。

「おらは今日から一年の修行に出たもんでがんすが、今夜のお宿をば、ひとつ貸してくなんせ《(くだされ)》」

と頼んだ。すると山姥は、

「ああ、ちょうど男の子がほしいと思っていたところだ。今夜だけといわずに、おらの家にいつまでもいろ」

と、たいそう喜んで、じんぶという仕事着を出してきた。

「明日《あした》から、これが破れる日まで薪《たきぎ》とりしもうせ《(しなされ)》」。

太郎はどことといって修行に行く当てはなし、そのままそこに住みついて、かげひなたなしに、薪とりをして働いたと。けれどもだんだんと月日がたって、また春になり、約束の四月二日は目の前だというのに、どうしてもじんぶは破れなかった。

「ばあさま、もう一年がくるから、家さやってけろ《(家に帰してくれ)》」

と頼んだ。ばあさまは、

「じんぶがすり切れねえうちは、まだまだだ」

と、とりあってくれない。そこで山さはいっては、あっちの棘《いばら》の株にひっかけたり、こっちの藪《やぶ》にひっかけてみたけれども、切れるのはからだやら手足ばかりで、じんぶは穴一つ、ほころび一つできなかったと。悲しくなって泣いていると、どこからか、

「石コもって叩け、叩け」

と教えてくれる声がした。これはいいことを聞いたと、太郎は、じんぶをぬいで、間《ま》がな暇《しょっちゅう》がな、タンキタンキと石で叩きつけていると、さしもの丈夫なじんぶも破れてきた。太郎はそれを持って、山姥のところへ走って行って暇乞《いとまご》いすると、

「ここにいつまでもいてもらいたいども、じんぶさ穴があいたでは仕方がねえ。そなたが今日まで働いたのに何の礼じるしもないが、これでも持って行ってくれろ」

と、煤《すす》けてまっ黒になった、小さい人形わらしを一つくれたと。太郎はそれを大事にぼろぎれに包んで、山姥の家を出た。行くが行くが行くうちに里に出たが、ちょうど昼どきで、あっちの家でもこっちの家でも、うまそうな飯の匂《にお》いをさせている。やれやれ、おらも腹へったが、銭《ぜに》コも無《ね》えし、飯は食えねえなあ、と思ったら、

「もうし、もうし、おれをぼろぎれから出してけろ、ぼろから出してけろ」

と、ふところの中からもの言うもんがいる。ははあ、口きいているのは、ぼろの中の人形わらしだ

な、と思った太郎は、ふところからわらしを出してやった。すると、ぶるんとどこかへ飛んで行ってしまったと。ああ、つまらんことをしたもんだと太郎が悔《く》やんでいると、人形わらしはにかにか笑いながらもどって来て、

「ほれ、飯あがれ」

と、どこからどうして持ってきたもんだか、ほやほやの米の飯と魚を運んできて、しきりにすすめたと。やあやあ、これはおれの心を見抜く人形だなと思うと、太郎はかわいくてたまらんようになってきたと。そうして去年別れた三本の枝道まで来てみれば、次郎も三郎もお侍《さむらい》みたいに、腰には、ちゃんと刀をぶちこみ、弓矢も持って、立派《りっぱ》なかっこうで待っていたと。太郎だけが去年のままの身なりでみすぼらしかったが、ともかく三人連れだって家に帰っていった。それから本家立会いで、父親は息子らに、

「何覚えてきたのか」

と尋ねたから、まず、中の次郎が、

「私は刀使いば習ってきたでがんす」

と、水の中へ紙を浮かべてすっぱり切ると、いかにも見事《みごと》に濡《ぬ》れた紙が半分に切れたと。末っ子の三郎は、

「私は弓引きでがんす」

と、庭の梨の木の梢《こずえ》になっている、ただ一つの梨を、ものの見事に射落としてみせた。

「やあ、次郎も三郎も大した腕になって帰ってきたが、上の太郎は何習ってきたや」

父親が心配しいしい聞いたけど、太郎は薪とりを習ってきたとも言えずに、もぞもぞしてると、ふところの人形わらしが、

「『盗人の名人になってきた』と言ってござい」

と低い声で教えたと。

「盗人の名人になってきたでがんす」

太郎が言うと父親はびっくりして、

「そんな者は家には置かれねえ。とっとと出て行け」

と怒ったが、本家の長者殿は、「まずまず」となだめて、

「そんだらば(それならば)、おらの家の床の間に唐獅子《からしし》の置物があるから、ここにおるままで取ってこれるか」

と聞いた。するとまた人形わらしが、

「『取ってくる、取ってくる』と言え」

と言ったかと思うと、ぽろんとどこかへ飛んでしまったと。太郎は気を強くして言った。

「なあに、話をしながらでも取ってくるから」。

みんなが、「そんなことができるもんでねえ」と笑っているうちに、太郎のふところはずっしり

と重くなってきた。ははあ、と手でふところをさぐってみてから、

「はい、唐獅子を持ってきもうした」

と取り出して見せたので、誰もかれも驚いてしまったと。本家の長者殿はこれを見て、

「ほほう、これは聞きしにまさる腕前だ。したども《けれども》、いまのは人のいないところから持って来たから楽だべが《らくだろうが》、今夜おらの家の千両箱を盗んでみねか。もしも盗めたら盗んだだけお前さやるが、仕損じたならば世のためでないから、おれの手で成敗《せいばい》してくれる」

と言われた。太郎は、これはえらいことになったと心配したが、やはり人形わらしが、「『承知した』と言え」と言うので、

「それでは今夜いただきさ行きます」

と返答したと。晩になると本家の長者殿は、千両箱をじゃんと積み重ね、抜身の刀を枕もとに引きつけておいて、寝ずの番をしていたと。そればかりか、下男下女まで、「お前はあかりをつける役」、「お前は火打石持ってろ」、「お前は火吹竹」と役をきめて、それぞれ張り番させていた。夜なかになると太郎は、千両箱をつける馬をひいて、ジャガボガとやって来た。

「こともあろうに、音させて馬コひいて太郎が来たじえ《来たぞ》。それで盗めたらえらいもんだ」

と長者殿はおかしがった。さて太郎は馬をひいて来るには来たが、戸じまりが固くて、何としてもはいれそうにない。どうしたらいいか考えていると、人形わらしが、

「なに、こんなことわけなしだ。おらをこの雨戸の節穴コから入れてけろ」

と言う。入れてやると人形わらしは、奥から神楽《かぐら》道具を持ち出してきて、長者殿の枕もとには太鼓を置いて、刀は撥《ばち》とすりかえた。火吹竹を持った下女にはこっそり笛を持たせ、火打石を持った下男には鉦《かね》を持ちかえさせた。それで錠前《じょうまえ》をはずしてから、人形わらしは、

「さあさ、はいってごせ《(はいってください)》。千両箱はおおっぴらで持ち出せばええから」

と、太郎を中にはいらせた。おっかなびっくりのさぐり足で太郎が行ってると、長者殿の枕もとの太鼓にけつまずいて、ダーンと大きな音をたててしまった。

「それっ、盗人だぞ。早く灯火《あかし》コつけろ」

と叫んで、刀のつもりが、太鼓の撥をふりまわし、太鼓は、ダンスクダンスクと鳴りだす始末。火吹竹持ちは笛を吹くし、火打石持ちは、火打ちするつもりで鉦を打ったし、

　　ダンスク　ダンスク

　　ヒョロ　ヒョロ

　　チャッチャッ　チャッ　チャッ

　　ヒレヒョロ　ヒョロ　ヒョロ

と、神楽のおはやしになって鳴るので、にぎやかなこと、にぎやかなこと。そのまに太郎は千両箱を二つも、とっとと馬につけて、ジャガボガ、ジャガボガもどってしまったと。

そういうわけで約束どおり、二千両は本家さまからもらい、太郎は家のあとをとったと。人形わらしは神棚に祭って、もう二度と人の物には手を出さねえことにして、立派な暮らしをたてたとさ。
どんどはらい《（これでしまい）》。

——岩手県北上市——

＊解説

昔話は、たとえ子どもの聞き手でもとてもありえないことだと承知していながら、しかもうまうまと話に乗って興じてしまうものだ。原話の語り手、平野くらさんも、この話の成否はしまいの方をいかに面白く聞かせるかにかかっていると言う。話中の会話や唄は、実は語り手が聞き手とやりとりして興じているところが少なくない。〔IT一五九「弟出世」〕

さとりの化け物

ざっと昔あったと。

じいさまが夜なかに山小屋で、たったひとり火に当たっていらしたと。すると何かが音をさせねえではいってきて、火のはたへ寄って来たから、

「これは性《しょう》の知れねえ化け物だな」

と思っていらしたと。そうしたれば化け物が、

「われは《(お前は)》、性の知れねえ化け物だな、と思っているな」

と言うて、じいさまの思ったことを、そのまんまぴたりと当てたんだと。じいさまは、たまげて、

「人の心の中を見透《みとお》すから、これは悟りの化け物であんべえ《(であろう)》」

と思っていると、

「われは、人の心の中を見透すから、これは悟りの化け物であんべえと思っているな」

と言ったと。――悟りの化け物をごぞんじか。人間の思うことをみんな悟ってしまう化け物で、もとは奥山にいたもんだと。――ま、しょうがねえ。火でもたいて当たらせべえと思って柴《しば》を折ると、それがはね飛んで、化け物の鼻柱のあたりをビンとはじいてしまったと。

「いや、人間ちゅうがん《(やつ)》は、考えもつかねえことをする。おっかねえもんだな」

と言って悟りの化け物は、山へこそこそと逃げこんでしまったと。

いちが栄えもうした。


――福島県南会津郡――

＊解説

「山姥と桶屋」「山姥問答」とも呼ばれる話。人物には桶屋のほかに炭焼・わげ師・箕《み》作り・がわ師などが出る。しんしんと雪のつもる深山で、黙然とはたらく手職人のかわいた心が生み出したものであろう。

〔IT二八五「さとり」〕

猿地蔵

とんとむかさったけど。

むかしあるところのじいさまがな、山の中の田んぼに水を引きに行ったけど、年寄りだからくたびれて、田のあぜに昼寝をしていたど。そこへ猿がたくさん出て来て、じいさまを見つけると、眺めまわして言ったけど。

「なんだて。《おやまあ》まあ、こんなところさ地蔵さまがいらっしゃるとは、もったいないことだ。これをば、川向こうのええ所《よい所に》さかついで行こう」。

ほうして、みんなの猿が手車を組んで、その上にじいさまを乗せて、ザブザブと川の中さはいって行ったど。

猿ぺんのこ《きんたま》　濡《ぬ》らすども

地蔵ぺんのこ　ぬうらすな

と歌いながら、「ヨイヤサ、ヨイヤサ」と行くのだと。じいさまは、おかしくておかしくてしようがないけんど黙っていたど。猿どもがもういっぺんはずんで歌ったところで、向こう岸へ渡りきったけど。

「さあさ、ここらがええや。うん、ここがええ」

そう言って、平たい、ええ場所へじいさまの地蔵を立ててな、どこから持ってくるのか、いいものをいっぱい、「地蔵さまに上げもうす、地蔵さまに上げもうす」とお供えしたど。それから、猿どもは散ってしまったど。

かたくなって、地蔵さまになりすましていたじいさまは、猿どもが一匹もいなくなったあとで目をあけた。足もとを見たれば、餅やら果物やら宝物がいっぱい積みあげてあったど。じいさまは喜んで、そいつを、かかえたり、ももひきにつっこんだりして家さ持って帰ったど。ばあさまと二人でうれしがって、座敷中、広げて眺めていたら、隣の欲たかり《よくばり》じいさまがやって来て尋ねたけど。

「何だってまあ、こっちの家では、なしてこげに福々しくなったなだや、まず《まあ》」

「こうこういうわけで、田のあぜさ寝ていたれば、猿どもがたんと出てきて、おれをば地蔵さまだと言ってかついで運んで据《す》えてくれた。ほうして宝物をいっぺえ上げて、はあ、猿どもがみんな行ってしまったわけだ。それからおれが、こいつをみんな持って帰ったところだ」

と言ってきかせたど。

「そいつは、いいことをしたね《（しましたね）》や。そんならまず、おれも行って地蔵さまの真似《まね》しょうかなあ」

そう言うと、隣のじいさまも山の中の田んぼに水を引きに行って、田のあぜに昼寝をしたど。ほうしたら、また猿どもがたんと出てきて、

「またここさ地蔵さまが寝ていらっしゃる。みんなしてかついで行こう」

と言ったと思うと、やっぱり手車を組んで、じいさまをその上に乗せて川を渡んなだっ《（渡るのだった）》けど。

　猿ぺんのこ　濡らすども
　地蔵ぺんのこ　ぬうらすな

と猿どもが歌いだすと、欲たかりじいさまはいま少しで笑うところだったども、じっとこらえていた。ほうすると猿どもは、じいさまが重たくて腕がだるいもんだから、景気づけにその歌をまたくり返して歌ったど。おかしくておかしくって、じいさまはとうとう「あはは」と笑ってしまったど。ほうしたらな、

「なんだ、この地蔵さまは生きている。こんなありがたくねえ地蔵さまは、ぶち投げてしまえ、ハーヨイ」

と、川さドブーンと投げこんでしまったど。猿どもは、「つまらんことしたなあ」と言いながら山の中へ行ってしまったけど。

隣の欲たかりじいさまは、水をしたたか飲んでやっと川から這《は》いあがった。そして濡れこねずみになって、こそこそと家さ帰って来たど。あんまり欲深い真似は、するもんでねぞ。

どんびんさんすけ、猿まなぐ、さあるのけっつさ、ごんぼうやいて、ぶっつけろ。

――山形県北村山郡――

＊解説

猿にからかわれても平然としている爺さまにしてはじめて思わぬ幸運が舞いこむ。そこが幼い人たちに気に入られ、語り手はそれにこたえてますます話を楽しくする。鎌倉時代の『雑談集《ぞうだんしゅう》』に類話が載っているところをみると、この話の笑話化は相当早いようだ。結末の句にも猿が登場し笑いをふりまいているが、猿は幼い人々に絶大な人気を持つのである。〔IT一〇三「猿地蔵」〕

瓜姫コ

昔《むがし》コあったとさ。

昔。あるところに子持たずのじさとばんば《おじいさんとおばあさん》とあったけど。ばんばがある日、川さ洗濯《せんたく》に行ったらば、川上から大きな瓜がツンブカンブと流れて来たけど。ばんばはその大きな瓜を拾ってもどって、仏様へ上げておいたけど。

そのうちじさが山から帰ったもんで、さあ二人で食べましょうと、瓜をかかえおろして来てさっと切り目を入れたれば、中からめんこい《かわいい》わらしコがぺろりと生まれたけど。

「ああ、良かった。ところで何て名前コつけたらええべか」

「瓜から生まれたで瓜姫コとつけたらええべ」。

「瓜姫コや、瓜姫コや」とめんこがって《かわいがって》大きくしているうちに美しい娘になったけど。ばんばが機《はた》織りを教えたらば、瓜姫コはたちまち上手になって、

トッキンカタリ　キンカタリ

管《くだ》コないても　七ひろ
トッキンカタリ　キンカタリ

と、まいにち機を織っていたと。すると瓜から生まれた瓜姫コはなんとええ娘だと評判がたって、隣村の長者どのの家から、ぜひとも嫁コに下されと頼んできたと。さあて、嫁入りじたくに赤い着物も買わねばなんねえ。じさとばんばは町さ買物しに行くことになった。二人は瓜姫コのことを案じて、かたく言いおいたと。

「おらたちが家さ帰ってくるまで、だれが来たって、どんなことがあったって戸をあけられねえど」

「ひょっとしたら、あまんじゃくという悪い女が来るかもしれねえ。あまんじゃくは爪が長くて、とてもお前はかなわねえからな」。

そんで戸にも窓にも懸金《かけがね》をおろしてくれた。瓜姫コが戸のかげで、トッキンカタリ、キンカタリ、と機織りをはじめたら、案のじょうあまんじゃくが来て、「瓜姫コ、瓜姫コ、いたか」と、作り声して戸をたたいた。瓜姫コが知らぬふりをしていると、あまんじゃくは、ますます猫なで声を出して、

「瓜姫コ、瓜姫コ、ほんのちょっとでええから、開けてけれ」

「だれが来たってあけられねえんだ」

「そんだらば、爪の先ほどここをあけてけれ」と、あんまりやかましく頼むもんで、瓜姫コが、爪

の先ぐらいあけてやったらば、あまんじゃくはそのすきまに、長い爪をはさんで、ガエリッと戸をあけてはいって来たと。そしていやがる瓜姫コに、

「瓜姫コや、長者どのの裏さ、桃もぎに行くべ。おらが取ってやるからいっしょに行くべ」

とせがんできかないと。

「じさとばんばにかたく言われているから行かねや」

とことわっても聞いてくれねえで、はや、ぞうりなどそろえて出すんだと。

「ぞうりの音がポンポン鳴るからいやだ」

とことわっても、

「そんだらば、下駄《げた》コはいて行こう」

と誘う。

「下駄コは、カランコと鳴るから行かねえや」

とことわれば、

「おれが負ぶって行く」と言う。

「お前の背中なんぞ、刺《とげ》があるから、負ぶわれることできねえ」

とことわれば、そんじゃあとあまんじゃくは裏にまわって小桶を取ってきて背中に当てがい、瓜姫コはその上に乗って村の長者どのの屋敷の裏さ着いた。

まずあまんじゃくが桃の木さ登って、自分はうまげに熟《う》れたやつへシュルシュルとかぶりついて食い、瓜姫コには青いのやらかじりかすやら、ペッペッと吹いてよこすので、こんどは瓜姫コが木に登った。あまんじゃくは下から見上げて、

「もっと上だ、もっと先の方にあるやつよ、その枝には毛虫がついているよ」

とだんだん高く登らせてから、瓜姫コが桃を食うか食わねえうちに、

「そら、長者どんのばんばが来たっ」

とおどかしたもんで、瓜姫コはどでんして《(びっくりして)》、その高い木から落ちて死んでしまった。

そうしたらあまんじゃくは、たちまち瓜姫コの着物をはいで、それを着て瓜姫コに化けると、家にもどって機織りをしていた。

　　トッキンカタリ　キンカタリ
　管《くだ》コなくて　織るよない
　　トッキンカタリ　キンカタリ

と鳴らしたと。そのうち、じさとばんばは、ええ物をたくさん買って帰って来た。

「瓜姫コや、いま帰った」

「はぇい、はぇい」。

返事の声がどうもいつもより太いので、風邪でもひいたかと心配してうまいもんを出してやれば、

ぺらりぺらりとなんぼも食うじゃあねえか。そりゃ、あまんじゃくだもんな。

やがてめでたい婚礼の日が来た。瓜姫コはかごさ乗って長者さまの家に輿入《こしい》れすることになった。

するとその朝、家のそばの木にからすが飛んで来て鳴くことには、

瓜姫コのかごさ　あまんじゃくが乗ってゆく
ああら　おかし
ガア　ガア　ガア

じさ、とばんばは、はてさてこれは怪しいこと聞くもんだと、化けの瓜姫コを裏の泉さ連れて行って顔を洗わせると、どうもひたいのあたりばかり気にして、てらてらと撫でつけている。ますますおかしいと、つかまえて顔をブリブリと洗ってやったら、化けの皮がはげて、あまんじゃくが現れたと。

じさとばんばは、なんてかんて怒って、あまんじゃくを萱原《かやはら》の間を引っぱり回していじめつけてやったから、さんざんと血が流れた。

それでいまだに萱原の萱の根は赤く染まっているけど。

とっぴんぱらりのぷう。


――秋田県平鹿《ひらか》郡・仙北郡――

＊解説

「桃太郎」が男の子の代表的英雄譚なら、「瓜姫」はさしずめ女の子の晴れの昔語りであろう。しかし天邪鬼《あまのじゃく》がその幸多きはずの前途をさえぎる。特に東北中心の伝承ではあえない死をとげる瓜姫コが多い。西国では、柿の木にしばられるが危うく救われる話がめだつ。悲劇好みの近世の祖先の手が加わったものか。結末は殺された天邪鬼の血で萱《かや》・そばなどの根元が赤くなったと、「なぜ話」形式で閉じるのが印象的だ。

〔IT一二八「瓜姫」〕

なら梨《なし》とり

むかし、親孝行の三人兄弟があったと。お父《と》うは早く死んでしまって、いまはお母《か》あだけだったと。ところが大事なお母あが病気になってしまって、高い薬も飲ませたが、日一日とやせていくのだった。

「お母あ、何か食いたいものはねえか」

と聞くと、

「奥山のなら梨が食いてえなあ」

と言った。何しろうまい梨だということは聞いているが、魔物が住んでいるという奥山にはいって行って、だれ一人もどって来た者はないんだと。それでも親孝行な兄弟だから、一番上の太郎が、

「おれが行く」と籠を背負って、山の奥深くはいって行った。

行くが行くが行くと、大きな岩が現われて、その上に婆さまがひとり座っていたと。

「お前は、どこさ行ぐ《（どこへ行くのか）》のや」

と聞いた。太郎が、

「おれはなら梨もぎに行くべと思うが、どこにあるもんだかわからねえ」

と答えたら、婆さまは溜息《ためいき》をついて、

「奥山には魔物がいる。きっとお前を取って食うべ《（食うだろう）》。あたら命を捨てるから、すぐ家さもどれ」

「いや、どうでも行きたいから教えてたもれ《（教えてください）》」

太郎が頼むと、婆さまは、

「そんだらば《（それなら）》仕方ねえ。この婆の言うことを聞かないなら、笹《ささ》の鳴る音によってきめろ。この先の三本の別れ道のところに、笹葉コが三本立っている。それが『行けっちゃ、ガサガサ』、『行くなっちゃ、ガサガサ』と鳴っているから、『行けっちゃ、ガサガサ』という道を行け」

と教えてくれた。

行くが行くが行くと、婆さまの話したとおりに、三股道《みつまた》の別れ目に笹が三本立っていて、風にさわいで鳴っていた。太郎は婆さまに言われたことなど「なあに」と思って、「行くなっちゃ、ガサガサ」と言っている道の方へ、かまわずごんごん歩《あゆ》んで行った。すると今度は、烏《からす》が巣をつくっているところがあって、「行くなっちゃ、トントン」と鳴っていた。それでも「なあに」と、かまわずごんごん行くと、大きな木の枝に、ふくべ(ひょうたん)がぶら下がっていて、「行くなっちゃ、カラカラ」と鳴っていた。それでもかまわずごんごん歩んで行くと、ひっそりした沼があって、沼のほとりに、なら梨がざらんざらんと生《な》っているところに出た。太郎が木に登ってなら梨を取ろうとしたら、太郎の影コが水に映ったもんだから、沼の主《ぬし》が水からのび上がって、げろりと太郎を呑《の》んでしまった。

なんぼ(いくら)待っても太郎は帰って来ないので、今度は二郎が、「おれが行く」と出かけて行った。二郎も岩の上の婆さまの言うことを聞かないで、太郎がしたとおりのことをしたから、これも、沼の主にげろりと呑まれてしまった。

三番目の三郎は、さかしい生まれだったから、岩の上の婆さまに会うと、兄たちが奥山のなら梨もぎに行ったまま帰ってこないので、病気のお母あが案じていることを話した。婆さまは、

「それはわしの言うことを聞かないからだ。そなたはよくよく心して行け」

と言って、よく切れる刀を一振《ひとふり》くれた。三郎がありがたく頂戴して、行くが行くが行くと、三股の別れ道に出た。見ると笹が三本立っていて、「行くなっちゃ、ガサガサ」、「行けっちゃ、ガサガサ」

と風にさわいでいた。そこで三郎は一番まん中の「行けっちゃ、ガサガサ、行けっちゃ、ガサガサ」と鳴っている道を行くと、鳥が巣をかけているところがあった。その巣は、「行けっちゃ、トントン、行けっちゃ、トントン」と鳴っていた。またもう少し行くと、今度は大木にふくべが下がっていて、そのふくべも、「行けっちゃ、カラカラ、行けっちゃ、カラカラ」と鳴っていた。

三郎がごんごん行くと、ざんざん流れの川があって、赤い欠《か》け椀が、ツンブクカンブクと躍りながら流れて来た。それを拾ってふところに入れ、なおもごんごん行くと、ひっそりした大きな沼が現われて、岸には、たずねるなら梨がざらんざらんと生《な》っていた。三郎が喜んで走り寄ってみると、なら梨は風が吹いてくるたびに、

　東のがわは　おっかねえぞ
　西のがわは　あんぶねぞ
　北のがわは　影がうつる
　南のがわから　のぼりもさい
　ざらん　ざらん

と歌っていた。三郎は、はあこれは南がわから登ればいいなと悟って、歌に教えられたとおりにして木に登り、枝にまたがってはうまそうな実ばかりずっぱり《（たくさん）》もいだ。ところが木をおりる時に間違って沼の上に伸びた枝に乗りかえたので、三郎の姿が水に映ってしまった。

それを見た沼の主は、また、三郎をもげろりと呑もうとした。三郎は岩の上の婆さまからもらった刀をびらりと抜いて切りつけた。すると沼の主は、切られたところから腐っていって、とうとう死んでしまったと。

ところが腹の中の方から、「ほうい、三郎やあい」と小さい声で呼ぶものがおる。三郎が魔物の腹をさいてみると、兄の太郎と二郎が青い顔して呑まれていた。まずまず命があってよかったと、三郎は赤い欠け椀《かけわん》で沼の水をくんでは二人にかわるがわる飲ませてやると、二人は生き返ったように元気になった。

それから兄弟そろってなら梨を持って帰ってお母《か》あに食わせると、病気がけろけろとなおった。その後は家中の者が楽しく幸せに暮らしたと。

どんとはらい《(おしまい)》。

――岩手県稗貫《ひえぬき》郡――

＊解　説

この話は雪深い東国、北国に伝承が多い。西国ではわずかに奄美《あまみ》大島などで聞き出されている。三人兄弟にくりかえし襲いかかる危難、山姥や笹葉の援助・警告――スリルに富んでいる。「なら梨」の名は奈良の梨の意か。北国の語り手にとって、奈良ははるかに遠い夢の都で、その地の梨は珍宝・霊薬の意をこ

めているのだろう。〔IT一六九「なら梨取り」〕

鶴《つる》女房

むがしあったど。

むかしあるところに正直な若い男があった。ある時、男が田んぼを打っていると、天から、ひらひらと鶴が一羽おりて来たと。美しい羽をした白い鶴であったが、どこかに怪我をしているらしくて、飛んではよろめき、よろめいては飛んで、男の足もとまで来ると、はたら、はたらと倒れてしまったと。これはまあ、どうしたわけだべ（わけだろう）、と男が羽を分けて調べてみると、羽のつけ根に矢が一本ささっていた。

「おお、気の毒に。これでは飛ぶにも飛べねえわ」と、若い男は矢を抜いてやり、傷口を洗ってやると、鶴は生き返ったように元気になって、羽を鳴らして喜んだ。

「これからもあることだ。必ず猟師の目などに触れるなよ」

とやさしく言って放してやると、鶴はまるでお礼を言うように、男の頭の上を三度ばかりぐるぐる

飛んだかと思うと、「カウ」と一声残して空高く消えてしまったと。

「ああ、今日はいい《(よい)》ことをしたものだ。おかげで、心も鍬《くわ》も軽いじえ《(軽いぞな)》」。

男はその日を一日いっぱい田鍬《たぐわ》打ちして、星がぺかぺか光るころ、田んぼから上がって家に帰ったと。帰ってみると家の門口《かどぐち》に若い美しい姉《あね》さまが立っていて、

「お疲れでがんしたべ《(ございましたろう)》」

とやさしく迎えてくれた。はて、これは自分の家を間違えたかな、と驚いている若者に、姉さまはにこにこしながら言ったと。

「ここはあなたさまのお家でがんす。そして私はあなたさまの嫁ごでがんす」

「何をからかうのす《(のです)》。おれは、貧乏のかいしょうなしで、嫁ごなど来てくれるはずはなし、よ《(か》

し嫁《りに)》ごを持ったとて、二人が食べる米コにもこと欠くだべ」

男が言うと、

「それは案じなさることはない。米は私が持っていますから」

と、小袋から米を取り出して、裏へ回ると、はや、サングサングと磨《と》ぎはじめた。

「これはもの好きな押しかけ女房もあったもんだ。お前のいいようにしたらえかべ《(よいだろう)》」

と男も承知したので、姉さまは男の家にいつくようになった。ふしぎなことに姉さまが持ってきた小袋から、食べるだけの米が出てくるので、二人の暮らしに困ることはなかったと。

　やがて日が過ぎ月が過ぎているうちに、この女房がある時、男に、

「私に心願いがあるのでがんすが、なんと機織場《はたおりば》を一つ建ててくださるまいか」

と頼んだ。男は、

「それもそうだ。機織場一つないようでは女房も世間さ肩身が狭《せま》かべ」

と、さっそく金を工面《くめん》して機場を建ててやったと。女房は喜んで機場にはいったが、

「七日の間、決して中を見てくださるな」

と、男に固く言いふくめておいた。それから七日の間は、朝が来ても夜が来ても、機を織るおさの音が、キッコパタン、キッコパタンと鳴りつづけた。男はその音を聞いても、女房に言われたとおり、のぞき見ひとつしなかった。さて七日が過ぎると、女房は少しやつれた姿で機場からおりてき

て、男の前に見たこともない美しい織物を広げたと。

「ととさまし《あなた》、まず一反織りあげましたから、明日《あした》はこれを町さ持って行って売って来てけて《ください》。百両には売れますから」

「や、や、これが百両になるのか」

と、男は驚いたけれども、次の日町へ持って行くと、女房の言ったとおり、百両の値段でわけなしに売れたと。これは途方《とほう》もないことがあればあるもんだと、目を丸くして帰ってみると、女房はまた次の機を織っているらしい。山にも谷にも、キッコパタン、キッコパタンと機織る音がひびいていた。糸も無しに、なじょに《どうやって》してあのきれいな布ば織るものだべ。あれが錦《にしき》というものかの、と考えているうちに、どうしても機織りするところを見たくなって、こそっとのぞいてしまったと。

見ると美しい女房はいなくて、鶴が一羽白い羽毛を抜いては機を織っていた。鶴はすぐと織るのをやめて、ひょたひょたしながら夫の前に来ると、

「ととさまし、悲しいことだが、こんな姿を見られた上は、ここさ留まってることはできませぬ。実は私はあなたさまに助けていただいた鶴でがんしたが、ご恩報じにと思って、いまのいままで人の姿に化身《けしん》し、あなたさまに仕えてきもうした。この織りかけの布は私と思って大切にしてくだされ」

と言ったきり、残った風切り羽で舞い上がり、はるかの天に飛んで行ってしまったと。

どんどはらい《(これでおしまい)》。

――岩手県北上市――

＊解説

人に助けられた鳥が恩人の女房になって恩返しをする話型は、鶴のほかに、こうのとり・鴨《かも》・山鳥などを主役とする。古代からの、鳥の霊異に対する信仰のあとを引くものであろう。それだけに、話の結末で子孫が残される伝承は注目される。一般にはこの話のように悲別の結末が多い。木下順二の「夕鶴」は、佐渡島の「鶴女房」を原話としている。〔IT二二九A「鶴女房―離別型」〕

かちかち山

むかしむかしのずっとむかし、お爺《じい》さんとお婆《ばあ》さんと、二人して仲よく暮らしていたんだと。ある日のこと、お婆さんが庭を掃いていたら、豆を三粒拾ったんだと。

「お爺さんお爺さん、この豆コで黄粉《きなこ》こしらえて食べんす《(食べましょう)》」

と言って、大事に手のひらにのせてお爺さんに見せると、

「みんな黄粉にしたんでは惜しいから、半粒だけ黄粉にして、残りの豆コは種にしたらええでがえ《よいではないか》んか」

と言った。そこで一粒の豆コを半粒に切って、鍋《なべ》に入れて、カランカラン炒《い》ってから、スットントン、スットントン搗《つ》いたんだと。するとふしぎなことに、搗けば搗くほどふえてきて、ざっとまあ一升ぐらいにふえたから、お爺さんとお婆さんは、喜んで、「うまいこと、うまいこと」と、なめてしまったと。それから二人は、残りの豆コを持って畑に豆まきに行った。お婆さんが、

「半粒の豆コは、一粒になあれ」

と言えば、お爺さんが、

「一粒の豆コは、千粒になあれ」

と言いながら、二人で豆まきしていると、山からむじながやって来た。そして近くの切り株にちょこんと腰かけて、

半粒の豆コは　腐れろ
一粒の豆コは　一粒になあれ

とはやすもんだから、お爺さんは怒ってしまった。「こんちくしょう」と叫びながら追っかけた。むじなはあかんべえをして、尻《しっ》ぽを振りふり、山の中へガサガサと逃げてしまったと。そのかっこ

うの憎たらしいこと。お爺さんはなんとかして取りおさえてやろうと思って、ねばねばしたとりもちを持ってくると、木の株にたっぷり塗りつけておいた。さて、

一粒まいたら　千粒になあれ
二粒まいたら　二千粒になあれ

と言いながら、豆をまくふりをしていると、またまたむじなが、のこりのこりやって来た。そしてやっぱり木の株にちょこんと腰かけて、

一粒まいたら　一粒になあれ
二粒まいたら　二粒になあれ

とはやしだした。お爺さんは待っていたとばかり、縄を持ってとび出した。さ、逃げようと、むじなはもがいてほえたけれども、尻にとりもちがべったりねばりついて、逃げられねえ。お爺さんはこんちくしょう、むじな汁《じる》にして食ってやると、むじなを縄でしばりあげた。そして、台所のはりに吊《つ》るしておいて、町へ買物に行ったんだと。お婆さんは、いまのうちにお爺さんの大好きな粟餅《あわもち》を作っておこうと、ひとりでペッタリコペッタリコ搗いていると、むじなが、はりの高いところから言ったんだと。

「お婆さん、お婆さん、ひとりで餅を搗くのは大変だ。おれが手つだいするから縄をほどいてけろ」
「やんだ。お前なんかにゃだまされねえ」

「ええから《（よいから）》、縄をほどいてけろ」

と、やいやいせがむもんだから、とうとう、お婆さんもむじなをおろして、粟餅を搗くのを手つだわせたと。ところがお婆さんが、餅をまぜようとしゃがんだすきに、むじなは、後頭を思いきりなぐりつけてお婆さんを殺してしまったんだと。ほれから大急ぎでお婆さんに化けたむじなは、ばば汁《じる》をこしらえて待っていたと。そこさお爺さんが、

「ああ、寒い寒い」

と帰って来たので、

「あったかい肉汁をこしらえたから、さあさおあがり」

と言って、ばば汁ば出したんだと。

「お婆さん、なんだか声が悪いなあ」

「かぜをひいたんでがす」。

お爺さんが、また、

「この肉はどうもしわいな《（かみにくいな）》」

と言ったら、

「古むじなだからでがすぺ《（だからでしょう）》」

と、上手にごまかした。ところが朝になると、むじなは、はやばやと起きだして、

ばば汁食って　うめえかった
まあだ《（まだ）》　奥歯さはさまってる
庭の隅《すみ》っこの着物見ろ
はしり《（流し）》の下の骨コ見ろ

と、悪態《あくたい》ついて山さ逃げて行ったと。お爺さんがぶったまげて、庭の隅っこと流しの下を見たら、お婆さんの着物と骨が出てきたから、とうとう、オウンオウンと大声あげて泣いたんだと。

するとその泣き声を聞きつけて、山の兎が、ちょこたりちょこたりやって来た。

「お爺さん、なして《（どうして）》今日は泣きなさる」

兎がやさしく尋ねるので、

「むじなにお婆さんを殺されて、その上ばば汁を食わされた。ああ、くやしい」

と話したと。

「お爺さん、おれがぜひとも仇《かたき》をとってやるから泣くな」

と、兎はお爺さんをはげまして、山さ帰って行った。

兎が萱山《かややま》さ行ってかやを刈っていると、むじながのそのそやって来た。

「兎どん、兎どん、かや刈って何すんだ」

「今年の冬はうんと寒《さめ》というんで、小屋がけして冬を越そうかと思ってな」

「それならおれも手つだうから、小屋さ入れてけろ」

そう言うので、「ええとも《（よいとも）》、ええとも」と言って、二人して、いっぱいかやを刈ったんだと。それから、てんでに《（めいめいに）》どっこいしょと背負って、むじなは先になり、兎は一足あとから、せまい山道をおりていった。ずっと来たところで、兎はカッチラカッチラ火打石を打って、むじなのかやに火をつけたと。むじなは、聞きとがめて、

「あれ、兎どん、カチッカチッいうのは何の音だ」

と聞くから、

「ああ、ここは、カチカチ鳥のいる山だ」

と言って、よく燃えるように、ブウブウ吹いた。むじなはその音が気になって、

「兎どん、ブウブウいうのは何の音だ」

と聞いた。兎は、

「ブウブウ鳥のいる山だ」

と言ったんだと。そうするうちに、かやがモンモンと燃えはじめた。

「兎どん、モンモンいうのは何の音だ」

また、むじなが聞くので、

「ここはモンモン鳥のいる山だ」

と言ってるうちに、とうとうかやが燃えあがって、むじなの背中さ火が付いたんだと。

「兎どん、火を消してくれ」

むじなが叫んだけれども、兎はやいほいと逃げてしまったと。さて、あくる日になると、兎はたで山に行ってたでの葉っぱをもんでいた。そこへ腹をたてたむじなが、ウンウンうなりながら訪ねて来て、

「この兎め、よくも昨日《きのう》は萱山でひどいめに会わしたな」

とくってかかった。兎は、

「はてな、むじなどんは何怒っている。萱山の兎は萱山の兎、おれはたで山の兎だもの、何も知らねえよ」

と言ったから、むじなはそれもそうかとあきらめた。

「ところでたで山の兎どん、たでの葉っぱをもんで何すんだ」

「やけどの薬、こしらえてたんだ」

「おれの背中さ、ちょっぴりでええから（よいから）付けてくれねえか」。

そこで兎は、赤くただれたむじなの背中に、たでの葉のぴりぴりからい汁をぐりぐりっと塗りたくったと。

「兎どん、何する。いてえ、いてえ」。

むじなが、ころげまわって苦しんでいるとき、兎はやいほいと逃げてしまった。逃げた兎は、こんどは松山へ行って、松の木をガチリッガチリッ切りはじめた。ところでむじなは、こんどこそ兎を見つけて仇をとってやんべえと、血まなこになって松山へ訪ねて来た。

「こんちきしょう。よくもたで山でひどいめに会わせたな」

と叫んで、兎の尻《しっ》ぽを押さえつけたと。それでも兎はけろっとして、

「たで山の兎は、たで山の兎。おれは松山の兎だもの、何にも知らねえよ」

と、やっぱり松の木を切っていたと。むじなは、それもそうかと気をとりなおして、

「ときに、松山の兎どん、木を切って何すんだ」

と尋ねたと。

「今年は雪が多くって山のものが取れねえというんで、舟コこしらえて、海のものでも取んべ（取ろうと）と思うんだ」。

それを聞いたむじなは、なるほどと思って、

「おれにも舟コこしらえてけろ」

と頼んだ。

「ああ、ええとも、ええとも。おれは木の舟コこしらえるから、お前には黒い舟コ作ろう。泥を運んで来てけろ（来てくれ）」。

むじなが泥を運んでくると、その中に松やにをまぜて、泥舟をこねあげた。それから兎は木の舟コを漕《こ》ぎ出して、

　木の舟コは　すうっと走れ
　ハア　エンヤラコラサノエー
　泥の舟コは　ざっくり裂けろ
　ハア　エンヤラコラサノエー

とうたったら、むじなの泥舟も負けまいと、岸を離れて漕いできた。兎は、

　木の舟コは　パッカパカ
　泥の舟コは　パッカパカ

とはやしながら、舟べりを櫂《かい》で叩いたんだと。

「兎どん、兎どん、どうして舟ばたを叩くんだ」

むじなが尋ねると兎は、こう言った。

「こうして叩くとな、魚がいっぺえ《（いっぱい）》、寄ってくるんだ」。

それもそうだなと、むじなが思いっきり舟ばたを叩いたもんだから、泥舟は、ざっくり裂けて、ズブズブズブーッと沈んでしまったんだと。

こんで、《（これで、）》いちご栄えした。《話はめでたしめでたし）》

――宮城県本吉郡――

＊解説

「かちかち山」は五大お伽噺《とぎばなし》――一般に、「桃太郎」「さるかに合戦」「舌切雀」「花咲爺」「かちかち山」の五話をいう――の一つで、江戸時代から絵本でも広がった。しかし、宮城地方は「うたいむかし」（歌ふうの昔話）の本場だけあって、さすがに口承は根強い。楽しい会話や歌が散りばめられている。話は前半のばば汁話と後半の仇討話でなりたつが、豆コ話やカチカチ鳥の山などのモチーフを盛りこみ手がこんでいる。〔IT五三一「かちかち山」〕

たにし長者

むかしあったずもな。

むかしあるところに、大層な長者どんがあって、山でも田畑でも金でも、何なりとあり余るほど持っていた。ところでその長者どんの小作人の中に、その日の煙もたてられぬほど貧乏な夫婦があった。年もはや四十を越したのに、子どもというものがない。どうにかして子どもを一人ほしいもんだと嘆いていたが、思いついて水神さまに願《がん》をかけたずもな。水の神様は、百姓にとっては一番ありがたい神様だというわけだ。ががさまは、田の草取りに行っても、日がな時がな《(いつもいつも)》、

「尊い尊い水神さま、そこらあたりにいるつぶ《(たにし)》のような子でもいいから、どうぞおらに、わが子と名のつく者《もん》を一人授けてたもれや」

とゆっていた。するとにわかに腹が病《や》んできた。こらえてもこらえても痛みはつのるばかりなので、とうとうかがんで這《は》い這い家に帰りついたと。医者を頼もうにも金がないし、ががさまは、おろおろしてすぐに、近所の産婆を呼んで来たずもな。産婆が、

「これは、ただの腹痛《はらいた》ではないじえ。もうじき子どもができるところだ。ちょうど間に合ってよかった。おらが産《う》ませてやるべ。早く湯をわかしてけろ」

と言ったので、あわてて湯をわかしたりしていると、待つ間もなしに子ができた。できるにはできたが、なんとそれが小さい小さいたにしであった。

たとえたにしとはいえ、これは水神さまの申し子だからというので、おわんの中に水を張って、その中にたにしを入れて神棚へ上げもうして、「つぶや、つぶや」と大事に育てていた。飯時《めしどき》になると人並みにぺらりと飯をたいらげるが、いっこうに大きくなんねし、ものも言えない。二十歳《はたち》がきても、やはり生まれた時のままのたにしだったずもな。ある日とどさまが、長者どんに納める

年貢米《ねんぐまい》を馬につけていたが、年老いたからだが思うように動いてくれね。「ささてさて、せっかく水神さまから申し子を授かって、やれうれしやと思えばつぶの息子だ。つぶの息子であってみれば、何の役にもたたねえ。おらは死ぬまで、こうして養ってやらねばならん」と、思わずぐちをこぼしてたと。するとどこからか、

「とどさま、とどさま、今日はおらがその米を届けてくるがら」

と、でっかい声が聞こえてくる。見れば口をきいているのはたにしだと。

「とどさま、長い間えらい恩を受けたが、そろそろおらも世の中へ出ていい時だ。長者どんへはおらをやってくれ」。

とどさまは、たまげるやらおかしいやら。たにしに米が運べようか、と首をかしげていたが、これも水神さまの申し子の言うこと、聞かねばなるまいと、三匹の馬に米俵をつけると、たにしをつまんで俵の間に乗せてやった。たにしはまるで一人前の声して、

「とどさま、ががさま、行ってきます。はい、どうどう、しっしっ」

と上手に馬をひいて庭を出て行った。とどさまは、なんとも心配でならん。後から見えがくれについて行くと、ちょうど人間がするように、水たまりや橋のところでは、「はあい、はあい」と声がけして行く。そうかと思えば、ほのほのと馬方節《うまかたぶし》などうたうもんだから、馬の方も、ジャンガゴンガと首の鈴を振り鳴らして進むど。往来や田んぼにいる人々は、

「ふしぎなことがあるもんだ。あれは確かにあの貧乏百姓のやせ馬に違いないが、いったいあの声は、だれがうたっているんだべ」

とうわさし合っていた。とどさまは家にとって返すと、

「もしもし、大変ありがたい子どもをお授け下されんした。どうぞ無事に長者どんのやかたに着きますように」

水神さまにお頼みもうした。

長者どんのやかたに馬が着くと、「それ年貢米が来た」と、下男どもが出て見たが、どこにも人影の姿が見えない。

「どうして馬ばっかりよこしたべ」

と話していると、俵の間から、たにしが、

「ここだ、ここだ。米を持って来たからおろしてけれ。おらのからだがつぶれんように、縁がわの端《はし》にでもそっと置いてくなはれ（ください）」

と、小さいからだながら、はっきりと言ったずもな。

「つぶがものを言う。大したもんだ」。

たにしの評判はやかた中に伝わって、旦那《だんな》さんやら男衆や女子衆《おなご》が、ぞろぞろ寄って来て見たずもな。たにしは次々と指図して、米俵をおろして倉に運ばせ、馬には飼葉《かいば》をやってもらった。旦那

さんはこれを見て、またとないふしぎなたにしよ、自分の家の宝にしたいが、と思ったずもな。

「ご苦労だったな」とご飯が出されると、たにしは膳《ぜん》のふちにつかまって、ご飯やら汁やらよばれて、「どうぞお茶を」などと言うのであった。旦那さんは、さっそくきり出した。

「つぶどの、つぶどの、お前の家とわしの家とは御先祖の代からのつきあいだ。うちの娘をひとりお前の嫁ごにやってもよいと思うが、どうじゃ」。

たにしは、「それはまことでございますな」と念を押して、大喜びで帰って来た。

「とどさま、ががさま、おらは長者どんの娘を嫁コにもらうぞ」

と言ったから、とどさまとががさまは、いよいよたまげてしまった。

ところで長者どんは二人の娘を呼んで、

「これ、お前らのうちどっちか、つぶのところへ嫁コに行ってけろ」

と頼んだそうなが、姉娘は、

「だれがつぶのところなんか行く者があんべえや、おらはやんだ」。

ドタバタと荒い足音をたてて出て行ったが、妹娘は、

「とどさまがせっかくああゆって約束されたのだから、つぶのところへはおらが行く。心配してがんすな」

と親をやさしく慰めるのだった。

というわけで話がきまったと。長者どんの妹娘の嫁入道具は、たんす、長持が七さおずつ、そのほかにも荷物が七匹の馬にもつけきれないほどたくさんだったと。たにしの貧乏家にはとてもはいりきらないから、長者どんは倉を建ててやったと。

さて、めでたい婚礼がすむと、嫁コは、とどさまがさまにやさしく仕えて、野良《のら》にも出て働いてくれた。「ああ三拍子も四拍子も揃《そろ》った嫁コよ」と、年寄りたちはすっかり気に入ってしまった。

春になれば、四月八日はお薬師さまの祭礼だ。嫁コがきれいに化粧して、長持からいい着物を出して着ると、その美しいこと、いとしげな様子、花コとも天人ともたとえようがない。「さあ、今日は天気もいいから、お前さまもいっしょに行くべ」と、胸の帯の中にたにしを入れて、むつまじく語りながらお薬師さまの一の鳥居まで来た。するとたにしは、

「おらはわけあってここより中へはいれねから、道端《みちばた》の田のあぜに置いてけろ。そこで待っているから」

と頼むので、嫁コが一人拝んでもどると、大事なたにしの聟さまの姿が見えない。嫁コは驚いて田の中まではいって探したが、四月であれば、田の中にはうんとたにしがいる。一つ一つ拾い上げてみるけれども、どれもこれもわが夫とは似ても似つかぬたにしばかり。

つぶや　つぶや
わが夫《つま》や

今年の春になったれば
からすという　ばか鳥に
ちっくらもっくら　刺されたか

とうたって探し歩くうちに、顔は汚れて、美しい着物には泥がはね上がったと。祭礼帰りの人々が、

「あれあれ、あんなきれいな娘コが、気でも違ったのか」

とふり返って見て行く。嫁コはつくづく情なくなって、夫もいなくなったことだし、いっそ自分は死ぬべと思って、深い泥田にとび込むべとすると、「これ、何をする」と肩をしっかりと抱きとめられた。ふり向いてみれば水の垂れるような若い男が、深編笠《ふかあみがさ》をかぶって立っている。嫁コは、

「これこれのわけで主人のつぶが見えなくなってしまった。おらは死んでしまった方がいいのす」

と泣きくずれた。若者は、

「心配なさるな。お前の尋ねるつぶこそ、この私だ。私は水神さまの申し子で、今までつぶの姿でいたのだが、今日お前がお薬師さまに参ってくれたお蔭で、このような人間の姿になれた。さっそく水神さまにお礼参りをしてきたところだ」と言ったと。

そうであったか、えがった、えがったと、嫁コは何度もうなずいて、その人を見れば、いくら見ても見あきないいい男ぶり、これがわが夫かと思うと、うれしくて泣いてよろこんだと。

「まずまず」と家へ帰ると、たにしの親は驚いて、今まで美しい嫁コをもらったと思っていたのに、

また息子がこんないい男に生まれ変わって、このくらい似合いの夫婦はあるまいと、撫でまわしてうれしがった。

何をおいても長者どんに知らせねばなんねえ、と使いを走らせた。すると長者どんは、こんな光るような聟どのを、むさくるしい家には置かれないと、町で一番よい場所に家を建てて、商いを始めさせた。たちまち店は繁盛して、「たにしの長者どん、たにしの長者どん」と呼ばれて、孫子から親類の端《はし》まで栄えたずもな。

どんど払い。（これでおしまい）

——岩手県遠野《とおの》市——

＊解説
『お伽草子《とぎそうし》』に多く見られる申し子話の端正な昔話である。たにしのほかにかたつむり・蛙などが申し子になることもある。中国地方などでは「一寸法師」型との結合が目立つが、いずれも異常な誕生と生長を示す点で共通しているのである。中国の「田螺《たにし》精」、グリム童話の「ハンスはりねずみ」も同じ系統の昔話である。またこの話に出てくる「つぶの歌」は早物語《はやものがたり》系の「うたいむかし」に独立することがあり、興味深い。〔IT一三九「たにし息子」〕

猿《さる》聟《むこ》入り

むかし、三人の娘を持ったお父《ど》っがあったと。お父っは、焼畑《やきはた》を起こして粟《あわ》をまいたところが、粟がのびずに草が一面はえてきてしまった。

「これは困ったことだ。暑さは暑いし、畑は広いし、誰かこの草取ってけたら、三人の娘の中、どれか一人嫁コにくれてやるけど。あーあ」

と、畑の中でひとりごとを言ったと。するとと山の猿がそれを聞きつけて、畑におりてくると、「ほうしたらおらが取ってやる」と言って、キッキキッキ、さっささっさと、いっときに七畝《せ》も八畝も草を抜いてくれたと。お父っは、「ああおらは良くねえことしゃべってしまった。めごい娘を、猿なんかに嫁入りさせねばなんねえ」とすっかりしおれて家さ帰って来た。ふとんかぶって寝ていると、一番娘が、

「お父っさま、お父っさま、飯《まま》あがれ」

と、お膳《ぜん》を持ってはいって来た。

「ままは食いたくねえ。おらの言うことを聞いてくれねえか。山の猿に栗畑の草取りしてもらったから、娘をやらねばなんねえ。お前、猿の嫁コさ行ってくれねえか」

と話したところが、娘は、

「おらあ、やんだ。ばかなお父っさまだこと。毛虫になったって、山の猿のところなんか嫁コに行く者が、どこにあるもんだ」

と、足音も荒々しく出て行った。今度は二番娘がはいって来て、

「お父っさま、お父っさま、ままあがれ」

と言うので、また「ままは食いたくねえ。おらの言うことを聞いてくれねえか。山の猿に栗畑の草取りしてもらったから、娘をやらねばなんねえ。お前猿の嫁コさ行ってくれねえか」と、同じことを言ったと。

「おらあ、やんだ。ばかなことを。羽虫になったって、誰が山の猿のところなんぞへ嫁コに行くもんか」。

二番娘も怒って出て行ってしまった。すると次には末娘のふみという子が、

「お父っさま、お父っさま、ままあがれ」

とお膳を持ってはいって来た。もう、これ一人きりしかいないが、これがおれの言うことを聞いてくれねばどうしよう、と案じながら、

「ままは食いたくねえ。おらの言うことを聞いてくれねえか。山の猿に粟畑の草取りしてもらったから、娘をやらねばなんねえ。お前猿の嫁コさ行ってくれねえか」

と頼むと、末娘は、

「はあ、お父《ど》っさま、行くで行くで。心配しねでまま上がれ。お父っさまの言われることなら、何でも聞くから」

とやさしくうなずいてくれたと。

猿の方は、善は急げとばかり、馬など引いて嫁迎いにやって来た。お父っさまはくれたくもないが仕方もなく、娘を馬に乗せると、ガランガランと鈴を鳴らせて送って行った。猿は嫁コに、いっぱし（一人前に）ごちそうなどして食わせたと。

春になって、夫婦はしゅうと入り（里帰り）すべえと、山を下って里へ行くことになったと。猿は嫁コに聞いたと。

「みやげは何が良かべなあ」

「おら方《ほ》のお父っさまは、何よりも餅が好きだ」。

二人は、ペッタリコペッタリコ餅をついた。ついた餅を亭主の猿が重箱に入れようとすると、嫁コは、いやいやと手を振って、

「おら方のお父っさまは臼《うす》から取りたてでねえとあがらねや」

と言うので、めごい嫁コの言うことだ、お前のいいようにするさ、と猿は頭にごてごて油を付けたりして支度ができると、「さ、行くべ」と臼を背負うた。

そうやって猿は、重い荷物に汗をかいて、へんぐら、たんぐら歩いて行った。途中で谷川まで来ると、桜の花が見事に咲いていたと。嫁コが、

「おら方《ほ》のお父っさまは、桜の花が何より好きだで、一枝折って行ったらなんぼかうれしがるべな」

そう言ったもんだから、「おらが取ってやる」と猿は臼をおろそうとした。嫁コは、

「いいや、おら方《ほ》のお父っさまは、臼に土が付けば、『土臭い』て食わねえから、ここまで持って来た大事な餅、そのまま負って上がってけろ」

と、どうでもそのまま木に登らせた。

「この枝か」

「いいや、もう少し上だ」

とだんだん梢《こずえ》に登らせて、

「ああ、それ、それ」

と、細い枝に手を伸ばしたら、臼の重みで、ボチンと枝が折れて、猿は川に落ちてしまった。流されながら、

流るる猿の命は惜しぐない

あとに残りし　ふみはかなしい《(いとしい)》
て、歌をよんだとや。
ふみはお父っさまのところへ帰って来て、姉妹《きょうだい》中で一番よい一生を送ったとや。
どっとはらい。

——青森県三戸《さんのへ》郡——

*解　説

異類が求婚する話で、「蛇聟入り」の水乞型とよく似ている。蛇は水の神であるから発端は必ず蛇の水当てとなるが、猿の方は水当てのほか田打ち、畑打ちなどの手つだいがある。結末は、東日本では里帰りの餅を持ち帰る時、西日本では嫁入りの時、猿聟が溺死《できし》する。いずれにしても、これでは猿があわれにすぎると感じた祖先が、せめて猿に手向けの歌をうたわせたのであろう。〔IT三一〇B「猿婿入り—里帰り型」〕

地蔵浄土

むかし、あったけど。ある所にじいさまとばあさまがいたと。じいさまは、ある時、山の奥の方まで木を切りに行ったと。いいあんばいに仕事がはかどって、昼になったと。さあ、ばあさまがこしらえてくれた弁当を食べようと、風呂敷づつみを広げたら、握り飯がころげ落ちて、ごろごろと山道をころがって行ったと。じいさまは、飯《まま》がなければ仕事ができないとばかり、

「握り飯、握り飯、どこまで行ぐんだ」

と言いながら後《あと》を追いかけて行った。すると、

「地蔵さんの穴までころぶ」

と答えて、握り飯は、とうとう穴の中さころんと落ちてしまったと。そんなら、おらもはいって行って、どうでもこうでもお前を拾ってやろうと、じいさまは穴の中まで追いかけて行った。穴の奥は広くなっていて、地蔵さまが立っておられたが、握り飯はそこまで行ったら、ぴたっと止まった。じいさまは、やっと握り飯をつかまえて、土のついたところは取って自分で食べて、中の土のつか

ないところを地蔵さまに食べさせたと。

「なんと、さかしい《かしこい》じいさまだこと」

と地蔵さまは言いながらごちそうになった。さあ、そろそろ帰るべ、とじいさまが腰をあげると、
地蔵さまが、こう言われた。

「じいさま、じいさま、おらの膝の上さ《上に》上がれ」

「とても、もったいなくて上がれません」

じいさまがことわっても、

「なんの、なんの、ええから上がれ」

と言われるので、「まさか後で罰は当たらねえべな」とおっかなおっかな膝に上がった。すると今度は、

「じいさま、じいさま、おらの肩の上さ、上がれ」

と言われるので、

「やっと膝さ上がったのに、肩などとてももったいなくて上がれません」

ことわっても、どうでも「上がれ上がれ」と言われるので、じいさまは、おっかなおっかな肩まで上がった。すると、また今度は、

「じいさま、じいさま、おらの頭の上さ、上がれ」

と言われるから、思い切って頭の上に上がったと。そうすると、地蔵さまは、

「いまに、ええことがあるからな」

と言って、笠《かさ》を一つくれた。

「いまに鬼が来るからな」

「なに、鬼が来ると。鬼が来たら、おら、食ってしまわれるべ」。

じいさまは、どでんして（びっくりして）、あやうく地蔵さまの頭から落ちるほどだったと。

「おらがいるから、おっかなくねえ。鬼はここさ来たら、ばくちを打ちはじめる。そうしたら、じいさまは頃合をみて、鶏の真似《まね》して、この笠、バサバサやって、『コキャコノヨウ』て言えばええから」

と教えてくれたと。

よっぽどしてから、ドッシリドッシリ足音をたてて、鬼が来たと。一匹や二匹ではない。赤鬼だの、黒鬼、青鬼、二本角の鬼、一本角の鬼などな。鬼どもは地蔵さまの前に来ると、ぐるっと車座になって座ったと。それぞれ、銭《ぜに》をいっぱい出しあってばくちが始まった。じいさまは、じっと見ていたが、ちょうどよい頃だとみて、笠をバサバサ振った。するとまるで鶏のはばたきと同じ音がしたので、「コキャコノヨウ、コキャコノヨウ」と大きい声で叫んだところ、鬼どもは、どでんして、「はや夜が明けた、逃げろ逃げろ」と銭をおっぽり出したままで、わらわらと逃げて行ってし

まったと。地蔵さまはこう言われた。

「じいさま、じいさま、銭コ家さ持って行け。お前から握り飯よばれたお礼だから」。

じいさまは頭からそろそろと肩に、肩から膝に、膝からそろっとおりて銭を拾うと、ばあさまがなんぼか喜ぶべと、ほいほい家に帰っていった。

ところが隣の欲ばりばあさまが、その話を聞きつけて、むしょうに銭がほしくなったと。

「そんなら、おらとこのじいさまも、地蔵さまの穴さやるべ」

と、急いで家に帰ると、大いそがしで握り飯をこしらえ、じいを山へやったと。欲ばりじいは、昼にならないうちから弁当を広げて、握り飯をわざところがした。なかなかうまくころがらないのを、足で穴の中へけりこんで、自分もむりやりはいって行った。飯もじいも泥だらけになって地蔵さまの前まで行ったが、欲ばりじいだから、握り飯のまわりの土のついたところを地蔵さまに食わせて、中のきれいなところは自分で食ってしまったと。それから地蔵さまが「上がれ」とも言わんのに、膝に上がり、肩に上がり、頭にはい上がった。笠も、「貸す」と言わないうちにひとりで取って、早く鬼が来《こ》ねえかなと首を長くして待っていた。よっぽど待ったころ、またまた、赤鬼だの、黒鬼、青鬼、二本角の鬼やら一本角の鬼が、ドッシリドッシリやって来て、銭をいっぱい広げたと。じいはそれを見ると、しめたもんだと、すぐに笠をバサバサいわせて鶏の真似をした。

「ああ、夜が明けた。逃げろ、逃げろ」。

鬼どもは銭を置いたまま、わらわらと逃げて行ったが、その中の一匹の鬼は、いろりの自在かぎに鼻をひっかけたもんだから、

「あいた、あいた」

とさわぎたてた。

「どうした、どうした」

とほかの鬼どもが寄って来ると、

「はや逃げるべと思うて、おらがあんまり走ったら、いろりのかぎさ鼻ひっかけてよう」

と言いながら、オエンオエンと泣いたと。じいは、あんまりおかしくって、グスグス笑ってしまった。すると鬼どもは、

「おやおや、人臭《くせ》えや、人臭えや」

言いだして「どこだ、どこだ」と探し回り、とうとうじいを見つけ出した。

「なんたら早い夜明けかと思ったら、お前だな。お前、昨日も鶏の真似して、おらたちの銭コを持って行ったな。太い野郎だ」。

じいは鬼どもに、ビンガビンガなぐられて、こぶだらけ血だらけで泣き泣き家へ帰ったと。銭は拾わずにやっと命だけ拾ったというわけだ。

とっぴんぱらりのぷう《（昔話はこれでしまい）》。

――秋田県雄勝《おがち》郡――

＊解説

古代からの民衆のあつい地蔵信仰がうかがわれる話。「鼠浄土」「団子浄土」などで地下に別世界があったと同じく、地蔵が地下の浄土にいる。これらの話の尽きせぬ人気は、地下に広がる夢の世界をじいの勇気が見せてくれたところにあろう。いわゆる隣の爺型の典型で、よいじいが、つつましさ・やさしさ・勇気などの美徳の持主である点が見のがせない。〔IT八一「地蔵浄土」〕

力《ちから》太《た》郎《ろう》

むがし、まずあるところに、何とも言いようのないくらい無精《ぶしょう》なじいさまとばあさまとがあって、年《ねん》がら年中、あかにまみれて暮らしていたと。二人には子どもが無かったから、

「どうせこの年で子ができるわけもなし、わが身から出たあかで人形でもこさえておくべ」

と話し合ったど。

なにしろ二人とも、生まれてこのかた風呂にはいったことがなかったから、からだ中のあかをこすると、出るわ出るわ、きのこみたいに付いていたあかが、えらえらとめくれ落ちた。それでもって人形わらし《(童子)》をこしらえたと。

　このわらしに飯を食わせたところが、一杯食わせれば一杯だけ、二杯食わせれば二杯だけ、ずんがずんがと背が伸びた。じいさまとばあさまが、うれしがって食わせておると、しまいには一度に片馬飯《(三斗五升飯)》をぺろぺろ食った。

「貧乏世帯《じょたい》に、これほどの大飯《おおめし》を食われてはかなわねえなあ」

と、じいさまとばあさまがこぼすと《(ぐちをいう)》、

「じいさま、じいさま、心配すんな」

と人形わらしが、はじめて口をきいたど。

「おら、力業《ちからわざ》の修行に旅さ出かけるから、百貫目の鉄の棒を作ってけろ」

「百貫目の鉄の棒だど。何するのす」

「なに、杖コの代わりにするのす」。

　じいさまとばあさまは、わらしが口をきいたから、うれしくてうれしくて、あるなしの財布《さいふ》の底をはたくと、鍛冶屋《かじや》にとんで行って、百貫目の鉄の棒をこしらえてもらった。村人、百人も頼んで鉄棒を、エンサラ、ヤンサラ、ホウイ、ホウイと、木遣《きや》りをうたいながら持ってもどったと。なん

と人形わらしは鉄棒見ると喜んで、ひとりで楽々と持ち上げたから、じいさまもばあさまも村の人らもたまげてしまった。これは大した力持ちだというので、力太郎《ちからたろう》と名づけたど。

　力太郎は、百貫目の鉄の棒をドチンドチン突いて、地響きたてながら、喜び勇んで広い世間へ出て行った。

　松並木の街道を、行くが行くが《（どんどんと）》行ったところが、向こうから赤いでっかい御堂《みどう》を背負って、ギシカシギシカシとやって来る大男に出会ったと。

「何《なん》だ、はた迷惑な真似して。道が通れねえぞ」

と、力太郎が鉄棒の先でその者をちょっこり突くと、ガラガラ音をたてて御堂はくずれ落ちた。大男は、かあと怒って、

「やあやあ、おらば《（おれを）》何だと思う。天下一の力持ち、御堂《みどう》コ太郎というのはおらのことだぞ」

とどなりながら鉄棒にとびついて来たど。よし、いい相手だと、力太郎は、鉄棒に取っついていた男をブーンと一振り、空にうち上げてしまった。はて、もう落ちてくるころだがと、空ばかり見上げていたけどさっぱり落ちてこない。そのうちに、道ばたの松の木の上から、

「助けてけろ、ここだ、ここだ」

と叫ぶ声がする。見上げると、松の木のてっぺんでじたばたしておるのが御堂コ太郎であった。力太郎は、松の木を根っこ返しにして、御堂コ太郎を助けてやったど。

「どうだ。恐れ入ったか」

「こりゃとてもかなうもんでねえ。どうか家来にしてくれねが」。

　御堂コ太郎は一《いち》の家来にしてもらって、大男が二人連れで、街道を行くが行くが行った。峠《とうげ》の石切場まで来ると、また一人の大男がいて、手のひらで、ガッキンガッキン石を割っている。ちょうど石のかけらが一つ、力太郎の目の前に飛んで来たので、フーンと鼻で一息ふっかけたところが、石のかけらは飛び返って、大男の額《ひたい》にゴキンとぶち当たった。いや、怒ったのなんの、

「だれだ、天下一の力持ち、石コ太郎にわざわざ石コをぶっつけたやつは」

と、真っ赤になって向かって来たど。

「いや、よくよく天下一があるもんだ。御堂コ太郎、お前行って勝負してこう」

と言いつけた。かしこまったとばかり、御堂コ太郎は石コ太郎と、うんすもんすともみ合ったが、なかなか勝負がつかない。

「よし、そんだらばおらが出る」

と力太郎が代わって出ると、石コ太郎の首っこをつかみ、ぶんぶんとぶん投げれば、石コ太郎は、石切山の石くずの中に、ずぼうんと首根っこまで埋《うず》まってしまった。石コ太郎は、なんとも恥じいったふうで、力太郎の二《に》の家来にしてもらったど。

　今度は大男が三人連れだって、じゃんがじゃんがと街道を行った。行くが行くが行くと、ある城

下町に出た。ところが妙なことに、昼ひなかから、どの家もどの店も板戸をおろして、人影一つない。畜生の鳴く声さえしない。町一番の長者どのと見えるやかたの前まで来ると、美しい娘コがひとりいて、すくらすくらと泣いていた。

「娘コ娘コ、何泣いている」

と聞くと、

「この町には化け物が出てきて、月の一日《ついたち》になると、町の女子《おなご》が一人ずついけにえになります。今日は私の番だもんで、おっかなくて」

「よしよし、そんなことなら泣くな。化け物はおらたちが退治してけるからな」

と慰めて、力太郎は娘の案内でやかたの中にはいると、まず、娘は唐《から》びつの中にしのばせた。

「御堂コ太郎は庭にいろ、石コ太郎は台所にいろ」

と言いつけて、自分は座敷のまん中の唐びつの前にじゃかんと腰かけ、化け物がいま来るかいま来るかと待っていた。

ま夜なか過ぎかと思うころに、化け物はオウオウとうなり声をたてて、やって来て、

「おらの嫁ごはいるか。逃げたりしたら、ひっつかまえて焼いて食ってしまうぞ」

とどなった。その声ときたら、われ鐘のよう、身の丈《たけ》といえば、長者のやかたも突き抜けるほどの図体《ずうたい》であった。

まず、庭の御堂コ太郎がとび出して、もみ合ったが、見るまにげろりと呑《の》まれてしまった。これはけしからぬ化け物めがと、台所の石コ太郎がかかっていったが、片足を爐《ろ》に落としたばかりに、化け物に手もなくつまみ上げられ、げろりと呑まれてしまったど。

「よくもやったな。今度の相手は手ごわいぞ」。

力太郎は百貫目の鉄の棒を、ブングル、ブングルとふり回し、化け物にたち向かった。化け物は、しばらくは敵をあしらっていたが、さっと鉄棒をつかまえるが早いか、飴でもねじるようにねじり曲げてしまった。

「そんだらば、取っ組み合いの勝負だぞ」

と、力太郎は、鉄の棒をば放り捨てて、えんさもんさともみ合った。もみ合ったけれども、どっちもさる者、なかなか勝負がつかなかった。これじゃあどうもならんと、力太郎は、化け物のへその下を力いっぱいけとばしたからたまらない。さすがの化け物も、急所をやられたもんだから、右の鼻から御堂コ太郎を吹き出し、左の鼻からは石コ太郎を吹き出し、力がつきて、くたばってしまった。それを見て家中の人が、ものの陰からぞろぞろと出て来て、

「おかげさまで娘の命が助かりました。おらたちばかりか町中が助かりました。お礼に何をさしあげたらええか……」

と、涙を流して喜んだど。

「なに、礼などいらんが、腹いっぱい飯を食わせてけろ」。

そんなわけで、麻を煮る一石釜《いっこくがま》にいっぱいの飯をたいてもらって、三人でぺろぺろとたいらげた。

「あや、なんたら《(なんという)》欲のない人たちだべ。欲のないところが気に入った。不足だべども《(不足だろうが)》、どうかおらとこの娘たちの聟になってくなんせ」という長者どのの頼みで、力太郎は助けてやった一番娘を、御堂コ太郎は、二番娘を、石コ太郎は三番娘をそれぞれ嫁ごにもらったど。力太郎は里のじいさま、ばあさままで引きとって、一生安楽に暮らしたどさ。

どんどはらい《(これでおしまい)》。


――岩手県和賀《わが》郡――

＊解　説

東北地方を代表する昔話で、「すねこたんぱこ」（脛《すね》からうまれる）、「こんび太郎」（こんび＝あかからできる）、「えじご太郎」（えじご＝わら製の保育籠に十五年いた）などと呼び親しまれる。無精者のあかで作った人形が命をもち、不敗のエネルギーをもつスーパーマンであるところが民衆や子どものあこがれなのだ。グリム童話「世界を股にかける六人男」「六人の家来」などと親戚筋になる。〔IT一三一「こんび太郎」〕

魚女房

むかしあるところさ、ひとりぼっちで暮らしている貧しい男があったけど。男がある時、川のほとりを通りかかると、子どもがな、大きなますを取って遊んでいたけど。

「お前たち、むごいことしねえで《（しないで）》、おれにそのます、売ってくろ《（売ってくれ）》。銭はくれるがら《（あげるから）》」

と言って、ますを買ってな、

「お前なあ、子ども衆に殺されるところだったぜ。早くこの川さはいって泳いで行けよ」

と、ザブンと川に投げこんだってなあ。そうするとますは喜んで、よなよな、よなよなしながら泳いで行ったけど。男はそれを見届けてから、家さ《（家に）》帰ってきた。

男は、ひとりぼっちなもんだから、毎日、かせぎから帰ってきては、自分で飯《まま》をたいて食っていたど。ある雨の降る日、ピチャピチャ足音がしたと思うときれいな娘がやって来たけど。

「おら道に迷ってはあ、こげなとこさ《（こんなところに）》来てしまった。今夜一晩泊めてくろ」

「泊めるのはええげんども《（よいけれども）》、おれひとりぼっちだで、何も食うもん持たねえ。ええか《（よいか）》」

「ええから泊めてくろ。こげに暗くなってはなんともしようない」

そこで泊めてみると、娘は次の日になっても出て行かねえで、朝げには早く起きて飯をたき、おいしいお汁《つけ》をしてくれて、家の中もまわりもきれいに掃除してくれる。またその次の日になっても、まるで古女房のようにまめに働く。四つも五つも泊まってから、

「おれどご嫁にしてくれ」

って言ったど。そのころには、ひとりぼっちの男も、その女に情が移っていたもんで、「ほんじゃ《(それでは)》よかんべ《(よかろう)》」と嫁にしたど。

それにしても嫁さまが、ひにち毎日《(毎日毎日)》こしらえてくれるお汁《つけ》が、たいそう甘くてうまいけど。「どうもふしぎなもんだ。ひょっとしたらあいつは、異《い》なもん《(へんなもの)》かもしれん。ひとつ確かめでみよう」と、男はある日、山さ《(山に)》かせぎさ行くふりして、二階に上がってそっとうかがっていたっど。

夕飯たきをするころがくると、嫁さまは、味噌をカエロカエロカエロとすって鍋に入れ、水も入れた。それからすとんと裸になってますの姿になり、お汁鍋にはいると、ハタハタと水を浴びるんだと。そうやってだしを出すと、また着物をちゃんと着て、いつものとおりに働ぐけど。男は、

「はあ、それでお汁がうまいんだべ。いつかおれが子どもから買って放したけなあ、助けたけなあ《(助けたからなあ)》。あのますだな」と悟ったど。

夕飯に嫁さまが、「飯《まま》食いやれ」と言うけども、男は、どうもお汁を吸いたくないんだと。嫁さ

まはすぐに、「ああこれは、だしをとるところを見られた」と気づいて、もうここにはいられないと思ったど。

「なが なが お世話になりもうした」

と礼を言うと、ますの姿にかえって、水舟《(流し)》からガボガボガボと川さ逃げて行ったど。

むかし、とーぴったり。


――山形県西置賜郡《にしおいたま》――

＊解説
異類婚姻譚のなかの女性が異類の話の一つ。「蛤《はまぐり》女房」と同系。もと漁師たちの語る魚族鎮魂の話であろうか。鳥と婚姻の話も、「鳥女房」「山鳥女房」「鶴女房」などがある。〈IT二一八「魚女房」〉

てんぽ競《くら》べ

むかしむかし、奈良の都にほらふき男があった。ひとつ諸国を回ってほらの修行したいもんだと思いついて、東海道を下って鎌倉あたりまでやって来た。ふと道しるべを見ると、『これより右は、ほらふき村』と書いてある。男はひさしぶりにほらが吹けると、わくわくしながらその道を歩いて行ったら、道ばたにきたない身なりの男の子がいた。

「おれは奈良から、わざわざほらの吹きくらべに来たんだ。案内してくれ」

と頼んだところ、子どもの言うには、

「おっ父《と》さんは富士山がでんぐりがえるというので、線香三本持ってつっかい棒しに行ったから留《る》守《す》だ。夕方には帰るべ」

「それは残念。ところでおっ母《か》さんはいるか」

と聞くと、

「いや、いねえ。おっ母さんはゆうべ琵琶湖《びわこ》の水がもれだしたから、すぐ止めに来てくれと頼まれて、こ糠《ぬか》三合持って出かけたまんまだ」

という返事だ。男はちょっとめんくらったが、負けては残念と、

「それはそうと、奈良の大仏堂の大釣鐘が、せんだっての大風で東の方にブーンと飛んだが、この辺には落ちなかったか」

と聞いた。子どもは、

「ああ、それならば納屋《なや》のかどのくもの巣にひっかかって、ワーンワーン鳴って、三日ばかりうる

さかった。いまはどこさ行ったことか、また吹っとんで行ってしまった」。

さすがのほらふき男もこれにはあきれて、

「子どもでさえこれだ。おやじは、なんぼ《どんなに》うそをつくことか。とても太刀打ちできねえ」と、とっとと帰って行った。


――福島県平市・相馬郡――

＊解　説

「術くらべ」「力くらべ」などと並ぶ大話《おおばなし》の一つである。琵琶法師の弟子、座頭のたぐいが、語りの合間に早口に語った「てんぽ物語」（早物語）も同類。「たにしの伊勢参り」などの童唄に同趣のものがうたわれてもいる。てんぽとは嘘・誇張・さかさなどの意。備後の一宮《いっきゅう》さん（広島県芦品郡の吉備津神社）の節分祭の夜には、近世からほらふき大会が催されてきた。近隣から話自慢が集まって、籠り堂で大火《おおび》を囲んで夜っぴいててんぽ競べをする。その話柄に色話が多いのは農耕の予祝的意味があるからだろう。〔IT七九三「ほら吹き息子」〕

塩吹き臼《うす》

むがしあったずもな。あるところに兄と弟があったど。兄は弟を早く聟にでもやってしまいたいと思ったが、弟の方はなかなかの利口者で、人の家に聟入りするよりも、どうにかして一本立ちになりたいもんだと願っていたど。

そのうちに弟は嫁ごをもらったので、よその家の片屋《かたや》(母家のかたわらにある家)を借りて、何とか細々と暮らしていたど。ところが冬になってからは仕事がとだえて、二人が食うにも困ってきた。年越しの晩には、いよいよ米櫃《こめびつ》も底をついたので、兄さんの家に行って、「米を一升貸してけれ」と頭を下げて頼んだと。兄さんは、

「何たら《(どういう)》ことだ。人間が、一年一回の年とりに食う米がないとは。よくもお前は嫁ごばかりは持っていれたな。よそへ頼みに行けばいい」

と言って、弟を掃き出すように追い返したど。兄さんがああ言うのももっともだ、おれがかい性《しょう》がないんだ、と弟は、とぼとぼと山の方へ歩《あゆ》んで行った。峠まで来てふと見れば、まっ白いひげを伸

ばした翁がいて、枯れ柴を集めていたと。

「お前はどこさ行ぐ《（どこへ行くのか）》」

と聞いた。

「今夜は年とりの晩だども《（晩だけれど）》、歳神《としがみ》さまにあげる米もねえから《（ないから）》、当てもないのにこうやって歩き回っているところだ」

「それは困ったことだ。なら、これをお前にやるから持って行け」

と、小さい麦まんじゅうをくれた。そうしてつけ加えて言うには、

「これからお前は、あそこに見える森の神様のお堂に行け。お堂の後ろには穴があって小人《こびと》がいる。小人らは、お前のまんじゅうをひどくほしがって、『くれろ』と言うから、その時には必ず『やらねえこともないが、金でもなく物でもなく、石の挽臼《ひきうす》と取り換えるならばやってもいい』と言うのだぞ」

そう教えたど。

弟は礼を言うと、翁に教えられたようにお堂の後ろに行ってみた。なるほど穴があったからはいって行くと、小人がいっぱいたかって《（集まって）》、何やらがやがやと騒いでいた。何をしているんだべな、とのぞいて見ると、一本の萱《かや》に小人がたくさんとり付いて、ころび落ちたり倒れたりしている。弟はおかしくなって、「どうれ、おれが持って行ってやるべ」と、そいつをつまんで運んでやった。小人

どもは、ひどく喜んで、

「なんたら《なんという》お前は大きいんだ。なんたら力が強いんだ」

と言いながら見上げた拍子に麦まんじゅうを見つけた。

「ありゃ、お前いいもん持っているな。珍しいもんだ。ぜひおれたちにくれろ」

と言って、さっそく、どこから持ってくるのか、黄金を弟の前に並べだしたずもな。

「いやいや、おれはそんな金などいらね。これは大事なまんじゅうだから、石の挽臼でなきゃ取り換えはやんだ」

翁に教えられたとおりを言うと、小人の親方は、「そりゃ困ったなあ、石の挽臼は二つとない宝物なんだけど仕方がない」と小さい石臼を持って来たので、麦まんじゅうと取り換えっこした。さて、石臼をもらったから帰ろうとすると、穴の出口のところで、「人殺し、人殺し」と蚊《か》の鳴くような声がする。ようく見ると小人の一人が弟の足駄《あしだ》の歯にはさまって泣いていた。「こらあ《これは》悪かった。許してけれ」とていねいに小人をつまみ出して、穴の中にもどしてやった。

それから峠まで帰ってくると、さっきの翁が待っていて、

「どれどれ、石臼をもらってきたか。それは欲しいもんしゃべりながら右に回せば何でも出てくる、左に回せば出るのがとまる重宝《ちょうほう》なもんだ」

と教えてくれたから、弟は喜んで家に帰ってきた。嫁ごが、

「年越しの晩だというのにどこをほっつき回っていたか。兄さんに何かもらってきたか」

と機嫌が悪いのを、

「まずまず、いいからござでも敷け」

と言いつけて、ござの上に石臼を置いて、「米出ろ、米出ろ」と言うて右に回した。米がニシン、ニシンと一斗も二斗も出た。今度は、「鮭《さけ》よ、出ろ出ろ」と言うと鮭が二匹も三匹もばさっ、ばさっと尻尾おどらせて出てきた。それから入用《いりよう》なものをみんな挽き出して、その晩は、何ともかんともめでたい年とりをすることができたずもな。

明けると元日の朝だ。弟は、あたりを見回して、おれはにわか長者になったというのに、人の片《かた》屋《や》に住んでいるのも面白くねえことだと考えて、新しい家を建てることにした。「家出ろ、家出ろ」と挽臼を回して、長者どんのような家を出した。五三《(五間と三間の)》の土蔵を出し、それから長屋《ながや》だのうまやだの出し、馬も七匹出した。そのあとは、「それ餅出ろ」、「酒も出ろ」とごちそうを挽き出して、あたり近所、親類縁者をすっかり招《よ》び寄せて祝い事を始めたんだど。

「あや、何たら《(何という)》豪勢な」

「こればっかりは、びっくりした」。

呼ばれてきた人たちはみんな驚いたが、兄さんはどうも面白くない。「弟のやつめ、どうしたことだべ。ふしぎだ、ふしぎだ」とつぶやいて、あっちこっち見張っていた。弟の方は、お客にみやげ物でもやるべと、陰部屋《かげべや》の臼のところへ行って、「菓子出ろ、菓子出ろ」と挽臼を回した。兄さんはそこをかいまみて、ははあ、あの臼の仕業《しわざ》だな、と見てとった。

客が帰って弟夫婦がぐっすり寝込んだところで、兄さんは、先ほどのぞいた部屋へ、こそんこそんはいりこんで挽臼を盗んだ。ついでに餅も菓子も盗《と》って海辺まで走って逃げた。ちょうど舟がつないであったから、これはええあんばいだと、急いで乗りこみ、綱をほどいて沖へ出た。どこかよその土地へ行こう、この挽臼さえあれば恐ろしいほどの長者になれるぞ、と思うと兄さんはうれしくて、ギーコ、ギーコ舟を漕《こ》いだ。腹がすいてくると、菓子だの餅だのを食った。すると塩からいもんがほしくなったので、いまこそと思って、「塩出ろ、塩出ろ」と臼を回して塩を挽き出した。もういらねと思ったが、さて止め方は知らないから、挽臼は回りつづけ、塩が、出るわ、出るわ、舟いっぱい山のように盛り上がって出たと。その重みでとうとうズブズブと舟は沈んでしまった。舟もろともに兄さんも沈んでしまったど。

挽臼を止める者はいないのだから、いまでも海の底で回りつづけて、塩をどんどん出しているに違いない。海の水が塩からいわけだ。

これっきりこれっきり、どんどはらえ。

——岩手県遠野市——

＊解　説

「海の水はなぜからい」の話としてよく知られている。朝鮮・中国・ヨーロッパにも伝承があり、グリム昔話の「おいしいお粥《かゆ》」も同類である。〔IT一一〇「塩ひき臼」〕

三枚の札《ふだ》コ

むかし、あったずもな。

むかしある山の寺に和尚《おしょう》さまと小僧コがあったと。

秋がくると、寺の裏山に栗がいっぱいみのって、風が吹けばカラッと落ち、また、風が吹けばカラカラッと落ちてきていくらでも拾えるのだと。ある時小僧コは、

「和尚さま、おら栗コ拾いに行きてえなあ。行かせてくれねえか」

と頼んだと。和尚さまは、かぶりを振って、

「いけねえ、いけねえ。栗なんか拾いに行かねえだってよかべ（よかろう）。鬼婆が出ると困るから」

と止めたが、この小僧コは、なんとも聞きわけのない餓鬼《がき》だったから、

「鬼婆なんかいねえ。どこにそんな者がおるもんだって。どうしても行かせてけれ」

と、言うことを聞かずに出て行った。和尚さまは、「まあ、待て待て」と呼びとめて、「鬼婆さ、食われねえよにしろ、困ったことがあったらばこれを使え」と札《ふだ》コ三枚くれてやったと。

小僧コが裏山に行くと、風が吹くたびに栗が落ちてくるので、面白くて面白くてたまらねえ。小僧コは夢中で拾ううちに、思わず山深くはいってしまった。すると奥の方から、

「おやおや、めんこい《（かわいい）》小僧コだこと。寺から来たか。こっちにも大きな栗コなんぼう《（いくらも）》もあるよ。来い来い」

と声がする。見れば、髪をきっちり結《ゆ》って、おはぐろ付けた婆さまがいるのだと。

「んだ《（そうだ）》。おら栗コ拾いに来た」

「おれの家さ来い。大きい栗コでもちっちぇえ栗コでもなんぼもあるよ。あぶっても食える、ゆでても食える。ぜひとも来いや」

そう言ってすすめるので、小僧コは婆《ば》んばのあとからついて行ったと。

行ったところが、ほんに婆さまは、大きい栗コをいろりであぶったり、小さい栗コをゆでたりして、小僧コに腹いっぺえ食わせたと。小僧コは腹がくちくなると、うつらうつら眠たくなってきた。すると婆さまはふとんを掛けてくれて、「ゆっくり眠れや」と言ったと。夜なかの何時ごろだかわからねえども、小僧コが目をさますと雨だれの音が聞こえたと。じっと耳をすましていたら、雨だ

れは、こんなに鳴っていた。

タンツク　タンツク　小僧《こんぞう》よ
起きで　婆《ば》んばの面見《つうら》れ
タンツク　タンツク　小僧よ
起きで　婆んばの面見れ

小僧コがはっとして見れば、にこにこ笑っていた婆さまが、頭に角を二本もはやし、口は耳の根まで裂けて、まっ赤な舌をべらくらのぞかせている。鬼婆だ。小僧コはたまげて、これは大変、何とかして逃げ出そうと考えて、

「婆んば、おら便所さ行きたい」

と、ふるえ声で言ったと。

「いいや、そこでやれ」

「なんとも、もったいなくてだめだ。雪隠《へんち》さやってけれ《（行かせてくれ）》。ああ、ああ」

「やかましい餓鬼め、逃がさねえぞ」

そう言うと、小僧コの腰になわを巻いて便所さ行かせた。そして鬼婆は、「小僧コまだか」となわのはしをぱくぱくと引っ張った。小僧コは、「まだだ」と言いながら、ふるえる手でなわをほどいて、便所の混ぜ棒に結びつけ、和尚さまからもらったお札を一枚おいて、

「おれの身代わりになって返事をしてけれ」

と頼み、自分は窓からそっと逃げだした。

「ええか、ええか、小僧コ」

と鬼婆が呼べば、札コが、

「まあだ《（まだ）》、まあだだ」

と答えたと。鬼婆は、小僧コの便所入りがあんまり長《なげ》んで、なわをグワリッと引っ張ったら、汚え混ぜ棒が婆の顔にとんできた。便所はもぬけのからで、札コばかりが返事をしていたと。「やれ、こいつはだまされた」と、鬼婆はまっ赤になって、小僧コを追いかけて行った。とうとう小僧コは追いつめられて、いまにもつかまりそうになったので、もう一枚札コを出して、「大き砂山、出は《（出て》れ《こい）》」と言って後ろへ投げたところが、大きな砂山がぽこんと出た。鬼婆が砂山によじ登ろうとすれば、ずうるずるっと落ちる。また登ろうとすれば、ずうるずるっと落ちる。てまどっているうちに、小僧コはいそいで逃げた。


したども《（けれども）》鬼婆は、また追いついて来た。小僧コは最後の札コを出して、「大きい、大きい川、出はれ」と後ろへ投げたら、雄物《おもの》川より大きい川が、鬼婆の前にのんのん流れ始めた。鬼婆がジャブジャブジャブジャブジャブと渡っているうちに、小僧コはやっと寺までもどり着いたと。

「和尚さま和尚さま、助けてけれ、鬼婆さ、出はって来た」

「だから行くなって言ったべ」。

和尚さまはおちついたもんで、小僧コは気が気でねえ。泣き声あげて、

「早く早く、お願いだ。鬼婆さ《（鬼婆に）》つかめえられるう」

「困った小僧コだ。これでこりたろう。さあ早くはいれ」

と戸をあけてやり、いろりばたの大根穴に小僧コを入れると、パタアンと蓋《ふた》をした。それから知らねえふりで餅を焼いてたと。そこへ鬼婆がはいって来て、目をぎろぎろ光らせて言ったと。

「和尚さま、ここへ小僧コが来《こ》ねえかったか。人をだまして太《ふて》え野郎だ」

「小僧コは昨日山さ栗コ拾いに行って、まんだ帰って来ねえ」

「うそこけ。栗コたらふく食って、雪隠《へんち》から逃げたんだ。来たべ《（来ただろう）》」

「いや、来《こ》ねえ」。

和尚さんが餅を反《かえ》していると、鬼婆は、

「おや、和尚さま、おれ餅は大好きだ。ひとつごちそうしてけれ」

と餅をねだった。

「そんならまず上がれ。餅ならばなんぼうもごちそうするけども、その前におれとお前で化けくらべしねえか」

「よしきた、やろう。おれ何にでも化けらあ」

と言うもんだから、和尚さまは、「そらっ」といろりぶちを叩《たた》いて、

タカズク　タカズク　タカズクよ

タンタン　タカズク　タカズクよ

と唱えると、鬼婆はなんと、高く伸びすぎて天井さつかえて、また頭からおりて来た。和尚さまは食われそうになったからびっくりして今度はこう唱えた。

ヒクズク　ヒクズク　ヒクズクよ

ヒンヒン　ヒクズク　ヒクズクよ

鬼婆はだんだん縮んで金火箸《かねひばし》くらいになった。それでも和尚さまが、止めねえで、

ヒクズク　ヒクズク　ヒクズクよ

ヒンヒン　ヒクズク　ヒクズクよ

と唱えていると、とうとう豆粒みたいになったと。和尚さまは、この時とばかり、餅をとって二つに割り、豆粒をはさんでバリリッと食ってしまった。それからは鬼婆が出なくなったと。

これきって、とっぴんぱらりのぷう。

――秋田県仙北郡――

＊解　説

古事記の神話に黄泉国《よみのくに》の一章がある。イザナギの命は亡妻イザナミの命の使う鬼女ヨモツシコメに追われ、黒かずら、ユツツマ櫛《くし》、三つの桃を次々に投げて助かる。外国の類話もアジア・アフリカ・ヨーロッパ・北米インディアンに伝わる。わが国の昔話では五月節句の菖蒲《しょうぶ》やよもぎの由来を説く話にもなっている。〔IT三四七「三枚のお札」〕

ねずみ浄土

むかしはあったじ。じいとばあとがあったと。ある時じいが、

「おらは山さ《(山に)》薪《まき》とりに行くで」

と言うと、ばあは昼の弁当にそば餅をこしらえて持たせたと。じいは縄に餅を通して、牛の背中に乗って歌をうたいながら、山へはいって行ったんだと。

山でガッキリガッキリ木を切っているうちに飯時《めしどき》になったので、「はあて、腹もすいたし、疲れたし」と、じいは薪《まき》の上に座って、そば餅を食おうとした。すると、ちょろちょろっとはつかねずみがじいの脇《わき》に寄って来たので、

「おお、このねずみめごい《（かわいい）》な。お前も食うか」

と、そば餅をかいで《（ちぎって）》投げてやった。するとどこから見ておったもんだか、仲間のねずみがちょろちょろっと二、三匹出て来たから、「ああ、お前もか、お前もか」と、せっせと投げ投げしてやった。ねずみにばっかりやってしまって、じいは、ろくろく食えなかったと。家に帰って、ばあに、

「今日はいいことをした。ねずみではあったが、めごくてめごくてたまらねがったから、そば餅をやってしもうた」

と言うと、

「そりゃあいい。いいことをした。生き物はめごいがらのう」

とばあも喜んでくれた。そこへ昼間《ひるま》のねずみが一匹、「じいは、いるかな」とやって来た。小さい頭を下げて言うことには、

「さっきは、ありがんどごし《（ありがとう）》た。お前からごちそうになったはで《（なったから）》、今度はおれもごちそうすべえと思ってる。おら方《ほう》さ来てけろ」

「お前の家は、どこだ」

「まああついて来てけろ」。

そこでじいはねずみの後《あと》からついて行って、小さい穴に着いたと。

「こった《（こんなに）》小さい穴コに、どうやっておらはいって行ぐんだ」

「目《まなこ》つぶって、わの尾っぽさとっついていれば行ける」
と言うので、言われるままにねずみの尾っぽにつかまっていると、どこをどうもぐったことか知らんが、ねずみの家に行き着いた。目をあけて見れば、ねずみの家はなかなか大きな構えの家であったと。広い台所に、昼間のねずみやはじめて見るねずみがいて、餅をつくとて、米をとぐやら火をたきつけるやら、忙しそうだ。やがてこんな歌をうたって、ペッタラペッタラ餅つきが始まった。

　百になっても　二百になっても
　にゃんごの声コば聞きたくなえ
　トントン　カンカン

あっちの方では、またひとかたまり、

　孫　ひこ（ひ孫）　やさご（玄孫）の代まで
　猫の声コば聞きたくなえ

とうたいながら、これは粟餅をついているらしい。女ねずみはあんこをたいて、ちょっとなめてみたりしていると。じいが面白がって見ていると、さっきのねずみがじいの袖をひっぱって、こう言って念を押した。

「お前はほんとにニャンゴと言わねえな。おらあそいつが一番おっかねえからな」

「ああ、言うものかい」。

　ねずみはほっとしていろいろごちそうを並べてもてなした。器《うつわ》にしてもお膳にしても朱塗りの立派なもんだったと。そればかりか帰る時には、「わんつか《（少しの）》のみやげだ」と銭《ぜに》コまでどっさりもらった。じいは、またまたねずみに送られてねずみの尾っぽにつかまって、目《まなこ》を閉じているうちに、もと来たところへ帰り着いたと。

　じいとばあは、ねずみにもらった銭コでうまいもん買って、ぬくい着物もこしらえて、毎日が楽にしのげるようになったと。すると隣の欲ばりじいさが、「火種《ひだね》コ一つけれや」と、にゅうとはいって来て、たまげてしまった。

「お前は、おらとこと同じ貧乏たれだったのに、白いまんま《（ごはん）》に赤い魚《とと》そえて食っている。昨日に変わる長者の暮らし、こりゃまたどうしたわけか」

と聞くので、じいは隣の欲ばりじいさに、実はねずみにそば餅やってから、これこれだと話して聞かせた。じいさは火種をもらうのも忘れてとって返すと、こう言った。

「ばあさや、ばあさや、隣のじいは、ねずみにそば餅やっただけで、銭コをうんともらって来た。おれも真似して銭コをもらいたい」。

ばあさもばあさで、さっそくそば餅をこしらえて縄に通して持たせると、じいさを牛の背中に乗せて、とっとと山さ追いやった。隣のじいさもガッキリガッキリと木を切った。それから昼飯時になったら、薪《まき》に腰かけてそば餅を食っていた。するとほんとに、ねずみがちょろちょろ寄って来た。じいさは、「そら、お前らも食え、食え」とそば餅をかいでやったと。思ったとおり、ねずみが、「おら方《ほう》さ来てけろ」と言うので、「お前の家は、どこだべ」と聞いて、ねずみの後について行ったら、小さい穴コがあったと。

「こったら小さい穴コに、どうやっておらがはいるのけ」

「とにかく目《まなこ》をつぶって、おらの尾っぽさとっつかまっていれば、わけなしだ」。

そこで言われるままに、尾っぽにつかまっていたら、どこをどうもぐったもんやら、ねずみの家に行き着いたと。ねずみはたくさん集まって、

百になっても　二百になっても
にゃんごの声コば聞きたくなえ
トントン　カンカン

うたいながら、にぎやかに餅を搗《つ》いてる。じいさがあたりをきょろきょろ見回していると、案内の

ねずみが袖をひっぱってこう言った。

「お前はニャンゴと言わねえな。おら、そいつが一番おっかねえからな」。

じいさは、「なに、かまうものか。おらは早く銭コがいっぱいほしいのだ」と思って、

「ニャンゴウ」

と猫の鳴き真似をした。とたんにいままで明るかったねずみの家が、ぺっかりと灯《ひ》を消したように暗くなって、ねずみはどこかへ消え失《う》せた。じいさは、これ幸いと手さぐり足さぐりで、そこらにあった銭コだの宝物だのを持ちかかえて、外へ出ようとうろうろしたが、どうしても出口がわからねえ。ねずみの穴の中を、あっちこっちもくもく掘っているうちに、欲ばりじいさはとうとうもぐらもち《（もぐら）》さなってしまったと。

どっとはらえ。


——青森県三戸《さんのへ》郡——

＊解　説

幼い子に人気のある昔話で、丹波（京都府）では、ねずみの餅つき唄が米つき唄として愛唱されたりしている。地底に浄土があるという信仰と、ねずみが神の使者という信仰とが結びついて成熟したのだろう。同系の昔話に「地蔵浄土」「団子浄土」があり、うんと笑話化している。〔IT八二「鼠の浄土」〕

狐と狼

狐と狼とは、むかしは仲よしだったけど。ある日狐は長い冬越しをして腹もすいたことだし、何か食いものを探してこようと、穴から出て来て、人に見つけられないように道に出て鼻をクンクンさせていたところが風に乗って何だかうまい匂いがしてくるっけど。

「ああ、魚の匂いがする。来た来た。やっぱり魚屋がやって来るわ。ほんじゃ《（それでは）》あまず、あれを一つ取ってけましょう《（盗んでくれましょう）》。ほんでもなあ、いまは昼間なんだし、取るわけにいかねから《（できないから）》死んだふりするよりほかね」

と思って、賢い狐だもんだから、わらわらと出て行って、死んだふりして、口など開けたりして倒れていたと。そうすると、車を引いてやって来た魚屋二人は、

「あいつ何だえ。いや、狐だ。毛の色あいのええ狐だ。病気でもして死んだんだべ」

と見ていたようだけど、それでもまず踏んでみろと、「ヤッヤッ」と足で踏みつけたけど。

「痛いげんども、こいつをこらえなければ、おれは魚をとって食うことはできないから、まず」

と、狐はこらえてこらえていたど。

「ああ、死んだのだ。なじょしても《(どんなにしても)》何の音もたてない」

「こいつ皮屋さ《(に)》売ったらば大《たい》したものだな。こりゃ、今日は魚を売ったり、皮屋さ行ってこいつ売ったりして、二人で分けたらば、大したもんだ」

と大喜びで、二人して持ち上げると、魚のはいっている籠《かご》の中へ、くいんと投げこんだど。狐はよろよろとなった。それから魚屋はどんどん車を引いて行ったど。

狐はうれしくなって、魚を食えるだけ食って、持てるだけ持って、車からぴんととびおりると、道ばたの破れ家《や》をさして、わらわらと逃げて行ったけど。そうとは知らぬ魚屋は、町まで行って、さて魚を売ろうとしたところが、魚はほんのちょっぴりあるだけだ。

「いや、狐にだまされたとは。こんちくしょう」

と、魚屋二人は怒りちらしたけれど、もう後《あと》の祭りだったど。

狐の方は、盗んできた魚を、そのまんまかじったり、火であぶったりして、さんざん楽しんで食い食いしていたところへ、狼がやって来たど。

「狐どん、狐どん。何《なん》とした。なんだかうまい匂いさせるんだな」

「いや、今日はよかった。こうしたわけだった」

「おれに少し分けて食わせろ」

「まずまず、料理しないうちは、来てもだめだな」

と、せっかくうまいところは自分で食ったり、戸棚に隠したりして、うまくないところをちょっとばかり狼に食わせたど。それでも狼はうらやましがるし、狐は、

「こんなことは雑作《ぞうさ》ない。おれは死んだふりしていたところが、いいあんばいに魚の籠さはいったもんな」

と、うまい話をぽうぽうとくりかえして聞かせたど。狼は、

「ほんじゃ、おれは明日《あした》するからな」

と、待って待ったど。あくる日、教えられたところで待っていると、やっぱし魚屋がやって来るのが見えたけど。さっそく死んだふりしていると、

「なんだ、今日は狐でなくて狼だ。こんちくしょう、おれたちゃ二度もだまされねえぞ」

と、用意の太い棒を取り出して、叩いた、叩いた。狼はたまったものでながったど。やっと、命からがら狐のところへ逃げて来たど。狐に向かって言うことには、

「いや、とんでもないめにあった。いや、叩かれて叩かれて、やっとの思いで逃げて来た。あんなことを教えるとはあんまりだ」

「あんまりだなんて。おらは、なんぼ《（いくら）》痛いたってこらえたのだ。お前はこらえ方がたんねえのだ《（たらないのだ）》」

なんて言われて、狼はすごすご帰って行ったど。狐はその日も、何か食いたいなあと、道のはたに

隠れて見ていたところが、向こうから坊さんがひと荷物背負ってやって来た。坊さんは狐が見ている前で重い荷物をちゃんこちゃんこせり上げた拍子に、ポテンと一箱落としたまんま、とくとくと行ってしまったど。いや、こいつはええ、難儀もしないで拾ったわい、と思って、箱をかかえて逃げて行ったど。開けてみたところが、思いもかけぬせんべいだけど。そいつを自分ひとりでたるだけ《（たっぷり）》食っていると、また狼がやって来たど。

「なんだ貴様、ええことばかりするねえ《（するな）》。おれさ教えろ」。
二、三枚もらって食べるともっとほしくなって、こらえきれなくなったど。
「晩げ、あの坊さんがお寺の本堂さ《（本堂に）》、たしかにお供えするに相違《ちげえ》ねがら、そこをねらって、おれたち食ってきたらええが」

狐が言いだして、「寺の前から二人で穴を掘って本堂に出よう」と相談がまとまったど。二人でもくもくと穴を掘って地の底をくぐって行って本堂に出てみると、全くうまい物がどっさり供えてあった。うれしくなって戸棚を開けてみると、肉だの酒だのさかずきだの何でも入れてあったど。

「これはこれは、ええとこさ来たもんだ。さあ、飲め飲め」

と狐は狼にあとからあとから飲ませて、自分は飲まずに飲んだふりして、よその方へさかずきをあけてばかりいたと。

「こんなにごちそうになっては、お経でもあげていかんと悪いで」

狐が言うと、狼も、

「なるほどそうだなあ」

と赤い顔してあいづちを打っているど。

「お坊さんというのは、みな頭をそってるからな、おれが髪をそってくれるから《（そってやるから）》」。

狐は、ついたてにかかっていた衣《ころも》をとって狼に着せると、はさみやらかみそりやらとり出して、狼の頭の毛を、耳のあたりからパキパキと切ってしまったど。

「やっと本当の坊さんになった。さあ、鉦《かね》を叩いて、お経をあげればいい」

狐に言われて狼は、ゴエンと鉦を叩いて、ワンワンワンワンとお経をあげる真似をしたと。狐がそばから、「もっと大きく鳴らせ」とつつくので、ガエンガエンガエンと鳴らしワンワンワンワンとお経をあげていた。そうすると寺の者が聞きつけて、

「何だふしぎな。いまごろ鉦《かね》鳴らすなんてとんでもないごんだ《（ことだ）》。何者だか分かんねごんだから行ってみんべ《（行ってみよう）》」

と、小僧を起こして見にやらせた。小僧は節穴からのぞいて見たが、あんまりあきれて、腰抜けになって動かなくなってしまったど。また別の小僧が様子を見に来て、

「とんでもない者、鉦《かね》鳴らすから、みんな寄ってくろ。人間ではないし、棒でも何でも持って来てくろ」。

大勢の者が、てんでに棒や木刀など持って来る気配《けはい》に、狐はやはり賢いもんだから、さっきはいって来た穴からずうんと抜けて、穴をふさいで逃げてしまった。狼ばかりあわてて、ワンワンワンワン大声でお経をあげているところを、「こんちくしょう」と叩かれたど。下から来たから下へ逃げようとしても、蓋《ふた》されていて逃げらいね《逃げられないと》けど。ビンビンビンビンさわいでいるうちに天井《てんじょう》の高窓が見つかったど。やっととび出すと、戸口のところで狐に出会ったけど。

「ああおれ、やっといま来たばかりだ。狼どんがなんとかして早く来ればええがと、泣いとったところだ」

「ああ、もうちょっとで人に殺されるとこだった。お前をひと食いにしてくれんべと思って来たげんども、そういうことだったか」。

正直な狼はまただまされてしまったど。賢いものにはかなわぬという話だけど。

――山形県西置賜郡――

＊解説

山形の代表的な語り手、海老名ちゃう媼（明治二一年生まれ）の話を原話とした。この昔話は「鳥獣戯画」を言葉で聞くようだ。楽しい動物話の極というべきだろう。それには海老名さんのふくよかな語り、特に擬声語や擬態語の豊かさが見逃せない。〔IT五三五A「尻尾の釣り―魚盗み型」〕

江戸の蛙と京の蛙

むかしむかしのあるとき、江戸の蛙が、京都を見ねば一人前になれねからと思って京見物さ、出かけたんだと。京都の蛙は江戸を見ねば一人前になれねえからと思って、江戸見物さ出かけたんだと。二匹の蛙が途中でばったり出会ったもんで、まず江戸の蛙が、

「お前は、どこさ行くところだい」

と聞いたんだと。すると京都の蛙は答えたんだと。

「江戸は大変にぎやかなところだというんで、見物さ行くところだ」

「そうか、おれはまた京都は大変にぎやかなところだと聞いたんで行ってみようと思ってな」。

それから二匹はかわるがわる、江戸と京都の自慢話を始めたんだと。しばらく、「グエッ、グエッ」

としゃべっていたが、

「ま、お国自慢もええが、お互い、早く新しいところが見えねえかなあ」

と言って、連れだって山の頂上まで、ぼんごりぼんごり跳《は》ねて行った。空は晴れ上がっとるし、見

晴らしはよかったし、江戸の蛙は京都の方さ向き、京都の蛙は江戸の方さ向き、二匹は転《ころ》ばねえようにしっかり手をつないで、「ああー」と腰をのばして二本足で立ち上がった。眺めまわしてみたが、何のことはねえ。

「なあんだ、江戸も京都もおんなじだ。これでは苦労して行くこともねえ」

「おらもだ。京都いったって江戸とちっとも変わらねえ、苦労して行くことはねえ」。

手前《(自分)》の目玉が背中についていることは忘れて、二匹の蛙は「つまらねえことした」と語って、ひょこたりひょこたり引き返して行ったんだと。

こんで、おしまい、おしまい。

——宮城県本吉郡——

＊解　説

伝承する土地によって地名が変わってくる。西国では京と大阪が多い。聞きようによっては、自分を知らない人間が風刺されているような気がする。〔IT五八八A「愚かな蛙―京の蛙大阪の蛙型」〕

大《だい》工《く》と鬼《おに》六《ろく》

むかしあるところに、たいそう流れの速い川があったと。なんべんも橋をかけたことはあるのだが、かけるたんびに押し流されてしまう。「なじょしたら《（どうしたら）》、この川に橋をかけられるべ」と、村の人らはひたいを集めて相談をしたと。

「この近在で一番名高い大工どんに頼んだがよかんべ」

「うん、それだ、それだ」。

みんなの考えがまとまって、使いを出して大工どんに頼みに行ったと。

とびきり腕のいい大工どんは、「うん」と引き受けたものの、どうも心配でならん。そこで橋かけを頼まれた川へ行って見たと。岸にかがんで、

「なるほど、流れが速い上に川の幅も広いときた。はてさて、これはとんだ仕事を引き受けたわい」

と、こわいように奔《はし》る水を見つめていた。すると大きな泡がブクブクと浮かんで、ぶっくりと大きな鬼が頭を出した。

「いやあれ、名高い大工どん、お前は何を考えているか」

と、ものを言いかけたそうな。

「うん、おれは今度ここへ橋かけを頼まれたもんで、なじょしても《どんなにしても》、がんじょうな橋をかけたいと思ってな、考えているところだ」。

鬼は、あきれた顔でこう言った。

「とんでもねえ話だ。お前がいくら上手《じょうず》な大工でも、ここさ《ここに》橋はかけられねえ。けれどもお前がその目ん玉よこすならば、おれが代わって橋をかけてやってもよかんべ」

「おれはどうでもいいがの」。

大工どんは目ん玉よこせとはあんまり急な話なので、なま返事をしてその日は家へ帰ったそうな。またそのあくる日行って見たらば、なんと、橋が半分かかっていた。また次の日、見に行ったら橋が立派にでき上がっている。向こう岸からこっちまで、見事な腕前だ。大工どんがたまげて見ていると、鬼がぶっくりと出て来て、「どうだ、橋をかけたろう。さあ、目ん玉あよこせ、やい」と、言った。大工どんは、あわてて、

「ま、ちょっと待ってくろ。今日はだめだ」

と言いおいて、当てもないのに、ごんごんと山の方へ逃げて行った。「おらはどうしたらよかんべ、おらはどうしたら……」とひとりごとを言いながら、山の中をあっちこっち、ふらふら歩いている

と、遠くの方から、子どもらの歌う声が聞こえてきた。

早く　鬼六《おにろく》あ

目《め》なく玉あ

持って来《こ》ばあ

ええなあ

大工どんはそれを聞くと、はっとわれにかえって、家にもどって寝た。

次の日に大工どんがまた橋のところまで行くと、すぐに鬼がぷっくりと浮いて出て、

「やい、早く目ん玉あよこせ」

と、さいそくした。

「おれの大切な目のことだ、もう少し待ってけろ」

大工どんが頼むと、

「それほど目ん玉が惜しくって、おれによこすのがいやかい。なら、このおれの名前を当ててみろ。みごと当てたらば目ん玉は許してやろう。だがお前なんぞにとってても当てられまいなあ」

そう言って、鬼はにかりにかりと笑った。大工どんは、よしきたとばかり、

「お前の名前は、強太郎《つよたろう》だ」

とか何とか、出まかせを言ってやった。

「あははは、そんなんでねえぞ。なかなか鬼の名前が言い当てられるもんかよ」。

鬼は子どものように喜んだ。

「そうか、そんならお前は、鬼のおん吉」

「うんにゃ、違う」

「今度こそ当てるぞ、つの兵衛《べえ》だ」

「うんにゃ、違う、違う」。

大工どんは、一番しまいに、うんと大きな声で、

「鬼六っ」

と叫んだ。

そうしたら、鬼はぽっかっと消えてしまって、それっきり姿を見せんと。

どっとはれ。

——岩手県胆沢《いさわ》郡——

＊解説

化け物は正体がばれるとその呪力《じゅりょく》を失うものである。名前は古代ではそのものの生命を宿しているものだから、名前を知られた化け物はひとたまりもなく降参してしまう。「蟹問答」「古寺の怪」などこれに類した昔話が多い。〔IT二九九「大工と鬼六」〕

こぶとり爺《じい》

昔むかしあるところに、額《ひたい》にこぶのあるじいさまが二人もあったどさ。こぶというのが、握りこぶしほどもあるものだったから、目ざわりではあるし、何よりもみっともなくてたまらん。二人は顔を見合わせるたんびに、「何とかならねえかのう」と歎いていたが、「ひとつこいつを取ってもらうべ」と相談して、山奥の神さまに参ったと。

「どうぞこぶを取ってたもうれ」

と願《がん》をかけた。夜ごもりをして拝んでいるうちに、ま夜なかごろになって、遠くの方から、なんだかふしぎな音が聞こえてきた。それがだんだんとお宮の方へ近づいてくるから、きき耳をたてていると、にぎやかな笛太鼓の囃《はや》しになって、はや一の鳥居のあたりまでやって来た。

トレレ　トレレ　トヒャラ　トヒャラ

ストトン　ストトン

囃しがいよいよすぐそばに来たので、「ああ気味が悪いのう、いま時分、神楽《かぐら》でもあるまいに」とじいさまたちは本殿の脇に小さくなってかがんでいた。するとお社《やしろ》の戸がガラリとあいて、天狗《てんぐ》どもが五、六人もどかどかとはいって来た。そっとのぞいて見てみると、どれもこれも身の丈《たけ》は六尺ほどあり、赤ら顔がてらてら光る鼻高どもだ。それが広い本殿にどっかり座って、笛や太鼓で、

　トレレ　トレレ　トヒャラ　トヒャラ

　ストトン　ストトン

と始めた。なかなか囃しはうまいのだが、しばらくするうちに、囃しばかりで舞手のない神楽には、天狗どももあいたとみえて、「おぬし、舞え」「いや、おぬしこそ」とたがいにすすめ合っていたが、どうしたわけか、舞のできる天狗はいなかったと。「誰も舞わんとは情けない」と、天狗の一人がいまいましげに脇《わき》を向いた拍子に、じいさまがひそんでいるのを見つけた。

「なんだ、こげな（こんな）ところに人間がいたのか。そんなら早く舞を舞え」

と、ずかずかやって来て、一人のじいさまの腕をぐいとひっぱり、天狗どもの輪のまん中に突き出した。じいさまは、こわいのだけど、その囃し方がいかにも面白かったので、その調子に乗せられて、思わずからだがついていくようで、手が動きだし、足が上がって、こんな歌をうたいながら踊りだした。

　くるみはぱっぱ　ぱあくずく

　おさなきやぁつの　おっかぁかぁの

じゃあるるぅ　すってんがぁ
これを三べんくり返して、酔うたように何もかも忘れて舞《も》うた。天狗どもはやんやと喜んで、熊のような手を叩いてじいさまをほめそやし、みんなでこう言った。
「いかにも今夜は堪能《たんのう》した。だがお前の額の大こぶのために、面《めん》のつくりがよく見えねえ、せっかくの舞がだいなしだ。ひとつこぶを取ってやろう」。
天狗の一人がじいさまの前に来て、じいさまの額のこぶをブチリと取ってしまった。ふしぎにきれいに取れてあとかたもないと。じいさまは急に頭が軽く、晴ればれしたから、喜んで引きさがった。
「さて、次はお前の番だ」と、もう一人のじいさまが、円座の中に突き出された。「さあさ、お前も舞ってみろ」と天狗どもは囃し始めた。
トレレ　トレレ　トヒャラ　トヒャラ
ストトン　ストトン
けれどもこのじいさまは、あんまり恐ろしゅうて、からだががたがたふるえ、膝がどうにも伸びなかった。だが天狗どもにせきたてられ、舞わぬのも恐ろしい。仕方なしにこんな歌をうたいながらからだを動かした。
ふるきり　ふるきり　ふるえんざぁ

こうさあめの降るときは　いかにさみしや
かろらんとも　すってんがぁ
せっかくの歌も、声がふるえて歯がガジャガジャ鳴っているのでは、さっぱり聞けたもんではない。おまけに調子が低いので、陽気好きの天狗どもは顔をしかめて、「もう少し張りきってやれ」となった。じいさまは、いよいよ縮みあがり、とうとうその場に尻もちついて、ワアワアと泣きだした。天狗どもは、さんざん機嫌を悪くして、
「この臆病じいが。それほどおれたちの顔がおかしいかい。せっかくの神楽を泣きつぶしてしまって。お前のような芸なしの顔は二度と見たくねえ。このこぶでも持って帰れ」
と言ったかと思うと、先ほどのじいさまから取ったこぶを、今度のじいさまの鼻の上にぶっつけた。じいさまはあわてて顔をこすりまわしたがもうおそかった。もとからのこぶの下にまた一つ大きなこぶができて、全くおかしな顔になってしまったと。
とっぴんぱらり《おしまい》のぷう。
――岩手県北上市――

＊解説
鎌倉時代の『宇治拾遺物語』に最古の記録「鬼にこぶ取らるること」があり、ほとんど現代の伝承昔話

と変わらない。もっとも、生彩のある口承は東北中心で、東北地方の語りの伝統の根強さを示す例と言える。発端が穴へころげこんだ団子を追う話もあるところから、「鼠浄土」「団子浄土」などと同系にみられている。奇跡がおこるのは穴（空洞）の中なのであった。グリム童話集にもいくらか似た、こぶ取りの話があるが、わが国のような隣の爺型ではない。〔IT四七「こぶ取り爺」〕

おどる骸骨《がいこつ》

むがすあったど。

むかし、ある村に上《かみ》の七兵衛と下《しも》の七兵衛という仲よしの二人の男があったと。村にいてもいい仕事はないし、二人は相談して上方《かみがた》へ旅かせぎに出かけたと。

下の七兵衛が精出して働いて金をためたのにひきかえ、上の七兵衛は、怠けて遊んだり、ならず者の仲間にはいって悪事の手つだいをしたりして暮らしてきた。下の七兵衛が、

「はや三年たったが、そろそろ国へ帰らねえか」

と声をかけたけれども、上の七兵衛の方は着る物も金もなくて、帰ろうにも帰れねえ有様だったと。

いっしょに村を出て来た仲間がこれではいけないと、下の七兵衛は考えて、着物を買ってやり、旅費も出してやって、連れだって帰り始めたと。二人で仲よく帰るうちに、生まれた村が見える峠までもどって来た。その時、上の七兵衛は、むらむらと悪心をおこして、下の七兵衛を斬《き》り殺してしまったと。金と荷物を盗《と》って自分のものにすると、何くわぬ顔で村へはいって、

「連れの七兵衛は悪い仲間にはいってしまった。変われば変わるものだ。もう村には帰らねえて言った」

と、嘘《うそ》を聞かせておいた。そうして上の七兵衛は、盗った金は使いはたして、また働きに旅へ出た。

やがて下の七兵衛を殺した峠まで来ると、「七兵衛、七兵衛」と呼ぶ声がする。ふりかえって後ろを見てもだれもいない。空耳だべ(だろう)と思って歩いていると、また、「七兵衛、七兵衛」と呼ぶ声が追いかけてくる。はて、ふしぎなことだ、と声のする方をようぐ見たら、草の中で骸骨が、ケタケタと歯を鳴らせて笑っていたと。驚く七兵衛に骸骨は、

「友だち衆、ひさしぶりでねえか。おらを忘れたかい。三年前にここでお前に斬り殺され、骨身をくだいてためた金も荷物もすっかり盗られた下《しも》の七兵衛のなれの果てだ」。

上の七兵衛はたまげて逃げようとしたけれども、骸骨はガラガラと起きあがって、骨ばっかりの手で七兵衛の着物の裾《すそ》をしっかりつかんではなさなかった。

「いつかお前にめぐり会いたいと、ひにち毎日待っていたが、ようやぐ(やっと)今日会えたからには、もう

放さねえぞ。お前はいまからどこさ行ぐ」

「いままで村にいたんだが、金も無くなったで、どこかへ働きに出るところだ。邪魔はしねでくれ」

「そうか、あいかわらず困った男だのう。どうだ、おらを連れて働きに行けや。おらが踊りをおどるけ《(おどるから)》、お前は歌をうたえばええ。もとでいらずの金もうけでねえか」

と言ったかと思うと、手を振り、足を上げてカラカラカラカラカラおどってみせた。

「ま、こんな具合だ」

「そうか。したら《(では)》そうするべ」。

七兵衛は骸骨を連れて町や村を回って歩いた。「骸骨の踊り、骸骨の踊り」とふれて、うたうと、骸骨がおどり始めるんだど。「骸骨がおどるとは、こりゃ珍しい」と、人が大勢、寄ってたかって金を出してみるもんだから、金はたまるし、えらい評判をとった。

とうとう、それが殿様の耳にはいって、お城の大広間で骸骨の踊りを見せることになった。ところがその場になって殿様の前に出ると、骸骨は、さっぱりおどらねど。七兵衛が青くなって次々に歌を変えて、歌って囃したけれども、動かねど。七兵衛が怒ってむちで打つと、骸骨はガラガラと起きて殿様の前に進み出て口をきいた。

「わたしが踊りをおどらぬわけを申しあげます。この男は、わたしと二人して旅働きに出た帰り、国がすぐそこに見えるという峠で、わたしを殺して金をみな盗《と》った男です。いままでこんな踊りをおどってきたのも、殿様にお目にかかりたいばかりに、わたしがたくらんだことです」

「世にもふしぎな訴え事であるぞ。この男に早く縄を打て」。

七兵衛はとらえられ、役人どもに詮議《せんぎ》された末、とうとうはりつけにされたと。

それきり、どんどはれ。


――岩手県遠野市――

＊解　説

友人の手にかかり非業《ひごう》の死をとげた男の骸骨が歌や踊りで仇討をする話は、朝鮮や中国、さらに西欧でも語り伝えられた。わが国では東北・越後・九州に伝わる。この話と対照的に、山野にさらされた骸骨が、あつく葬ってくれた人に恩返しする話もある。これも東北と越後、九州に伝わる。『日本霊異記《りょういき》』（九世紀）下巻にも後者の類話が載っている。〔IT二六三「歌い骸骨」〕

中の国のむかし

鳥《とり》呑《のみ》爺《じい》

ざっとん昔があったげど。

あるところにおじいさんとおばあさんがあったと。おじいさんは山へ開墾《かいこん》に行ったが、

「やれやれ難儀《なんぎ》や。ちっとまあ休もう」

と、鍬《くわ》を立てて休んでいたと。そうすると小さい、かわいい鳥がたって来て、鍬の柄にとまって、

「あやちゅうちゅう、こやちゅうちゅう、にしきさらさら、ごよのさかずき、もってまいろうか、びびらびん」

と鳴いたと。

「まあ、なんちゅう面白《おもし》いこと言って鳴く鳥だ。どら、おれの指にとまって鳴いてみてくりゃい」

と言うて指を出したら、ちょいと指先にとまって、

「あやちゅうちゅう、こやちゅうちゅう、にしきさらさら、ごよのさかずき、もってまいろうか、びびらびん」

と鳴いた。

「やれまあ、面白《おもし》い鳥だ。こんだ、(こんどは)おれのべろに(した)とまって鳴いてみてくれ」

と、舌を出したと。すると鳥はおじいさんの舌にとまって、

「あやちゅうちゅう、こやちゅうちゅう、にしきさらさら、ごよのさかずき、もってまいろうか、びびらびん」

と鳴いた。やれまあ、面白い鳥だと、おじいさんがしゃべろうとしたら、舌が動いて、その鳥を思わず呑《の》んでしもうたと。

するとまもなく、おじいさんのへそが、ちくらちくらとするので、手をやってみれば、鳥の尻尾《しっぽ》がちょこんと出たと。おや、これは何だろうと、その羽根をきつんと引っぱったらば、

「あやちゅうちゅう、こやちゅうちゅう、にしきさらさら、ごよのさかずき、もってまいろうか、びびらびん」

といい音で鳴くんだと。

「おう、こりゃ面白《おもし》いど。はや家へ帰って、ばあさに聞かさんばならん」

と家へとんで帰っておばあさんに聞かせたら、やっぱり腹の中からいい鳴き声が聞こえると。おばあさんもたまげて、

「じさじさ。面白《おもし》い鳥を呑んできたもんだ。いいことがあるで。あすは向こうの街道を殿さまがお

通りになるちゅうがんだが、これを殿さまに聞かせもうしたらいい」

「よしきた、そうしょう」

　あくる日おじいさんは道ばたの木の上にあがって、殿さまのお通りを待っていたと。やがて「下に、下にぃ」と言うて殿さまの行列がさしかかって来た。と、先払いの者が木の上のおじいさんを見つけて、

「そこにいるもんは何もんだ」

と、たずねた。

「日本一の歌うたいじい」。

　そうすると殿さまが聞きつけて、

「どれ、ひとつ歌《うと》うてみい」。

　おじいさんが木からおりて、へその尻尾《しっぽ》をきっきっと引っぱったら、

「あやちゅうちゅう、こやちゅうちゅう、

にしきさらさら、ごよのさかずき、もってまいろうか、びびらびん」と、いい音を出したと。なるほど面白い歌だと殿さまは喜んで、おじいさんがやっと背負えるほど、たくさんの褒美《ほうび》の金を下さったと。
いちごさっけもうした《（めでたしめでたし）》。

――新潟県南魚沼郡――

＊解説

小鳥の霊妙な力への信仰をそのまま受けついで成長した昔話。だから、鳥を食べるのでなく、生きたまま呑まねばならぬ。「竹伐爺」と行き来して、屁《へ》の音になり、また隣の爺型となる地方も多い。鳥の唄には、民衆にとって高嶺《たかね》の花の「綾錦《あやにしき》」をうたいこんで、あえかな夢を結んでいる。〔IT九一「鳥飲み爺」〕

天狗《てんぐ》と隠れみの

天狗《てんぐ》いうもんが、昔はあったんかしらん。あったような、ないような、嘘みたいでほんまみたような話や。天狗岩《てんぐういわ》ちゅう岩は、この上《かみ》の、山のとっと《(ずっと)》一番奥にたしかにありますんや。ほして、「その岩の上に座っとると、天狗に飛ばされるんやさけえ《(飛ばされるから)》行くな。その代わりや」言うてこんな話を聞かせてもろうたもんですん。

まんまんむかし。むかしばくち打ちがばくちに負けて、すっかりまる裸《はだか》になって、ふんどし一貫になってしもうた。どうもこうもしょうがねえもんで、天狗さんの岩へ行って座っとったんや。それでも商売道具のさいころだけは手に握っとったらしいわ。そのさいころ一つを、ぺっと転《こ》かしては、

「あっと、京が見えた」、

ぺっと転《こ》かしては、

「あっと、大阪が見えた」

言うて、ひとりさいころを回して面白がっとったんやて。

そしたらそこへ天狗さんが来て、ばくち打ちに言うたって。

「お前は、なしたええ《(なんという)》物を持っとるんや。ほんまに京や大阪が見えるか」

「ほんまや。これはさいころいうてふしぎな力を持ったもんや」

「わしの隠れみのと笠をやるで《(やるから)》、そのええ物と代えてくれんか」

天狗さんが言いだしたから、ばくち打ちは、これはしめたもんや、うめえこっちゃ《（うまいことだ）》、とさっそく取りかえっこして、後《あと》も見んと《（見ないで）》走って帰って来た。

なにしろそれを着ていると、人からはちっとも姿が見えんのやてねえ。これは、なした《（なんという）》ええ物もらったことかいなあと喜んで、隠れみのを着て、隠れ笠をかぶって家を出たんや。ほしてまんじゅう屋へ行ってまんじゅう盗《と》って食うわ、酒屋へ行ってほしいと思うだけ酒を飲むわ、飲んでも食べてもだれにもわからんのやから、こんなに面白いことはない。ほして家にもどっては、その大事な隠れみのと笠をたんすの中に入れといた。

ある日嫁さんがたんすの引出しをあけてみると、汚《きたな》い汚いみのみたいなもんと笠がはいっとんや。

「うちの父《と》っつあんは、何でこんな汚《きたね》えもんを入れとんやろ」言うて、放《ほ》り出して燃やしてしもうた。晩方ばくち打ちがもどって来た。あれを着て出ようとたんすをあけたら、もう無いんやね。あわてて嫁さんに問うたら、

「あんな汚いもん、たんすの中に入れて。腹がたってきれいに燃やした」

ちゅう《（という）》返事。

「なしたこと《（なんという）》すんや。あれは天狗《てんぐ》さんをだまして取ってきた隠れみのや。どこで燃やした」。

ばくち打ちは焼けたかすまで惜しがって、燃やしたところへとんで行った。ためしに灰をちょっと手にこすりつけてみると、手が見えん。

「こら、灰でもききめがあるわ」。

喜んで灰をからだ中に塗りつけた。これでまた前のようにうまいもん食いに行こうと家を出たんや。

行っとったところが、途中で小便がしとうなったもんで、道ばたでジョージョーとしたんや。するとからだのほかのところは隠れとるけど、小便のかかったところだけ灰が落ちて見えてきた。そんなことども知らんで、ばくち打ちはどっか《（どこかの）》の飯屋へはいって行って、いい気持で食いよった。姿は見えんのに、徳利《とっくり》がひとりでに傾いて酒をつぎ、盃《さかずき》が浮いていって酒がからになる。箸がひとりでに飯を運んでいく。飯もおかずもなくなる。そこにいた人たちは、

「おでえこっちゃ《（こわいことだ）》、おでえこっちゃ。天狗の仕業《しわざ》やないか」

言うて逃げだして遠巻きにして見とった。見ておると、小便のかかった下《しも》のところが、ひょっこ、ひょっこ歩いてる。

「あれえ、あそこにぶらぶらしとるのは人間のものやで。こら、おでえことはないで、つかまえろ」。

そこでみんながとびかかり、寄ってたかってばくち打ちをこらしめたちゅう話や。

そらけん　ぶっしゃり《（これでおしまい）》　灰だわら。


——福井県小浜市——

＊解説

この話の伝承地、若狭《わかさ》の国小浜《おばま》市では、天狗岩あたりで謡《うたい》をうたうと天狗にさらわれるとも言われている。しかし昔話は伝説よりもうんと自由だ。天狗の宝物、蓑は常世《とこよ》からの来訪者たるシンボルである。その神聖な天狗もいまはさっぱり落ちぶれて笑話の脇役でしかない。代わって主人公になりあがったばくち打ちは、「博徒《ばくと》聟入」（宇治拾遺物語）以来、民衆のいたずら心、下克上《げこくじょう》の思想を満足させてきた。〔IT六六二「宝物交換」〕

あぶの夢

とんと昔あったでん。

ほかほかと南の風が吹くあたたかい日に、村の若い者が二人して、春山へたきものきりに行ったと。ほうして昼飯を食ったあとで、ひとりの男は山に消え残った雪をいじって遊んでいたが、もうひとりの男は疲れが出たのか、あおのけになってゴウゴウといびきをかきながら眠ってしまったと。はあ、もう起きるかと思って、起きている男がのぞいて見たらば、あぶが一匹、寝ている男の鼻の穴から飛びたって行ったてや。ほうしてひとしきりどっかへ行って、またもどって来て鼻の穴の中へもざもざともぐりこんだと。こりゃ、面白《おもし》いこともあるもんだと見ていると、男は目をさました。

「いや、おら、面白《おもし》い夢を見たや。この峠の白いつばきの花を折ろうとしたらば、その下に金瓶《かながめ》が埋まっている夢だ。こんどお前と二人で白いつばきを探して、そのかながめを掘ろうや」

そう言って聞かせたと。

ところがもう一人の眠らん男が、こっそりその白いつばきを探し当ててその下を掘ったらば、ほんとにかながめが三つ見つかったてや。やれ、よかったと喜んでその男は眠った男にしゃべったと。

眠った男は、

「どんげ《（どんな）》なかながめだか、ひとつおらにも見せてくれ」

と言うて見に行ったが、かめの底に『十《とお》のうち』と書いてあった。かめを三つ掘った男は字を知らんのだ。

字の読める男が、さっそく白いつばきの下を掘ったらば、かながめが七つ出てきた。男はたいそう金持になったから一生安楽に暮らしたと。

これで　つづきつばき　まめそうろう。《（これで私の話はおしまい。おつぎはどなた）》


――新潟県岩船郡――

＊解説

あぶとか蜂は別に報恩というわけではなくて、人を導いて霊泉や黄金を発見させる。「わらしべ長者」のあぶ、「難題聟」の蜂、「蜂出世」「あぶと手斧《ておの》」――いずれもこの小動物の神秘な力を感じさせる。また、あぶの役目をだんぶり（とんぼ）が引き受けることも多い。東北のだんぶり長者は、奥浄瑠璃「檀毘尼長者本地」となっている。〔IT二五四「夢と蜂」〕

手なし娘

あったてんがの。美濃《みの》の国にさんぜんさという身上《しんしょう》のいい家があったと。そこの息子はもう嫁をもらう年ごろであったが、どうも気に入った娘がいないので、思い切って嫁さがしの旅に出たと。ある時、「大阪の鴻池《こうのいけ》にばかにいい娘が二人いる」と人が話しているのを耳にしたので、「こらまあいいことを聞いた」と、息子は喜んで尋ねて行くことにした。

息子は若い衆を一人連れて反物《たんもの》をかつぐと、呉服屋《ごふくや》のような顔をして大阪の鴻池へ行き、娘ばっかり眺めていた。どちらもいい娘だが、とりわけ姉娘を気に入ってしもうたので、家へ帰ってからあらためて使いを出して、姉娘を嫁にもらいたいと申し入れた。

ところで鴻池の姉娘は継子《ままこ》であったから、母親は美濃の国の大した長者さまへもらわれるとなれば、自分のうんだ娘をやりたくてどうしようもないんだと。ある日おっかさんは、「美濃の国のさんぜんさへ嫁に行くのだから、遊び友だちに別れぶるまいをしよう」と言い出して、友だちを呼ばせたと。そのあとでおっとさんに言うことには、

「おっとさん、おっとさん、あんな娘は美濃の国のさんぜんさなんてところへ、とても嫁にやられない」

「あの子が何したや」

「いや、友だちをよんでの別れぶるまいにあんまりうれしがって、腰巻もしないで裸でおどっていた」

だと。おっとさんもたまげて、

「そんな娘はあの旦那さまへ嫁にやられぬ」

「ほうせんば《（それなら）》山へ花見に連れて行って、殺してくんなせ」。

おっとさんは、おっかさんのうそを本気にして娘を山へ連れ出した。山にはきれいに花が咲いていたと。

「あの花はきれいに咲いているが、なに花だろ」

「あれはお前の別れ花だ」

そう言うて娘の両手を切って谷底へ落とし、おっとさんは家へ帰ってしまったと。

ほうしておっかさんは、美濃のさんぜんさに手紙を書いて、『姉は病気で死んだすけ、妹を嫁にもろうてくれ』と言ったが『いや、妹ならいらね』という返事であった。

両手をもがれた姉娘は、川を流れていったが、どうやらこうやら川から這《は》いあがった。

「おれは、さんぜんさの嫁に決まったども、もう手も無いすけ、いまさらいけぬ。せめてどんげな家だか家だけでも見たいもんだ」

と、思って尋ねて行った。ほうして、行ってみれば、大きい門がまえの立派な家だと。門の脇《わき》には、うまそうな柿がいっぱいなって枝が下がっていた。手なし娘は腹がすいてどうしようもなかったので、口をつけて柿を食っていたと。そこを家の者に見つかってつかまってしもうた。旦那さまに「お前、どういうわけで手がないだ」ときかれて、こうなったわけを話したところが、

「ほうせばお前は家の嫁ときまった娘だ。手なんか無いたっても、どうか嫁になってくれ」と、頼まれて、さっそく若旦那さまの嫁になり、大切にしておかれたと。

そうするうちに若旦那は仕事で西国へ行かれるし、そのるすに玉のような男の子が生まれたと。その知らせの手紙を、飛脚の代わりに若い衆に持っていかせたが、酒好きな若い衆は道中、嫁の里に寄って酒を飲んで酔いつぶれてしまった。鴻池は姉娘が出ていってから、にわかに落ちぶれ、おっかさんは酒店を出していたと。おっかさんは若い衆のふところからそっと手紙を抜きだして読んで

みた。『玉のような男の子が生まれたが、何という名にしよう』と書いてある。さあこれを見た継母は、姉がにくくてしようがない。『鬼のような子が生まれたが、あんげな嫁は出したがよかろう』と書きかえておいた。その手紙が若旦那のところに届いたから、折返し、『いくら鬼のような子でもおれの子だ。おれが帰るまで嫁は出さずにおいてくれ』と返事を書いた。飛脚の若い衆はまた嫁の里に寄ったから、こんども酒を飲まされて酔いつぶれ、手紙を書きかえられてしまった。『そんげに鬼のような子どもを生む嫁は、すぐに追い出してくれ』。これを読んだおっとさんとおっかさんは、息子の気持がさっぱりわからんと首をかしげながらも、嫁に子どもを負わせ、銭をいっぺえ持たせて家を出したと。

手なしの嫁が、まあどこへ行ったらよかろうかと、あちこち歩いていると、のどがかわいて、水が飲みたくてどうしようもねえ。川ばたへ行って口をつけて飲もうとしたら、背中の子がぐらんとなって、川の中に落ちようとした。はっと思うた時、ずらっと手がはえてきて子どもを押さえてくれた。右の手も左の手も出てきた。「ああよかった。子が助かってよかった。両手がはえてよかった」とそこらを見回すと、そばの地蔵さんには手が無くなっていたと。

「ああ、この地蔵さまがおれに手を投げてくらしたか」と嫁はひどく喜んだ。「おらは銭をいっぺえもろうてきたから、ここへ小屋を建てて地蔵さまをお守りしよう」。

そこでついでにお茶屋も始めたと。

そうするうちに、家の方では若旦那が西国からもどって来た。

「おらの嫁はどうした。子どもはどうした」

「どうしたでもあるまい。お前が出してくれと言うたのに」。

それから調べていくうちに、継母の悪だくみにひっかかったとわかってきた。「とにかくどうしても探し出してくる」と若旦那はあちこち尋ね回って、とうとう川ばたの地蔵さまのところへ行かれた。そこのお茶屋へ腰かけて休んでいたと。すると三つばかりの男の子が寄ってきて、「お父さん、お父さん」ととびついてきた。「それはよそのお父さんだ」と言って教える女を見れば、自分の嫁とそっくりだ。若旦那は、けれども手があるから、まさかおらの嫁ではあるまいと思っていた。それでもあんまり子どもがなつくので、

「お前さん、どうしてここに店を出しているがら」

と問うてみれば、なんとまあ、自分の嫁と子どもであった。はあ、たまげてしまって、なんぼうれしいことだか。それから一緒に国へ帰って大祝いをして、親子仲良く暮らしたと。いきがさけた。


——新潟県長岡市——

＊解　説

継子話は意外と伝承が多く話型も多様であるが、継母を憎む話と受けとってはなるまい。これは人間性の残酷さ、みにくさをショッキングに強調してみせる説話の形式であろう。ヨーロッパでは王が身の不自由な娘を森で発見し、妃にするが、娘はやはりにせ手紙のために子とともに追い出され、のち再び夫に発見され幸せになる。このほか世界中に類話の分布が広い。〔IT一七八「手なし娘」〕

天《てん》福《ぷく》地《ち》福《ふく》

昔ひとつあったと。

あるところに、貧乏なじさとばさがあったと。「正月二日の晩げに、宝船の絵紙《えがみ》を枕の下にして寝ればいい夢を見る」と聞いたので、じさがそのとおりにして寝たと。朝になるとじさは、

「おら、天から福を授かる夢を見たや。天福の夢だ。ばかにいい夢だ」

と言うて喜んで起きてきた。

ほうして春になって、雪が消えてじさは山の畑へ行って畑打ちをしていたら、鍬《くわ》に何か、カンカンと当たるもんがあった。「はて、こら、何だやら」と思うて掘ってみたところが、金瓶《かながめ》が出てき

た。

「こら、かながめだ。金《かね》がいっぺ、つまっている。だどもこれは地から授かった地福だ。おらの授かったのは天福だすけ、これは家へ持って帰れねえ」

と言うて、そのままそこへ埋めて帰ったと。

　ほうしてその夜さる《（夜）》、隣のじさが湯に入りに来たんだが、畑のかながめのことを話して聞かせたと。隣のじさはそれを聞くとじっとしていられねえで、こっそりこっそり掘りに行ったと。ほうしたら、かながめどころか、蜂の巣のでっこいのが出て来て、蜂がブンブン飛んで出るわ、顔やら手足やら刺されるわ。隣のじさは、ごうがわいて《（はらがたって）》ならん。

「じさは何を言うているやら。かながめだなんて言うて、こら蜂の巣だ」

とぷりぷり怒って、ぼろ布を見つけてきて蜂の巣にかぶせると、にっくい、貧乏じさの家の高窓からグーンと投げこんだ。ほうしると、ザン、ガラリンと大きな音がしたと思ったら、蜂の巣はかながめになり、かながめは割れて、中からいっぱい大判小判が降ってきた。家じゅうに、金が散らかったと。

「そら、天井からかながめが降ってきた。これこそおれに授かった天福だ」

と、じさは大喜びでその金をもろうたと。

　それっきり。

——新潟県中魚沼郡——

＊解説

財宝発見系統の古型に近いとされる。『日本霊異記《にほんりょういき》』（九世紀）には、異常な金への執心から蛇身に転生した僧の話がある。同じ金の話でも「天福地福」はあどけなく、また明るく澄んでいる。昔話なればこそである。中国では五世紀に同系の話が記録されているという。〔IT九二「天福地福」〕

聴《きき》耳《みみ》頭《ず》巾《きん》

あったてんがの。（むかし、あったとさ）

あるところに貧乏でも正直なじいさまがあったとさ。ある時、村のお宮にお参りしているとき、つい眠気《ねむけ》におそわれて、うつらうつらと眠ってしもうたと。夢の中には白いひげの神様が出て来《こ》られて、

「じさ、じさ、お前はよく働き、ほうして正直もんのいいじさだすけ（だから）、おれがいいもんを授けてや

る。これは赤い宝頭巾だ。これをかぶれば、鳥がさえずっているのも木が話しているのもみんな人がしゃべっているように聞きとれるぞ」

そう言われたと思うと、すっと姿が消えてしもうた。「おや、これはありがたいことだ」と思ったところで目がさめた。ひざの上を見ると、夢で見たままの、まっ赤な頭巾がひとつのっていたんだと。じいさまは、「こら、まあいいもんを授けてもろうてありがたいことだ」と喜んで、その頭巾をふところに入れて家へ帰って行った。帰りしなに、ちょっと道ばたの松の木の下で腰掛けて休んでいた。

　すると東の方からからすが一羽ぱあとたって来て、その松の木にとまったと。ほうしたら西の方からもからすが一羽ぱあとたって来て、二羽のからすが、ガアガアと何か話しているらしいがの。じいさまは、こんな時だ、とふところから頭巾を出してかぶったところが、からすどもの話していることが面白いように聞こえてくるがの。

「西のからすどん、からすどん、久しぶりだねか《(ひさしぶりではないか)》。お前の村には何か変わったことがないか」

「いや、東のからすどん、からすどん、ほんに久しぶりだねえか。おらの村には大した話もねえども、庄屋の旦那さまがこの間から病気になって寝ていなさる。病気というのは、土蔵を作られた時に、はめ板の間に蛇が一ぴきはさまってしもて出ることがならん。それで蛇がせつながって、その思いで旦那さまが病気になっていらっしゃるのだ。ほうしるども《(それなのに)》人間て《(人間というのは)》やばかなもんで、そのことがわからんのだ。はてさて、あわれなもんだよ。で、東のからすどん、からすどん、お前の方には何か変わったことはないか。カアカア」

「いや、お前と同《おんな》じような話だども、おらの方の庄屋のお嬢さまが病気にならして寝ていらっしゃる。庄屋のうちで茶室を作らしたが、その茶室の雨《あま》んだれの下にひのきの株つ（株）がある。雨んだれがたらたらっと垂れて株つは腐っていくが、根は生きている。春になってひのきが芽を出すと人間がすぐに刈りとる。ひのきは生きることも死ぬこともできずにせつながっている。そのひのきの思いでお嬢さまは病気になっていらっしゃるのだ。毎晩、山から木の友だちが見舞にやって来るが、そんな友だちの思いも積み重なって病気になっているのに、人間てやばかなもんで、そのことがわからんがら。はてさてあわれなものだよ。カアカア」。

それを聞いたじいさまは、こりゃいいことを聞いた、と喜んで家へ帰ったそうな。

じいさまは、あくる日西の村へ出かけて行った。庄屋の前をあっちへ行き、こっちへ行きしては、

「はっけ見《み》、はっけ見」

と叫んでいたら、案の定《じょう》、うちの人が見つけて、

「はっけ見、はっけ見、旦那さまが病気になって、いっこうに治《なお》らんすけ、見てくらっしゃい」

と家の中へ呼び入れたと。じいさまは座敷へ上げてもらうと、ちっとばかり考えるふうをしていたが、

「いや、ここの家は土蔵を作らしたろうの。その時、はめ板に蛇が一ぴきはさまってしもうた。蛇にしてみればせつないことじゃ。その蛇を出してくっれば旦那さまの病気はじっき治ってしまう」と言うて聞かした。庄屋ではさっそく大工さんを呼んでは上板をはずしてみたところが、蛇が、白っこいようになって、やせこけて干《ひ》からびていた。そいつを引っぱり出して放してやったと。すると旦那さまはけろりとうそのように良くなってしもうた。庄屋の喜びようは大変なもので、じいさまはほうびの金をどっさりともらったと。

今度は、じいさまは東の村へ出かけて行った。庄屋の家の前をあっち行きこっち行きして、

「はっけ見、はっけ見」

とふれ歩いていたら、やっぱり、家の人らが、

「お嬢さまの病気を見てもらいたい」

と呼び入れて座敷へ上げたと。じいさまが、

「今夜、おらをここへ泊めてもらいたい。おうちでは茶室を作らしたということだが、そこへおらを泊めてもらいたい」

と頼んだら、気持よく承知してくれた。

じいさまが茶室で寝ていると、夜中になって、なんだかゴウゴウというような音がしてくるのだと。「はて、まあ何だろう」と思って、ふところから頭巾を出してかぶってみたらば、山の松の木

が見舞に来て話しているがの。

「ひのきどん、ひのきどん、ぐあいはどうだ」

「ああ、松山の松どんか。たびたび見舞に来てもろうて本当に申しわけがない。なんせこのとおりで、茶室の雨んだれの下になってしもうて、芽を出せば取られてしまうし、どうすることもならん。このまま朽ちはてるよりほかはない」

ひのきが苦しげに言うと、

「いやいや、春になれば、またいいこともあろうすけ、そんげに力を落とさんでいいよ」

松山の松はそんなに言うて慰めて帰って行ったらしい。またしばらくするとゴウゴウと音をさせて、なら山の楢《なら》の木が来た。

「ひのきどん、ひのきどん、ぐあいはどうだ」

「いやいや、へえ、この有様で、どうすることもならん。お前がたにばっかり見舞に来てもろうて、本当に申しわけがない」

「いやそんなに力を落とさなくとも、じきに春が来る。そうすればいいこともあるで」。

やがて楢の木も帰って行った。じいさまは、

「こら、まあ木がものを言うのも聞いた。あしたは人の苦しみが救える。ひのきの苦しみも救える」

と喜んで眠ったと。

朝になると、うちの人に、

「ここの家には茶室を作らっしゃる時、でっこい（でかい）ひのきを切らせたろうの。その株つが床下《ゆかした》で芽を出すことも枯れることもできずにせつながっている。松やら楢《なら》やら、木の仲間が毎晩、慰めに来ているが、お嬢さんの病気は、そんな木の思いのせいだから、ひのきの株つを掘り出してやれば、じきに治る」

と聞かせたと。庄屋ではさっそく、じいさまが言ったとおりにしたところが、お嬢さんの病気は、くるくるとうそのように良くなった。「このはっけ見は大したもんだ」と庄屋の喜びようは大層なもので、じいさまにはほうびの金をいっぱいくれたと。

じいさまは、両方の庄屋からもろうたお金で、一生安楽に暮らしたとさ。

いきが（めでたしめでたし）ポーンとさけた。


――新潟県長岡市――

＊解　説

原話の語り手は、二五〇余話を語り伝えた越後屈指の語り女《め》、下条登美《しもじょうとみ》さん（明治三七年生まれ）。鳥は精霊の宿る生物として畏敬された。その鳥のことばを聞きとる呪宝を手に入れた者に、ありとあらゆる幸せが舞いこむのである。この話はアジア・アフリカ・ヨーロッパの各地に伝わる。わが国では発端が狐

女房型になることがある。〔IT一一一「聞き耳頭巾」〕

黄《こ》金《がね》の瓜

昔があったげのう。

むかし佐渡《さど》のある漁師の村に、じいさんとばあさんがあった。ある日じいさんが浜へ出てわかめを刈っておると、一そうの丸木舟が流れて来た。はて、どこから流れついた舟だろうと思って中をのぞいて見ると、青い顔した女子《おなご》がぐったりなって倒れておった。おお気の毒に、何日波にもまれてきたもんだやらと、じいさんはその女子を負うて自分の家に連れて帰ると、ばあさんといっしょに大事に介抱してやったと。女子は日ごとに元気をとりもどしたが、ある日のこと、

「わたしは島流しになった者で、帰る家はねえすけ、どうかここへ置いてくだされ」

と、じいさんばあさんに頼んだと。二人には子どもが無かったから、それはそれは喜んで、その女子をあととりにしようと決《き》めた。ところが女子は、島流しにあう前から、腹に子どもができかけておったそうで、月が満ちると玉のような男の子が生まれたと。あととりができたばかりか、孫まで

生まれて、じいさんばあさんはひどう喜んで、大事に大事にその子を育てたちゅう。

　男の子は虫気《むしけ》一つなしに七、八つまで大きくなった。そいたら、ある日のこと、手習いをしておって、ふと天井を見たら、つばめの巣が目についたと。つばめの子がかえって、口ばっかり《（大きな口の）》の子どもが餌をねだったら、親鳥が二羽揃うて子どもにかわるがわる餌を食べさせている。

「あのつばめでさえかも《（さえも）》、父親に母親と、ふた親あるのに、おればっかりは母親っか《（しか）》いねえがどういうこったろう」

子どもはふしぎに思って、「どうしておれには父親がないか、言うて聞かしてくりや」と聞いた。

「父《とう》さんはあるのんだ。お前は大阪の城のお殿さんの子だ。お殿さんには十二后ちゅうて十二人の后《きさき》がおっての、わたしはそのうちで一番若かったし、一番器量も良かったからお殿さんは誰よりもわたしをいとしがったもんだ。ほかの后はそれをしょのんで《（ねたんで）》、ある時わたしの寝所に、知られんように萱《かや》の実を敷いたのだが、殿さんが夜わたしのところへ来られると萱の実がつぶれてピチッと鳴ったさけ《（から）》、みんなは、『殿さまの前でおならをした、無礼者だ』とさわぎたてる。お殿さんもそれをとがめてわたしを島流しにされる。それでわたしはじいさんに拾われてやっと命拾いをしたちゅうわけだ」。

　母親が泣き泣き語り聞かせたので、息子はやっとなっとくしたちゅう。それからというものは、その子は毎日お母さんに、「大阪へ行かせてくりい」とせがんだと。お母さんは、とうとう根負《こんま》けしてしまって、旅立ちを許し、途中の路銀にするようにと、一朱金を二枚包んで与えたと。そいたらその子は、浜べへ出て、一朱金一枚を石で叩《たた》いてこまかに砕くと、大事に包んで、一人で旅に出たそうな。さて大阪の城に着くと、男の子は大声をはりあげて、

「黄金《こがね》のなる瓜の種はいらんか。黄金のなる瓜の種はいらんか」

と、城のぐるりを呼び歩いたと。はじめは誰も相手にする者はいなかったが、毎日何べんとなく呼び歩くうちに殿さまがその声を聞きつけて、

「はて、妙なことを言う物売りじゃ。ひとつ黄金のなる瓜の種とやらを見てみんか」

と、城の中へ呼びこんでその種を買うたら、その子が言うことには、

「この瓜種は売るけれども、生まれてから一度もおならをこかん者が種をまかんと芽は出ませんのや。また、まいて生《は》えてきても実がなるまで、おならは、こいちゃあなりませんや」。

「ばかなことを言う。人間に生まれておならを一度もこかんもんがあるものか」

殿さまは大声で叱《しか》りつけた。男の子はここぞとばかりに、

「それじゃあ、おれの母親は、どうしておならをこいたちゅうて、こきもせんおならをこいたちゅうて島流しにされたか」

と言い返したと。殿さまは言葉に困って、目の前の利口そうな男の子を、これがわが子であったかとまじまじと見ていたが、「かんにんしてくりい。おれが悪かった」ちゅうて泣き出した。

「おれにゃあ世継ぎがねえ。わが子と呼ぶのはお前一人じゃ。ぜひこの城へ来ておれのあとを継いでくりい」
ちゅうて頼んだと。
　これでむかしはすんだ。いっちょうはんじょうさけ《（めでたしめでたし）》た。
　昔から、
　　佐渡の三崎《みさき》の　四所五所桜
　　枝は越後に　葉は佐渡さんなれど
　　花は　大阪の城に咲く
と歌ってきたが、葉はこの母のことで、花は大阪の城の世継ぎになった息子のことだとさ。

——新潟県佐渡郡——

＊解説

　古くから「貴種流離譚」の説話型として、物語の重要なモチーフともなった話である。昔話はいかにも率直に、母親が放屁《ほうひ》のために流されたとし、その子の巧智によって、母子ともにわが世を奪いもどす。この原話は佐渡島の岩井キサ媼の伝承だが、そのほかにも、喜界島《きかいが》、沖永良部島《おきのえらぶ》、瀬戸内の島々にすぐれた伝承が目だつのは、離島の人々の心意気を感じる。〔IT四二九「金の瓜種」〕

猿の生き肝《ぎも》

とんと昔があったげど。

ある時に、竜宮浄土のお姫さまが重い病気にかかって、いっこうに治らんと。うらないをする人に見てもろうたら、

「この病気は、おか《(陸)》に住んでいる、猿の生き肝《ぎも》を食えばよくなる」

と言われた。

「ほうせば《(それでは)》、だれが猿を連れて来るがら」

「そら、亀がいい」

そういうことになっての、亀は猿をだまして竜宮浄土へ連れて来ることになったと。

亀が浜べに泳ぎ着いてみれば、猿は浜の松の木に上がっていたと。

「おおい、猿どん、山の木にばっかりいつもつかまっていねえで《(いないで)》、たまには竜宮見物でも行がねか」

「行って見たいども《(けれど)》、おら泳ぐことがならん」

「ほうしゃ《（それなら）》、おらが連れてってやるだ」。

　そうして猿は亀の背中に乗って、竜宮浄土へ行ったって。竜宮浄土では、猿にいい着物を着せるがな、りっぱな部屋に案内するがな、うまいものをたくさん食わせるがな、魚の踊りを見せるがな、それはもう大したもんで、猿はすっかりたまげてしまったと。猿はごちそうをあんまり食べすぎて便所にはいったら、ちょうどその時、竜宮浄土の子守歌が聞こえてきたと。

　猿のばかめの　ばかやろが
　いまに生き肝取られるが
　ようい　ようい　ようい　よいや

それは、くらげが子どもを背負うて歌っていたのだった。これを聞いた猿は、はて、大事《おおごと》だ。こん《（こん》げにして《なにして）》ていい気になっているうちに、おらの生き肝を取られるがんだ《（そうな）》てや。何とかしてはや逃げんばならんと思うて、亀のところへとんで行ったと。そうして、ぽろんぽろん涙を流して泣きだしたと。亀はたまげて、

「猿どん、お前、なんで泣くや」

「亀どん、おらは大事《おおごと》した。竜宮浄土へ来る時に、大事な生き肝を木の上に干《ほ》してきたところが、どうも夕立が来そうだ。夕立が来《こ》ようもんなら、生き肝がみんな腐ってしまう。そいで、おら悲しゅうて泣いているんだ」

「なに、生き肝を木の上に干《ほ》してきたと。そりゃ、大事《おおごと》だ。だけど案じることは無《ね》え、泣くこともねえ。おらの背中に乗せて連れてってやるから、その生き肝を取り込んで、また竜宮浄土へ来ることにしょうねか《（しないか）》」

「んだ、んだ。そうしてもらえばありがたいど」。

そこで猿はまた亀の背中に乗って、もとの浜べへ、生き肝を取り込みにもどったと。そうして猿は、するするっと木に上がったまんま、下へおりてこないんだと。亀は待ちくたびれて、

「おおい、猿どん、何しているか。取り込んだらさっさとおりてこいや」

と言うても、猿は知らんぷりだ。亀がまた、

「猿どん、早く取り込め」

と言うと、猿はひどく怒ってしまって、

「何言うているや。この世に腹の中の生き肝を木の上に干したり入れたりするばかが、どこにあるんだ。生き肝を取られれば死ぬに決《き》まってら。そんげな《（そんな）》とこへだれがもどって行《ゆ》くもんか。お前のような者はさっさと帰れ」

と、持っていた石くれをどんどん亀にぶっつけたと。

「なに、だれがお前の生き肝を取ると言うたや」

「くらげがそう言うたや」。

亀は仕方がない、ひとりで竜宮浄土へ帰って来たと。

そうしてくらげは、猿に聞かせた罰《ばち》で、さんざん叩かれて小骨は砕けてしまい、大骨は抜きとられてしまった。それでいまでも、くらげは骨なしで、亀は背中を割られて傷あとが残っているということだ。

これでいちごさけた、どっぺん《（めでたしめでたし、おしまい）》。


——新潟県古志郡——

＊解説

原話は一二二話を世に語り残した、長島ツル媼の昔話。雪国越後では、百話以上の語り婆《ば》さ十数人が見つかっている。この話は神話以来の竜宮信仰の系譜を継いでいるが、児童文学の手本のような、楽しい動物昔話に成長している。それぞれの動物の持ち味を生かして、人間の演じるドラマ以上の、典型的な人間絵巻を描いている。〔IT五七七「猿の生き肝」〕

はなたれ小僧さま

あったてんがの《（あったとさ）》。

あるところに、貧乏で子持たずのじいさとばあさがあったてんがの。年の暮れになれば、年とり米も年とり魚《ざかな》も買わねばならんので、じいさは毎年山へ行っては門松を取って来た。ほうして町へ行っての、

「かど松、かど松」

と言って売り歩いたが、帰りしなには《（帰るときには）》、川の橋の上から門松を投げて、

「竜宮浄土の乙姫《おとひめ》さまにこの門松あげよう」

と、忘れずに水の中へ門松を投げ落としておったと。その年も乙姫さまに松を投げてあげると、松はじきに水にもぐって見えなくなった。じいさが橋を渡って家の方へ帰りかけたら、

「じさ、じさ、待ちれ《（待て）》、待ちれ」

と呼ぶ声がするてんがの。ふり返って後ろを見ると、いとしげな娘がいて、

「おら、竜宮の乙姫さまの使いの者だが、お前、毎年門松をあげてくれるすけ《（くれるから）》、竜宮ではみんな喜んでいる。『お礼をしたいすけ、じさを竜宮へ連れてこい』と言われた。どうかおれについて来てくらっしゃい」

「そうか。それはありがたい」

「じさ、じさ、お前、目をつぶっていらっせえ。目をあけてもいいと言うまで、の」

そこで言われるとおりにして、娘に連れられて行ってみれば、竜宮には、たいそうきれいな御殿があるてんがの。乙姫さまが出てこられて、

「じさ、じさ、よう《（よく）》来てくれた。毎年毎年門松ありがたかったで。今日はごっつおしるすけ《（ごちそうをするから）》、いっぺ《（たくさん）》食うてくれ」

言うて、ごっつおをして食わせ、竜宮の踊りもいろいろ見せてくれた。じいさが、

「ごっつおになったから、こんだ《（こんどは）》家へ帰らしてもらおう」

と言うと、乙姫さまが、

「お前のみやげにこの子どもをくれてやろう」

と言うて、小さい子どもをくれたてんがの。見れば身なりも汚《きたな》くて、はなをたらし、よだれもたらした、きったなげな子どもだと。

「このはなたれ小僧さまを大事にしれや。この子にほしいもんを頼めば何でも出してくれるすけ」

　じいさは汚いはなたれ小僧さまをもろうて喜んで帰って来たと。

「ばさ、ばさ、いま帰ったぞ」

「おや、お前、どこへ行って来たい《（行って来たのか）》」

「いや、おらが門松を竜宮の乙姫さまへあげたれば、乙姫さまによばれて《（もてなされて）》、竜宮へ行ってきた。みやげにこんげな《（こんな）》はなたれ小僧さまをくらいた《（くださった）》。この子に何でもほしい物をねだれば出るが」。

ばあさが喜んで、

「米を出してくれや」

と頼んだら、米俵がゴロリンと出て来たそうな。それから、味噌も金も出してもろうて、楽々と正月を迎えたそうな。じいさとばあさが、

「家が悪いが、今度は家を出してもらおうか」

と言うて頼んだところが、いい家が出て来たと。

じいさはだんだん、身上《しんしょう》がよくなって、暮らしは楽になり、「旦那さま、旦那さま」と人にも言われて、つきあう人も金持が多くなった。はなたれ小僧さまは、じいさがどこへ行ってもついて歩くのだが、太りもしないで、竜宮から来たまんまで、はなをかめと言ってもかまんし、よだれをふけと言ってもいっこう平気な顔だ。じいさはとうとう怒ってしまって、

「お前のようなもんは、へえ、(もう)どっか行ってしまえ」

と言ったから、はなたれ小僧さまは、

「おれ、ほんとに、どっかへ行ってしまっていいかい」

と聞いた。じいさは「おう、どこないと行け」と言った。

はなたれ小僧さまは「あい」と言うて、ごんごんとどっかへ行ってしまった。そのとたんに、あんないい家は無くなってしまって、いままであったいいもんはみんな無くなって、もとの貧乏なあばら家になってしもうたてんがの。

いきがポーンとさけた。(むかしばなしはこれまで)

——新潟県長岡市——

＊解　説

昔話では、愚直な性行は礼讃され、小ざかしい考えは排される。一見低劣で非力な者こそ秘められた霊力をもっている。素朴で飾りけのない民衆の信仰がそのまま表現された話である。また、思いがけぬ幸せ

は海の彼方や海の中からもたらされるのがわれらの祖先の信仰であった。浦島太郎と同祖の昔話といえる。
〔IT七五「竜宮童子」〕

親《おや》捨《すて》山《やま》

(1)

むかしむかし、親孝行な息子とお父《と》っつあんと、おいでなさった。そのころは、年寄りは余分な者だから、山へ負ぶって行って捨てるきまりがあったんやて。

いよいよお父っつあんが六十になったで、捨てならん。息子は親を負ぶって、一番奥の山まで、ずんずんずんずん来たんやと。ところが子どもがかわいくてしょうがないお父っつあんのことだから、息子がこんな勝手を知らない山道を帰る時のことが心配でかなわん。負ぶわれて行きながら行く道ごとに、パキパキと柴をへし折って、道しるべに落として行ったんやて。

山の奥へ着いたら、息子は雨のかからんところへ木の葉を敷いて、

「お父っつあん、ここでお別れじゃあ」

って言ったら、

「お前の帰って行《ゆ》く方は、いまわしが、こうやって柴を折ってきたで、それを辿《たど》って帰んなせえ。そうすりゃ、家へ帰られる」

って言ったから、息子は、お父っつあんがいとしくてたまらなくなって泣きだした。なんでこんないい親を捨てられようかと、かついで連れて帰ってしまったんやて。もしもそんなことがお上《かみ》に知れたら大事《おおごと》だから、家の中に置くわけにいかず、家の裏に穴蔵を掘って、隠して、三度の飯を運んだり、また、おいしいものがあるたびに、そこへ運んだりしてお父っつあんを養っとったんやて。

ある時、殿様が、「灰で縄をなって来《こ》い」という難題を出されたそうや。村の者がいくら知恵をしぼって考えてもわからんのやて。息子はこっそりお父っつあんに相談したんやて。そうすると穴蔵のお父っつあんが、

「固い縄をなって、戸板にのせて、そっくり焼け」

と教えたのでそのとおりにしたら、いい灰の縄ができたって。息子がそれを納めに行くと、「見事じゃ」とほめられたっていうことじゃ。それから続いては、まっ黒で、どちらが株とも末とも分からん、丸い棒をよこして、言われたって。

「これを、どちらが根か先か、調べてこい」。

それも息子が穴蔵のお父っつあんに聞いたら、

「水へそおっと入れてみなよ。そうすりゃ上がる方が末じゃし、中に沈むのが株じゃ」

て言われたんで、さっそく水へ入れたら、やっぱり分かったたって。それをお上に知らせに行ったら、

「お前はよっぽど利口なやつじゃ。今度は『叩かん太鼓の鳴る太鼓』をこさえて《こしらえて》こい」

と、三つ目の難題を出されたた。するとお父っつあんは息子に、

「そら、雑作《ぞうさ》もないことや。お前は山へ行って蜂の巣を取ってこい」

と命じ、嫁は皮はぎのところへやって、皮を買ってこさせた。それから蜂の巣を入れて皮を張ると、太鼓ができあがった。そうしてちょっとかまうと、蜂が騒いで、ボロンボロン太鼓が鳴りだしたんやて。お殿様のところへ持って行って見せたらば、お殿様がちょっとかまう。するとボロンボロンと鳴ったって。殿様は、とっても喜んでこう言われたって。

「お前は三つとも難題を解いて、いかにも利口なやつじゃ。どうやって考えたか言うてみい」

「はい、自分の甲斐性《かいしょう》ではわからなんだけれども、こうこうこういうわけで、穴蔵に隠したお父っつあんから聞きました。年寄りは賢いから」

って、おそるおそる白状したんやと。

「そうか、年寄りはそんなええ事を知っとるか。これからは年寄りを山に捨てんことにしょう」

て言われたって。

しゃみしゃっきり。（これでおしまい）

――岐阜県吉城《よしき》郡――

＊解　説

「姥棄山《うばすてやま》」の話は平安時代の『大和《やまと》物語』以来、説話集などに多く記録されてきた。口づたえの昔話にも記録された話の影響があったであろう。さらにその間、大陸から伝来した話もまじる。飛驒のこの話は最も多いおだやかな型で、後半は難題を解いてめでたしめでたしとなる。東北地方では息子夫婦に棄てられた姥が山の神の恵みを受けて幸せになる話もある。〔IT四一〇A「姥捨て山―難題型」〕

(2)

昔むかしの大昔あっただと。

昔ゃあ、姥捨《うばす》て山って山があって、年寄りは役に立たなくて、ご飯たべるだけだからって、山へ捨てられたってな。

ある家で、お父さんがおじいさんを背負《しょ》いこへ乗して、山へ捨てに行っただって。そん時に、おじいさんがたいへんかわいがっていた孫があったもんで、その子もついて行っただって。

遠くの深い山で、おじいさんとはこれで見おさめだって、別れをしたって。お父さんが背負いこ

は思い出が悪いからそこへおいて帰ろうとしたら、子どもが、

「この背負いこ持って行くだ」ってそこを動かないんだって。お父さんが、

「なんでお前はいうことを聞かんか」って叱ったら、

「今度、お父さんが年ぃ取って、役ん立たなくなったときに、これでもって、僕が背負って来《く》んだから持って帰る」って言っただって。

そいでお父さんは「じゃあ、自分も子どもに背負われて、この奥山に来なきゃなんないのか」と思って、親をまた背負いこに入れて、連れて帰ったって。


――静岡県賀茂郡――

＊解　説

この話も北は青森から南は沖縄まで、全土に広く伝わっている。インドの古典『ジャータカ』、中国の漢訳仏典『雑宝蔵経』などにも見え、朝鮮半島・フィリピンやガガウズ族（黒海北方）・グルジア人（コーカサス）などに広く伝わる。貧しさゆえの親不孝も、幼な子の純粋な機智にさえぎられて、めでたしとなる。〔IT四一〇B「姥捨て山―もっこ型」〕

糠《ぬか》福《ふく》と米福

むかし、あるところに糠福《ぬかふく》と米福という二人の姉妹があった。姉の糠福はいまのお母《かあ》には継子で妹の米福は本当の子だったから、母親はいつも米福にばかり、ええ着物《(よい)》を着せるわ、うまいものを食わせるわして、かわいがっていた。その上、何とかして、憎い糠福を家から追い出してやろうと思っていた。ある秋の日のこんだ《(こと)》。

「お前ら、今日は風が吹くから、山へ栗拾いに行ってこう《(こい)》。この袋がいっぱいになったらば帰ってこう」

そう言って母親は糠福には底に穴のあいた袋をやり、米福にはいい袋を持たせたと。そうして、米福にそっと、「お前はいつも姉さんの後《あと》ばっかり歩け」と言いきかせた。

二人は山へ行って、糠福が先になり、米福は後になって栗拾いを始めた。糠福が、「おら、栗、拾った」と言いながら袋へ入れると、すぐに抜け落ちてしまう。そこを米福が、「おらも栗、拾った」と袋へしまうから、糠福は、いくら拾ってももってしまってたまらないし、米福の袋はすぐにいっぱいになった。

「糠福、糠福、もう家へ帰ろうや」

妹が言うと姉は困った顔でことわった。

「おらのは、なぜだか少しもたまらぬから、このまま帰ってはお母《かあ》に叱られる。お前は一足先に帰ってくりょう《(くれ)》」。

「ほんじゃあ《(それでは)》」と、妹は姉を待たずに山を下ってしまった。

糠福は、ひとり残って山で栗を拾っていたが、やがて日が暮れて、すっかり暗くなってしまった。ふと向こうを見やると、遠くにあかりが、ちかんちかんと見えたと。そのあかりを頼りに、歩いて行ってみると、それは山ばんばの家で、あばら屋の中に髪をぼうぼう乱した山ばんばがいて、糸車をビンビン回しながら糸をとっていた。糠福が、

「婆《ばんば》ばんば、暗くなって困るん。ぜひ一晩泊めておくんなって」

って頼んだ。山ばんばは、

「そうか。泊めてやるにはやるが、おらの家は夜になると鬼が来るから、この中にはいっていろ」

と言うと、糠福を土間《どま》にしゃがませ、「どんなことがあっても声をたてるんじゃあねえぞ」と言い聞かせ、大きな八斗桶《おけ》をポンと伏せた。

夜なかごろにもなると、ズシン、ズシンと地響きをさせて、鬼が大勢やって来て、

「ばんばあ、しゃばの人臭《くせ》え。ばんばあ、しゃばのさかな臭え」と、鼻でそこいらをフスフスかぎ回った。糠福は、おっかなくて桶の中でふるえていたが、いいあんばいに山ばんばが、

「このばかども、何もおりはせんぞ。さあ、帰《けえ》れ、帰《けえ》れ」

と鬼どもを追っぱらってくれた。

夜があけると、山ばんばは桶から糠福を出してくれた。糠福は、おかげで命拾いをして、「ありがとうごいす」と礼を言うと、山ばんばは、

「なんのなんの。それより、おれん《おれの》頭のしらみを取ってくりょう」

と、髪の毛のもつれきった頭をさし出した。糠福が、「しらみぐらいなんぼ《いくらでも》でも取ってやるぞ」と山ばんばの頭をすいてやると、髪の毛の間に蛇やむかでの子がいっぱいいた。糠福は竹を削って串《くし》をこしらえ、その蛇やむかでを突き通しちゃ殺し、突き通しちゃ殺し、みな殺してやった。山ばんばは、

「お前のおかげで今夜ほどええ《よい》気持になったことはねえ。このまま死んでもええくらいだわい」

とひどく喜んで、夕飯を食わせてくれて、寝た。あくる朝になると、山ばんばは、袋の底を縫ってくれ、栗をいっぱい入れてくれた。その上、しらみを取ったほうびに、叩けば何でもほしいものが出るという福槌《ふくづち》を一つくれた。帰る時になると、「さあ、そっちの道を行けばゆんべの鬼がいるか

ら、こっちを行け」と道までよっく教えてくれた。糠福は途中でためしに、

「栗よ一袋出ろ、栗よ一袋出よ」

と言って福槌を叩いてみた。すると栗が一袋、ごろっと出て来た。喜んだ糠福はそれも持って家に帰った。

あくる日は村のお祭で芝居が来ることになっていた。母親と米福は朝からいい着物を着るやらお化粧をするやら大さわぎして仕度《したく》をすると、

「糠福、糠福、おれと米福は、ちょっくらお祭に行ってくるから、お前は家で留守番をしていろ。おれたちが帰るまでに、かまどに火を燃しつけて、湯を沸かしておけ。飯も煮ておけ」

と言いつけて出て行った。

糠福が家で炭まみれになって、言いつかったとおりに働いていると、神さまが回って来てこう言った。

「糠福や、お前も芝居見に行きてえか。行きたきゃ行ってこう。その間におれが何でも用をたしてやるからな」。

糠福はうれしくてうれしくて、

「はい、ありがとうごいす。ほんじゃあちょっくら行ってくるから、すまんけどお頼みもうしやす」

と言って神さまにあとを頼み、自分は山ばんばからもらったお宝の福槌をとり出して、

「床屋《とこや》、出ろ。着物も出ろ。お駕籠《かご》も出ろ」

と言って叩くと、床屋も着物もお駕籠も、そっくり出てきた。糠福がその床屋に髪をゆってもらい、いい着物を着てこしらえると、見違えるように美しい娘になった。

それからお駕籠に乗って芝居見物に行くと、向こうの桟敷《さじき》にお母《かあ》と妹が座っているのが見えた。糠福はまんじゅうを買って食べ皮を妹にぶっつけると、妹ははっと糠福の方を見て、

「お母、あれあそこに姉さんが来ている」

とささやいた。けれどもお母は、

「そんなはずはねえ。あれはいまごろ家で炭っころばし(まっ黒)になって働いているら」

と気にしなかった。糠福がまた菓子《かし》を買って食べ、袋を妹にぶっつけると、妹は、「お母、姉さんがまた袋をぶっつけたぞ」と言ったが、母親は、「ばかを言うもんでねえ。あれはどこかのお屋敷のお嬢さんずら(だろう)」ととり合わなかった。芝居見物の衆は糠福があんまりきれいだったから、糠福の方ばかり見とれて、どこのお屋敷のお嬢さまかとうわさし合った。

糠福はまだ芝居が終わりきらないうちに帰《けえ》って来て、元どおりの汚い姿になって家の中で働いていた。そこへお母が米福を連れて帰って来て、

「ほれみろ、やっぱり糠福は家にいるじゃあねえか。どうだ福、言いつけた仕事はみなできたか」

と聞いた。神さまが何もかもやっていてくれたから、糠福は、「はい、湯も沸いていやす。飯も煮

えていやす」と返事ができた。

そこへ隣村の長者の家から、一人息子が、「今日、芝居を見に行った娘を、ぜひ嫁にもらいたい」と尋ねて来た。長者の息子は見物衆の中にいて、糠福があんまりきれいなので目をつけて、「あれはどこの家の娘か」と若い衆にあとをつけさしておいたのだ。お母《かあ》は喜んで、「これがその娘でごいす」と、米福を、うんとしゃれらかし《(おしゃれさせて)》て連れて来た。けれども長者の息子はかぶりを振って、

「これは違《ちご》う。いま一人の娘を出してくれ」

と言った。

「いや、あれは汚い下女で、とても長者さんの嫁になれるような女じゃあねえが」

と、しぶしぶ糠福を連れて来た。息子は炭っころばしの娘を一目見るなり、

「ああ、これだ、これだ。この娘をもらって行く」

と言ったから、糠福は、あわてて「ちょっくら待っておくんなって」と言いながら、ものかげに走りこんで福槌をとり出した。

「床屋、出ろ。着物も出ろ。お駕籠も出ろ」

と言って叩いたらば、みんなぽんぽん出て来たので、床屋に髪をゆってもらい、いい着物を着ておつくりをすると、見ちげえるように美しい娘になった。母親と米福がたまげているうちに、糠福は、

「ではお母《つか》さん、お世話になりやした」

と言ったきり、お駕籠に乗って、長者の息子に連れられてさっさと行ってしまった。

さあ、これを見た母親が、くやしがったのなんの、とうとう妹娘を臼で磨《す》りつぶしてしまったそうだ。

それもそれっきりぃ。

――山梨県西八代郡《にしやつしろ》――

＊解説

シンデレラの話といえば知らない人がないほど、人類共有の昔話である。日本では平安時代の『住吉物語』、中国では九世紀、ヨーロッパでは一六世紀の記録がある。「糠福《ぬかふく》米福」「米福粟福《あわふく》」は別名であり、「紅皿欠皿《べにざらかけざら》」も同系の継子話である。〔IT一七四「米福・粟福」〕

花《はな》咲《さか》爺《じい》

むかしむかしあったってな。じいさとばあさとあったってな。ばあさは川へ洗濯へ行ったってな。

ばあさが川で洗濯をしとったら、川の上《かみ》の方から、何やら赤いものが流れて来た。何だろうと思って近づいて来るのを見ると、でっかいでっかい柿だってな。

　ばあさがそれを拾って見とるうちに、とってもとってもうまそうなんで、思わずかぶりついたところが、うまくてうまくて知らんうちに食ってしまってな、じいさにくれるところが無くなってしまった。こりゃ弱ったことしてしまった、とばあさは思って、も一度川の上の方に向かって、

「もう一つ来《こ》うい、じいにくれる《（やる）》。もう一つ来うい、じいにくれる」

と、なんべんも呼んどったら、また上の方から、赤い赤い、さっきのよりもっとでかい柿が流れて来たってな。ばあさは喜んでそいつを拾って家へ持って帰った。そうして柿を臼の中へ入れて、こもをかぶせておいたって。晩方、じいさは山から帰ったってな。

「じいさ、じいさ、うまい柿を拾って来て臼ん《（の）》中に入れとるで、行って見なはれや《（見なさいよ）》」

「そうかそうか、そりゃありがたい」

で、じいさが臼の方へ行って、こもをはぐって見たところが、柿が無くなって、小さい犬のころころしたのがおったってな。

「ばあさ、ばあさ、これは柿ではないがな。犬ころやがな」

「犬ころって。おら、柿拾って来ておいたんや」

「そんでも生きてらっしゃるから犬ころやね《（犬ころだな）》」。

ばあさもとんで来て見たところが、確かにかわいい犬ころなんや。さあ、じいさとばあさは大喜びで、その犬ころを大事に大事に育てて、飯やら魚やらごちそうをくれて、大きくしたってな。だんだん大きくなるにつれて、とっても利口な犬ころになったって。そうしてある時、その犬ころがじいさに、

「じいさ、じいさ、おれに、かますと鍬《くわ》と付けさっしゃろ《(お付けなさい)》」

って言う。

「お前がそんなもの付けたらつぶれるわい」

「いんや、つぶれんで《(つぶれないから)》、付けさっしゃい」。

で、じいさがかますと鍬とを犬の背中にくっ付けたって。

「じいさ、じいさ、おれの背中に乗らっしゃれ」

「そのかますの上におれが乗ったら、お前つぶれちゃうでねえか《(つぶれてしまうでないか)》」

「いんや、つぶれんで、乗らっしゃれ。そんで《(それで)》目をつぶさっしゃろ《(おつぶりなさい)》」

そんでじいさが乗って目をつぶったら、どんどんとどこかへ走って行くようだったが、しばらくすると、

「さあ、ここでおりさっしゃれ」

言われておりてみたところが野原やった。

「さあ、かますと鍬をおろして、すぐそこを鍬で掘ってみらっしゃろ」

言われるままに、言われるところを掘ってみたら、土の中から大判やら小判やら、何やらかやら宝物がいっぱい出たってな。

「さあ、その出た物みんなかますに入れて、おれの背中に付けさっしゃろ」

「お前さっきのより重たいんやど《重いのだぞ》。こいつはいっぱいあるんだから」

「大丈夫だから付けさっしゃろ」

というわけで、かますに入れて犬の背中にくっ付けたって。

「じいさ、その上に乗らっしゃれ。ほんで目をつぶさっしゃろ」

だって。じいさが目をつぶると、しばらくどこか走るような気がしたが、「さあ、おりさっしゃれよ」と言う声におりてみたところが、ちゃんと家の前やったてな。さあ、かますにいっぱいの宝物を家に持ってはいったところが、隣のじいさが聞きつけて、

「じいさ、じいさ、そこの《お前のとこの》犬を貸してくれないか」

「あれはおらが大事な犬やで、よう貸せんがな」

「そんなこと言わんでもええ《よい》がな。貸してくれ」

で、じいさも仕方ないようになって、

「そんなら貸せるには貸せるが、すんだらすぐに持って来てくれよ」

「ああ、すんだらな」。

じいさは勝手に犬を引っぱり出し、「付け」とも言わんのにかますと鍬を付けて、「乗れ」とも言わんやつに乗って、犬の尻を叩くやら、頭を叩くやらして行ったってな。

しばらくすると犬は行こうともせず、しゃがんでしまった。ここらにあるんかいなと、じいさがおりて掘ってみたら、宝物やらは何も出てこん。出てくるのは、どろどろの臭い水ばっかりやった。臭いのなんの、どうにもこうにもならん。じいさは腹をたってしまって、「この憎い犬め」って、いきなり鍬で犬の頭をなぐりつけて殺してしまった。そうしてそのまま家へ帰ってしまったってな。

晩になっても、犬を返しにこないので、よいじいさは隣へ行って、催促《さいそく》した。

「貸せた犬を返してもらえましょうか」

「あの犬めが、おれを運んで行ったところときたら。何やらきたない物ばかり出しゃがったんで、業《ごう》がわいて《（はらがたって）》どうもならん。おら、鍬でなぐりつけて殺して、あそこへほかしといた《（捨てておいた）》。ほしけりゃ死骸でも持ってござれ《（持ってお行き）》」。

で、言われるところへ行ってみると、犬は頭を割られて死んでおった。じいさは泣き泣き犬を抱《かか》えてもどり、家のそばに穴を掘って埋《い》けると、その上に木を一本植えておいたってな。それからは、ああ、かわいそうなことをしたと、朝晩ずっと犬の墓さまに参っていた。ところがその墓さまに植えた木が、どうしてやら知らんが、でっかくなる、でっかくなる。だんだんだんだんでっかくなるんで、しばらくのうちに、大きいとも大きいとも、一抱えもある木になってな、じいさは、その木を切って餅つく臼を作ってみたってな。

　で、その臼で餅をつきよったところが、はじめのうちは餅だからして、餅つく音もペタンペタンとしよったが、つくほどに、何やらチリンと鳴るんだって。おかしいなとのぞいてみると、臼の中は金銀、小判やら宝物やらでいっぱいだって。「はあ、これも犬のお蔭や」と、じいさが喜んで宝物を臼から出しておると、また、隣のじいさが見つけて、また臼を借りに来たってな。

「じいさ、じいさ、ここの臼を貸してもらえんかな」

「ああ、これは貸せれんがな。これはお前が犬を殺《ころ》いたで、その犬埋《い》けたところにできた木で作った臼なんやで。よう貸せんな」

「そんな欲なこと言わんでもええがな、貸してくれ」。

　どうしてもきかんので、仕方もないで、

「餅つかれたら、すぐ返してくだされよ」

て言って貸してやった。

　隣のじいさも餅をつきよったが、ところがはじめのうちは餅つく音もペタンペタンとしよったが、しまいになって、チリンともいわんで、グシャグシャって、おかしな音がしてきたってな。そのうちにだんだんだんだん餅が臭いのなんのって《(なんとも臭くて)》、どうにもこうにもならんだって。そしたらさっきの約束なんか忘れて、じいさはその臼を、「なんでこの憎い臼めが」って、斧《よき》を持ってきてかち割り、釜で燃やしてしまったってな。晩方になっても隣のじいさは臼を持ってこんので、

「さあ、貸せた臼、返してもらいましょうか」

と隣へ行ったところが、

「あの臼めが。おらが餅をついたら、きたない物を出しゃあがって、臭いともなんともしょうがなかったので、おらは業《ごう》がわいて、かち割って火にくべてしまった。そんね（そんなに）ほしいなら、あの釜にある灰でも持って行かっしゃれ」

っていう返事だ。またじいさは泣き泣き釜のところへ行くと、灰を集めて家へ持って帰ったってな。ところがちょっと風が吹いて、その灰がぱあーっと飛び立ったかと思うと、そこらに花がいっぱい咲いたってな。

「こりゃなんと面白い灰や。はあ、これも犬のお蔭や」

と言って、大事に灰をしまっとったところが、その村へ殿様がござるって話が出たんや。こりゃ、ぜひとも殿様に花を咲かせて見せてあげよう、というわけで、殿様のござる道で、灰持って木に登って待ちょったってな。殿様はずっと行列をつくってこられたが、家来の者がじいさを見つけて、

「あの者はなんで土下座《どげざ》をせんか」と怒ってしまった。

「こりゃこりゃ、そこにおるやつは何者じゃ」

「こいつは花撒《ま》きじいと申しますでございます」

「なに、花撒きじいとは何者じゃい」

「ここで灰を撒くと、花が咲くんでございます」

「ほんとうに咲くのか」

「はい、ほんとうに咲くんです」

て、殿様に申しあげると、

「そりゃ面白いこっちゃ。ひとつ花咲かせてみたらええが。ひとつ灰を撒いてみよ」

と言われた。じいさは灰をつかんで、ぱあっと撒きかけると、そこら一面花になってしまったってな。殿様はとっても喜んで、

「こりゃ面白いじいさや。さあさ、おりてこい。ほうびをくれるぞ」

と言われて、やっと背負えるほどのほうびを下さったてな。

　隣のじいさは、また聞きつけて、

「あいつはうめえ《(うまい)》ことしたもんじゃ。おれもひとつやってやらめえか《(やってやろうか)》」

と、残った灰をかき寄せて、殿様の帰ってござる時、通らっしゃる道の木に登って待ちょった。すると家来に見つかった。

「こりゃこりゃ、そこにおるのは何者じゃ」

「こいつは花撒きじいでございます」

「ほんとうならひとつ撒いてみよ」。

そこでじいさは灰をつかんでぱあっーと撒いたが、花が咲くどころじゃない。殿様やら家来やら、そこらの者の目やら鼻やら口やら、灰がはいってしまったてな。殿様はえらい怒って、

「このにせ者めが。おりてこい」

と引きおろされた。とうとう隣のじいさは、しばりあげられ、牢屋に入れられてしまったってな。

しゃみしゃっきり《（話はしまい）》。


——岐阜県吉城郡——

＊解説

近世の赤本の題「枯木に花さかせ親仁《おやじ》」が示すように、五大お伽噺《とぎばなし》となってからは、人気はもっぱら「花咲爺」に向けられた。しかし東北で「犬コ話」と呼ばれるように、犬の神秘な誕生とそのあやしい力とが強調されるのが祖型であろう。「桃太郎」「瓜姫」と同じ根に育ったのである。さらに、灰の霊力を示すモチーフから「花咲爺」と「雁取《がんとり》爺」に分かれた。〔IT三六四A「犬むかし—花咲か爺型」〕

とび不孝

むかしむかし、とんびは根性《こんじょう》の曲がった子だったって。お母さんが「山へ行け」と言えば海へ行き、「海へ行け」と言えば、「いや、山へ行く」て言って、いつも反対のことばっかりしていたんだって。そのうち、お母さんは病気になって死にそうになったもんで、

「はて、わしも死ぬが、死んだら山に埋めてもらいたいけど、せがれは何でもあべこべにする子だからな」

と思って、

「わしが死んだら、海へほかしこんでくれ《(投げこんでくれ)》」

と遺言して死んだって。

さて、死なれてみて初めて親のありがたさがわかるようになった息子は、

「ああ、親が生きとるうちは、おりゃあ、本当に親不孝だった。せめて最期の頼みだけは聞いてやらす《(やろう)》」

と考えて、言いつけどおりに親を海へほうり込んだだって。そして、その罰があたって、息子はとびになっちまっただって。

そうしてな、親が年《ねん》がら年中水びたしになっているかと思うと、せつなくてたまらない。息子は泣き暮らしているうちに、「ああ、山の静かなところへ葬《ほうむ》ってもらいたかったんだな、きっと」と、やっと気がついた。

「こんど海が干《ひ》たら、親を拾って来て山へ埋めよう」と決めて、

うみ　ひいよひよう　うみ　ひいよひよう

鳴きながら、親を慕って探しまわっているだって。

――静岡県小笠郡――

＊解　説

小鳥前世譚の一種で、親のことばに何でも反対するアマンジャク息子のなれの果てとしては、とび・雨蛙・山鳩などが多い。いずれも天候の変化に敏感な動物とされている。神妙に聞くいたずら子の顔が見えるようだ。朝鮮・中国にも同類の話が伝わる。〔IT四五五「雨蛙不孝」〕

風の神と子ども

とんと昔があったげど《（むかしむかしのことだよ）》。

ある秋の日、村ではおとなはみんな野良《のら》に出て、子どもばかりがお堂さまにかたまって遊んでいたと。そこへ村ではついぞ見たこともない人がふらりとやって来て、

「お前ら、お堂さまで遊んだところで、何も食うもんがないねかや《（ないねえ）》。梨や柿はうんとなっとる、栗もいっぱい落ちとるところへ遊びに行きたくねえか。お前らにさんざん食わせてやるが、なじだ《（どうだ）》」

と声をかけてきた。

「ほんとかい。おらそんげ《（そんな）》のとこへ行きたいな」

「おらも行きたいな。お前うそこくない《（うそを言うなよ）》」

「本当だとも。そんならおらが連れて行ってやるど」

とその男は、尻から尻尾《しりお》のような長いもんをずうっと出して、

「さあお前ら、これにまたがってしっかりつかまっていれや。みんな乗ったかや」

と後ろをふり向いて言ったてや。

「ああ、みんな乗ったで」

みんなが答えると、ゴーッとひと風吹かせて、天に舞い上がってしもうたと。

天の中をコウコウ飛んで、子どもらが夢中でつかまっているうちに栗やら梨やら柿やら、どっさり実《みの》っているところへおろしてくれた。

子どもらが、こげなところもあったかと色づいたなりものを見上げていると、その男は、またひと風吹かせて、栗やら梨やらをバタバタ落としてくれるんだと。みんな喜んだのなんの、さんざん食って遊んでいた。男も、いっしょになって遊んでいたが、あたりが暗くなりかけると、急にいらいらして、

「うっかりしているうちに、へえ夕方《はや》になってしもうた。おらはこれから大急ぎでほかのところへ行かねばならんすけ、お前らばっかりで家へ帰れや」

と言いおいて、前よりももっと速い風をザアザア吹かせて、どっかへ見えなくなってしもうた。

子どもたちは、たまげてエンエンエン泣いとった。そのうちに山がまっ暗に暮れてしまうと、ひとところだけ、あかりがぺかぺか見えてきた。

「あそこの家へ行って頼んでみたらば何とかなるかもしれね」

とみんなで相談して、からだをくっつけ合ってごんごんと歩いて行った。「申し」と戸をあけると、家には、ぼたぼた太ったでっかいばあさまがいた。

「お前ら、どこから来たや」

「おらはよその男の人に、何やら長いもんに乗せられて、風に乗ってここへ来たんし《来たんだ》。ほうして栗

や梨や柿をうんとごっつお《（ごちそう）》になったどもね、今度はその人がどっかへ行ってしもうて、おらは家へ帰ることがならん」

「そうか、そんならその男はおらとこの、良くなしおじの南風ってやつで、ほんに気まぐれな子だもんで、しょうがねえ。おらは風の神の親どんだ。じきにおらとこの北風ってやつにお前らを送らせるすけ、案じることはねえ」

そう言って子どもらを家の中へ入れて、まっ白いまんま《（飯）》と、フウフウ吹いて食うような熱いとうふ汁のごちそうをしてくれた。みんな喜んで食べてぬくもったところで親どんは、

「兄《あんに》ゃ起きれ、起きれ」

と北風の兄さんを起こしてくれた。みんな北風の尻尾に乗せてもろうて、やっぱし「ゴオッ」と風を吹かせて村へ帰って来たと。

村では、夜になっても子どもが帰って来《こ》ねえと大さわぎして、そこら中を探しているところだった。その時、天の片隅から急に北風が吹いて子どもたちが帰って来たから、村の者は大喜びしたてや。

これでいちごさけた、どっぺん。《（これで、めでたしめでたし、おしまい）》

――新潟県古志郡――

＊解 説

北日本海岸一帯で冬の北西の季節風をタマカゼと呼ぶ。タマとは霊魂のことで、悪霊のこもる風のこと。また、夏の南風をクダリ、北風をノボリと呼ぶのは、都と結びつけたのである。風はひなと都を結ぶ心の飛脚であった。風はうやまわれ、恐れられ、なつかしがられた。それはまた越後の語りじさ・ばさを無名の詩人にはぐくんでいる。〔IT四九「風の神と子供」〕

ぼたもち蛙

あったてんがの。ばさと嫁とがあっての、とっても仲が悪いと。ばさはよそから何かもろうても、嫁には食わせないで自分ばっかり食っているって。

ある日ばさが留守居《るすい》をしていたらば、よその家の人がぼた餅を持って来てくれたと。ばさは腹いっぱい食ったが五つばかり残ってしまった。こいつもやっぱりひとりで食おうと思って、鉢に入れて蓋《ふた》をして、戸棚の中にしまったが、ぼた餅に、

「嫁《あね》が見たら、蛙になれ。おれが見たら、ぼたになれ(ぼた餅)」

そう言うて何度も言いきかせておいた。そうしてばさは急ぎの用で出かけたと。

ところが嫁は山仕事から帰って来て、戸口のところで見ていたから、ばさのしたこと、言ったことをすっかり知っていたって。ばさが出て行くと嫁はぼた餅をみんな食って、代わりに蛙をたくさん取ってきて鉢に入れ、知らん顔をして仕事に出かけたと。

ほうしてばさは、あのぼた餅を食いたいと楽しんで帰って来た。鉢を出して蓋をとれば、ぼた餅はみんな蛙になってしもうて、ぴょんぴょんと跳《と》び出したから、ばさは気をもんで、

「こら、ぼた、おれだや、おれだや。そんげに跳ぶと、あずきが落ちるが」

と言うてあわてて追いかけて行くけれども、蛙はみんな外の池の中へとびこんでしまって、はやどうしようもねえて(ないと)。

いちがさけた。柳にとんぼがとまった。

――新潟県西蒲原郡《にしかんばら》――

＊解　説

「天福地福」型の笑話化した昔話。笑われ者のピエロには姑《しゅうと》や和尚がなる。姑となった語り婆《ばさ》も嫁に来たころを思い出してクックッ笑いながら語ってくれる。江戸時代初期の『醒睡笑《せいすいしょう》』に早くも記録されている。

結びの句「いちがさけた」は、「一期《いちご》栄えた」→「市《いち》が栄えた」→「いちがさけた」と転じた言葉。「めで

たしめでたし」の意がこもる。〔IT八九九「嫁が見たら蛙に」〕

猫と狩《かり》人《うど》

むかし、ある狩人《かりうど》の家で猫を一匹飼っていた。子をかわいがるように大事に育ててきて、おおかた二十年も飼ったろうか、猫は犬のように大きなからだになった。この古猫がいろいろと悪さばかりしてしようがねえ。戸棚の戸をひとりであけて魚を取るなんてことは朝飯前、シャーッと唸《うな》ってとびかかると、たいていの犬は尻尾を巻いて逃げ出してしもう。終いには、人間の赤ん坊へ飛びかかったりした。狩人の女房はどうも腹がたってならん。ある日、この猫が魚か何か盗み出したところをひっつかまえて、片眼に焼け火箸をぶっさしてくれた。猫はギャンギャン泣いて苦しがったが、その後は、この仕打ちを深く恨んで、「いつかはきっとこの家の衆に仇《あだ》を返《けえ》してやる《（返してくれよう）》」と決心したもんらしい。

ある朝狩人がいつもやるように、猟に行く前に弾丸《たま》をこしらえ始めた。昔のこんだ《（こと）》からいろりに鋳鍋《いなべ》をかけ、それで鉛を溶《と》かして鋳型《いがた》へ注《つ》ぎこんではひとつひとつ弾丸を作っていた。猫は、いろりばたに座りこんでじっとそれを見ていた。狩人が弾丸を一つ鋳《い》れば猫も一つ頭をさげてうなずき、またひとつ鋳《い》ればまた一つ頭をさげてうなずき、主人がこしらえるだけの弾丸をみんな勘定《かんじょう》した。その数は十三であった。

さて狩人はそんなこととも知らんから、弾丸を入れて鉄砲打《ぶ》ちに出かけて行った。だんだん山奥深くに分け入って行くと、岩の上にいままで見たこともない珍しい獣《けもの》がすわっていた。狩人は、こいつをどうでもしとめたいもんだと、鉄砲を構えてドンと一発打ってみた。弾丸はうまく命中したらしい。確かに手応《てごた》えがあった。ところが獣はぶっ倒れるかと思いのほか、ひょいと伸び上がり、何事もなかった顔でこちらを見ている。狩人は、

「はて、妙なこんだ。図太い畜生めが」

と言いながら、もう一発ドンとぶっ放した。二発目も確かに当てたが、獣はやはりひょいと起き上がってこっちを見ている。狩人はくやしくてどんどん、打《ぶ》って打《ぶ》って打《ぶ》ちまくり、気がついたら朝こしらえた十三の弾丸がみんな尽きてしまった。

これは困ったもんだ、このぶんではあいつはどんな化け物だかも知れぬ。弾丸の尽きたところでこのおれを取って食うつもりずら。はて、どうしたらよからず(よかろう)、と考えて護《まも》り弾丸を取り出した。これは肌身離さず持っていた金《きん》の弾丸である。もう最後かも知れんと、心をおちつけて、よく狙ってドンと一発ぶっ放してみた。すると獣はただの一発でわけなく死んでしまった。

狩人が岩の上へ行ってみると、まあ、何の事やら、そこにぶっ倒れていたのは自分の家の猫の古ったれ《（古いやつ）》ではないか。見るとそばにはいつも使っていた茶釜の蓋《ふた》がころがっている。狩人は、ははあ、とやっと合点《がてん》がいった。猫はこの蓋を両手でかざして弾丸《たま》よけにしていたのだ。弾丸の数は、朝げに勘定して十三だとばかり思っていたので、最後には茶釜の蓋を上げなんだと見える。

狩人は、「恐ろしい猫どお《（猫だあ）》、もし護り弾丸がなかったら、おらあこいつにどんな目にあわされたかわからなんだ」とつぶやいて、あらためて、ぞっとなったと。

——山梨県西八代郡——

＊解説

丹波《たんば》のある語り手は、この話を若いころ猟に出かけるとき父親から説き聞かされたという。猟の弾丸は猫の前ではかぞえてはならぬ、という心得の昔話としてである。細心の注意を必要とする猟のことである。そう言えば猟師の伝承管理する話にふさわしい。〔IT二八三「猫と茶釜の蓋」〕

味《み》噌《そ》買《かい》橋

むかし　飛騨《ひだ》の国は乗鞍《のりくら》山の西の麓、衿《えり》を重ねたように山ひだが続いた中に、沢上《そうれ》という谷があって、長吉という正直な炭焼きがおったんじゃと。

ある晩のこと、この長吉の夢に白いひげのおじいさんが出て来て、

「長吉や、高山《たかやま》の町へ行って味噌買橋の上に立っていてみろ。とってもいいことが聞けるぞ」

と言ったんじゃと。「いいことといったら何じゃろう」長吉は、夢じゃああるけど年寄りの言ったことが忘れられず、高山まで行ってみる気になった。

暗いうちから起き出して炭俵を背中に負うと、山坂を越えて行ったんじゃ。町に着くと道々炭を売り歩きながら、味噌買橋を探して回った。高山は町とはいっても山の上で、味噌買橋はいかだをつないでこしらえた、橋じゃったと。なんでも年寄りの話では、川向こうの味噌屋へ味噌を買いに行くのにかけた橋じゃと。

長吉は、橋の上に一日《いちんち》立ちつくしたが何の話も聞けなかったと。二日、三日、四日とずっと立っ

ておったが、やっぱり何も話も聞くことはできんかった。それでもばか正直な長吉だもんで五日目にもしんぼうして立っておったんじゃと。

そしたら橋のたもとの豆腐屋のあるじが、ふしぎに思うて、長吉のそばに寄って来て問うたんじゃと。

「お前はどこのどなたか知らんが、まいにち、橋の上に立ってどうしたんじゃ。おらは庭から見ておりましたがのう、はやもう五日になるがな」

「実は、『高山の味噌買橋の上に立っとったら、いいことが聞ける』って夢ざとしがあったんで、それで来たんじゃ」と長吉が夢の話をして聞かせると、豆腐屋は笑いだして、

「物好きな人じゃな。たわいもない夢なんぞ本気にしなさって。おらもこの間、夢をみたんじゃ。年寄りが出て来ておかしなことを言ったがな。なんでも乗鞍の麓の沢上《そうれ》というところに、長吉という男がいる……」

と言いかけた。長吉は、ありゃあ、おらのことを言ってる、とすっかりたまげたが、顔には出さずに、「ふん、ふん」と聞いとった。

「『その男の家の庭の松の木の根を掘ってみろ。宝物が出てくる』いうこっちゃったが、おれは乗鞍の沢上なんてところはどこにあるか知らんし、よし知っておっても、そんなばかげた夢を本気にはせん。お前もいいかげんにして帰ったらどうかの」

そう言ったから、長吉は、これこそ夢の話じゃと、どこをどう通ったか分からんままに、わが家へ走って帰った。庭の松の根方《ねかた》を掘ってみたら、豆腐屋の夢のとおり、金銀や宝物が、ざんぐごんぐと出てきたから、いっぺんに大した金持になったと。
長吉は村の人から福徳長者と呼ばれて、いい生涯を送ったんじゃと。しゃみしゃっきり。

――岐阜県大野郡――

＊解　説

橋は神秘を説くにふさわしい場所である。橋のたもとに橋の神を祭るところも多い。この話型はヨーロッパにも酷似したものがあり、小アジアが源流とされてきた。わが国では、江戸の日本橋、京の五条大橋なども登場する。〔IT九四「味噌買い橋」〕

鶴と亀の旅

とんと昔があったけど。あるところに鶴と亀とがあったと。ある時、亀が日なたぼっこをしているところへ鶴がふわふわとおりて来たと。

「鶴どん、鶴どん、お前はいつも天竺《てんじく》中を飛んで、あっちこっちのことをよう知っていていいもんだな。おら、お前がけなりいが《（うらやましいが）》、おらも天竺を飛んで見たいな。おらはいつも地べたばかりもざもざと這《は》い回ってほんとにつまらん」

「亀どん、亀どん、そんげに《（そんなに）》おらのことがけなりいけや《（うらやましいならば）》、おらが天竺へ連れて行ってやる。そこにある棒を、お前はしっかりとくわえていれや。どんげな事があっても、お前は決してしゃべってはならんど。しゃべれば地べたに落ちてしもうすけ」

「よしきた、おらはしゃべらんど」。

そこで鶴と亀は、一本の棒をたがいにくわえて、空へ舞い上がった。亀はひどく喜んでそこらをきょろきょろ眺めていたと。

ある村の上に飛んで来ると、遊んでいた村の子どもが鶴と亀を見つけて、

「見れや、鶴と亀が飛んで来たど。亀が鶴にさらわれていくぞ」

と、わいわいさわぎ始めた。これを聞いた亀は思わずしゃべってしまった。

「お前ら、いらんことを言うな。おらはさらわれて行くんでねえ」。

ほうしたら、亀は棒を離れて空からまっさかさまに地べたに落ちてしまったと。

これでいちごさけた、どっぺん。


——新潟県古志郡——

＊解　説

くったくのない動物話。「雁と亀」になることも多い。多くのねずみが前の仲間の尾をくわえて渡海していてあと一歩で着岸というとき、思わずものを言ってみな溺死《できし》する話もあり、これは形式譚（昔話を終わらせようとする時の話）の役を帯びることが多い。『今昔物語集』にも類話がある。ブラジルにも同系の話が伝わるという。〔IT五〇〇「亀の甲羅」〕

蟹《かに》の仇《あだ》討《うち》

まあ、昔ある日のこと、猿の野郎《やろう》と蟹《がに》んべが二人で遊びに行ったらば、道ばたの草の中にむすびが一つ落ちていて、蟹がそいつを拾ったっちゅう。そうすると、猿の野郎はそれがうらやましくてたまらん。

「蟹さんはええ《（よい）》物を拾ったなあ。おれも何か見つけたいもんだ」

なんて言いながら、そこここを探して歩いたけれども何もなくて、やっとのことで猿は柿の種を一つ拾ったと。ところが食いしんぼうの猿のこと、何とかして蟹が持っているむすびを取って食いたいもんだと思って、蟹んべに言ったっちゅう。

「蟹さん、そのむすびとこの柿の種とをとりかえっこしざあ《（しょう）》」

「いやいや、おれはそんな物はいやだ」

と蟹が言うのに、猿は口がうまいから、

「むすびは、ここで食ってしまえばそれでおしまいだが、柿の種は地に埋めとけば、やがては芽を出し、木になって、柿の実がなって、なんぼうでも《(いくらでも)》食われてええじゃあないか。そんだから《(それだから)》とりかえっこしざあ《(しょう)》」

って言うと、蟹もついついだまされて、それじゃあと、むすびを柿の種ととりかえた。

猿の野郎は、早々にむすびにかぶりついて食ってしまったけんども、蟹は柿の種を持って帰って、大事に庭の隅に植えといたっちゅう。そうして毎日水をかけて、

　生《は》えんと　ほじくるぞ
　生《は》えんと　ほじくるぞ

と唱えながら、鍬《くわ》を持って行っては、ごんとそこに置いた。すると柿の種は、あの鍬でほじくられちゃあ困ると思って、まあ、芽を出したっちゅう。そうすると蟹は毎日こやしをやったり水をかけたりして、

　大きくならんと　はさみ切る
　大きくならんと　はさみ切る

と唱えては、柿のそばへ、はさみをちょんと置いたっちゅう。すると柿の野郎は、あのはさみではさみ切られちゃあかなわぬと思って、どんどんでっかくなった。今度は蟹は、

　ならんと　ぶっ切るぞ
　ならんと　ぶっ切るぞ

と唱えて、柿の木のそばへ斧《よき》を持って行って、でんと置いた。柿の木は、あの斧でぶっ切られちゃあかなわぬと思って、実がなったともなったとも、鈴なりになった。

やがて秋になって、柿の実が赤くうれると、猿の野郎が、上《うえ》ん山から見ていてなあ、

「蟹の家の柿が、ええ色にうれたようだ。どれ、行って取って食わっかなあ《（食おうかなあ）》」

なんて言いながら、急いで山から降りて来て、柿の木へひょいひょいと登って、木の股に腰かけて、柿をむしっては食い、むしっては食ったっちゅう。

けんども蟹は横ばいで、木には登れん。家からモザモザ這《は》い出て来て、木の上を見上げながら頼んだっちゅう。

「猿さん、猿さん。お前はそうやってたらふく食っているが、せっかくここまで大きくしたこのおれは、横這いで木に登れんからおれにも、熟柿《ずくし》のようなのを一つ取ってくりょう《（くれよ）》」

「おお」って猿の野郎は、青たん坊の柿を一つむしって投げてよこした。蟹がそれを拾って食ってみたところが、とても渋《しぶ》くて食えたもんではない。

「こんな渋いんじゃあ、だめだ。まっと甘いやつをくりょう」

と言うと、木の上の猿は、

「いいごと《（不平）》ばっかこきゃ《（ぬかす）》あがる。ほれ今度は甘いぞ」

と言いながら、また青たん坊をむしって、蟹の背中をねらって、ビューウンとぶっつけた。グショー

ン、蟹は甲らが砕けて死んでしまった。

そうすると死んだ蟹の腹の下から、ぐよぐよぐよぐよ子が生まれてなあ、蟹の子が、「お母《かあ》が死んだあ」と泣いていたちゅう。そこへ熊ん蜂どのが飛んで来て、

「子蟹どのは、なぜ泣いているでえ《(泣いているのか)》」

って聞いたっちゅう。

「おれのお母《かあ》は、猿に柿をぶっつけられて、死んじまって、困らあ《(困るよ)》」

とわけを話すと熊ん蜂どのは、

「それはかわいそうな。そんじゃあ《(それでは)》、おれが仇討《あだうち》をしてくれるから、さあ、泣くな」

って言ってくれたっちゅう。さっそく熊ん蜂どのが、ブンブカブンブカ飛び回って、みんなにこれを知らせると、

「そんじゃあ、おれも手つだってくれらあ」

なんて言いながら、粒栗どのはコロコロコロと、縫針《ぬいばり》どのはシクモクと、牛糞《うしぐそ》どのはペッタリペッタリ、五升入り臼どのはゴテーンゴテーンとやって来て、みんなで仇討に行ってくれたっちゅう。

それから、みんなして山の猿の家へ行ったところが、猿の家では、猿のばあさんがただ一人、いろりで火を燃していたそうだ。

「もうし、猿さんは今日、どこかへ行ったかえ」

と聞くと、猿のばあさんが、

「おら家《え》の猿は、今日は山へ燃木《もしき》を取りに行った。もうじき帰《けえ》って来るから、ちょっくら待っていてくりょう」

と言ったっちゅう。みんなは、

「そんじゃあ、猿さんが帰《けえ》って来るまで待っているかな」

なんて言いながら、上がりはなへ上がりこんで、そのひまに、てんでの(めいめい)役割を決《き》めたっちゅう。そうして粒栗どのはいろりの火の壺《つぼ》へ、子蟹は台所の水がめの中へ、熊ん蜂どのは味噌部屋の味噌桶の中へ、縫針どのは夜着《よぎ》の中へ、牛の糞どのは土間口先《どまくちさき》へ、五升入り臼どのは屋根棟《むね》へと、てんでに控《ひか》えていたっちゅう。

そうこうしているうちに晩方寄りになると、猿が山から燃木《もしき》を背負《しょ》って帰って来た。

「ああ、寒《さぶ》い、寒い」

なんて言いながら、股ぐらも何もおっぴろげて、いろりに立って当たったっちゅう。すると火の壺の粒栗どのが、パチンとはねて猿どのの股へはねこんだ。猿の野郎は、

「熱《あち》いちいちい、何かがおれの股ぐらへはねこんで熱くて困らあ」

なんて言いながら、前を押さえて泣いたそうだ。猿のばあさんが、

「そんじゃあ、急いで行って水がめの水で冷やせばいい」

と言ったそうだ。猿が台所へとんで行って、水がめの中に手をつっこむと、子蟹がチョキチョキはさんだと。

「あいたた。何かがおれの手に食いついたあ」

猿が泣き声を出すと、猿のばあさんが言ったそうだ。

「そんじゃあ、急いで味噌でもつけろし」。

そこで猿が味噌部屋へとんで行って、味噌桶の蓋《ふた》を取ると、中から熊ん蜂どのがブーンと飛んで出て、猿を刺したっちゅう。

「あいててて。何かが、食いついて痛くて困らあ」

と、猿が泣くと、また、猿のばあさんが、

「そう痛くて困らば、夜着《よぎ》の中にでも入《へえ》って寝ていろ」

なんて言ったっちゅう。それもそうだと、猿の野郎が夜着の中へもぐりこむと、今度は縫針どのが、さっそく、シクモクと猿のからだを刺したっちゅう。猿はまた、「あいててて」と泣きだしたから、猿のばあさんはまたかと小腹《こばら》をたてて、

「何をそう男のくせに、たびたび痛がって泣くずら《（泣くのだろうなあ）》なあ。まあ、しようがねえから川へ行って水でも浴《あ》びてこう。そうしたらええ《（よい）》かもしれんなあ」

って言ったそうだ。そこで猿の野郎も、「とても家の中には、いる所がねえ。ひとつ川へ行って水

でも浴《あび》ず《ょう》」と思って、急いで表へとび出そうとしたら、土間口先の牛の糞でずりっとすべって、あおむけにぶったおれたっちゅう。すると、屋根棟《むね》から五升入り臼どのが、ゴロンゴロンところび落ちて来て、猿の上へドサリンコッととびおりたもんだから、猿の野郎は、ぶっつぶれて死んでしまったっちゅう。

それもそれっきりぃ。

——山梨県西八代郡——

＊解説

近世の赤本「さるかに合戦」のころから五大お伽話の一つとなる。「餅争い」の話型が源流ともされる。後半の形式はヨーロッパ・アジアの広い地域に見られ、東南アジアから海を渡って日本に来たという説もある。蟹の演じる成木ぜめ、仇討一行の万全の配置など、成熟した日本昔話の代表の名に恥じない。山梨の伝承での脇役の猿ばあさんがほほえましい。猿に対する聞き手の、いささかの同情心が招き出したものであろう。〔IT五二二A「柿争い—仇討ち型」〕

水乞《こ》い鳥

水乞い鳥のことを『ばくろうのかかあ』と呼ぶものがあるが、むかしこの鳥は馬喰《ばくろう》の女房だったと。

馬喰のことだから、うまやにはたくさんの馬が飼ってあり、朝晩、馬に飼葉《かいば》をやったり、水をやったりするのが女房の仕事だった。ところが女房は前の川まで水を汲《く》みに行くのがおっくうなもんだから、いつも骨惜しみをして、馬に水をやったような顔をしては、本当はやらなんでいた。そして亭主に、

「馬に水をやったけ」

と聞かれると、「ああ、やったよ」と返事だけよい返事をしていた。それでうまやの馬どもは、みんなのどが渇《かわ》いて、水を飲みたくて、始終、せつない思いをしていたが、とうとうバタバタと干《ほ》し殺されてしまったと。

その罰《ばち》で、この女房は水乞い鳥に生まれ変わっちまった。この鳥は、くちばしから尻尾《しりお》まで、胸

も腹も背中も赤い色をしている。そこで谷川へ行って水を飲もうと思えば、下の水に自分の腹が赤く映って、それがまるで火が燃えているように見えて、怖《こわ》くて怖くて何としても水が飲めん。それからまた別の川や沢へ飛んで行ってみても、どこの水の中にも火が燃えているように見えて、ちっとも水を飲むことができん。水乞い鳥はせつなくてならないもんだから、山の木の葉に宿った露を吸ってやっと咽《のど》をうるおすだと。

けれども日照りが続いて雨が降らん時には、木の葉の露も乾いてしまう。水乞い鳥は水がほしくてほしくて、空を向いては、早く雨を降らせてくれるようにと鳴きたてる。

ヒヨロローン、ヒヨロローン

としきりに鳴く声を聞くと、人々は、「これは近いうちに雨が降るに違《ちげ》えねえ。今日《きょう》は水乞い鳥が法外に鳴くで」などと話し合ったとよう。

——山梨県西八代郡——

＊解　説

日本の鳥獣草木譚に小鳥が占める位置は大きい。その多くはかれらの前世を説いて鳴き声のいわれとする単一のモチーフの話である。西洋ではこの類《たぐい》を太古のものと考えているが、わが民族の人間から鳥獣への転生の思想は、仏教渡来以降に定着したものである。鳥や虫の鳴き声をいろいろに意味づけて聞くのは昔からのわが民族の習わしであり、そこに輪廻《りんね》の思想が根をおろして、この類の話をはびこらせたのだろう。小鳥はところによって、ちゆよみ鳥・雲雀《ひばり》・ほととぎすなどになる。〔IT四五九B「水乞い鳥―馬飼い型」〕

粗《そ》忽《こつ》惣《そう》兵《べ》衛《え》

むかし惣兵衛さちゅう、どえれえ（大した）あわて者がおってなあ、

「明日《あした》ぁ、朝、疾《と》うから飯田《いいだ》へ買物に行くで、弁当つめて枕元へ置いといてくりょ」

と、おっ母《か》あに、言いつけて、自分は早くにさっさと寝ちまったんだと。それから夜なかにとび起きて、

「こりゃあ、寝過ぎたわ。おおい、風呂敷《ふろしき》ぁどこだ」

そう聞くと、おっ母あは寝たなりで（寝たままで）、

「風呂敷なら寝床の後ろっ」

ちゅう返事。「おっ。あった、あった」と、惣兵衛さはそいつで弁当つつんで、腰に下げ、あわてまくってとび出したちゅうわ。

さて、飯田に着いて、町中を回って行きゃあ、行き会う人がみな、惣兵衛さを見て笑っていく。何を笑っとるんずら、おかしいなあ、と思っとるうちに、いよいよ昼になったもんで、弁当食わずと思って見たら、腰に下げとるのはおっ母あの腰巻、長いひもがぶらぶらしている。

「やあ、これでおれを笑ったんだ。まあいいわ。何に包もうと勝手だ、中は弁当なんだでかまわん」

と、ほどいてみたら、出てきたのは自分の汗くさい汚《よご》れ枕。「こりゃあまあ、どうもしまったことをした」。いよいよ腹がへってきた。さて何とかして腹ごしらえをせにゃならんと思って財布《さいふ》を見りゃあ、銭《ぜに》は、へえ《（もう）》二文《もん》しか入っとらん。道ばたの店を見たら大福餅の大きいうまそうなやつが前に出とる。「弱ったなあ、餅は三文だが二文しか持っとらん。ま、腹のへっている時だでかまうこたあねえ《（ことはない）》。勘定《かんじょう》されんうちに逃げちまえ」と思って、二文の銭をほうり出し、一番大きい大福餅をひょいとつかむと、すたこらすたこら逃げだした。そしたら店の者が、

「ほーい、ほーい、そりゃあ、待っとくんな」

と言っちゃあ招いとる。「やっ、こりゃ一文足《た》りんのが見つかったか」と思って、聞こえんふりして逃げて逃げて逃げまくった。それから、「やれやれ、ここまじゃあ追って来んら《（来ないだろう）》」と思って、大《おお》息《いき》しながら食いついたが、その餅のかたいこと、かたいこと、歯がたたん。はてなと見れば、看板に出とった瀬戸物の大福餅だった。

家へ帰ったら、おっ母あをうんとどやしてやらずと、とんで帰り、戸を開けるなり、

「ばかもんめが、手前は何《なん》ちゅう横着《おうちゃく》な奴だ。弁当ぐらい包んどいてくれりゃあいいに」ちゅって、おっ母《かか》あの背中を一つどついた（ぶちなぐった）。ふり返った顔を見れば何《なん》たらことだ（どういうことだ）、隣のおっ母あじゃねえか。

「惣兵衛さ、何するんな」とおこられて、こりゃ、しくじったと逃げだしたが、とにかく気を落ちつけて、あやまるだけはあやまっておこうと、また引き返し、女の前に両手をついてへいつくばり、平あやまりにあやまった。それからおそるおそる顔を上げれば、今度は自分の家のおっ母あにあやまっとったんだって。

それっきり。

――長野県上伊那郡――

＊解　説

惣兵衛さんの仲間はどこの町や村にも一人や二人はいたろう。その行状が世間話となり、名が高まれば、あることないことその人物のこととなってくる。大分県ではかの有名な吉四六《きっちょむ》さんの話ともなっている。村の話し家がみずから笑われ者を買って出るから、あわて者にも間抜《まぬ》けにもなる。吉四六さんはそのチャンピオンだったろう。江戸落語の「堀の内」は江戸の話がもとのようだ。〔IT八七二「あわて者」〕

豆と炭とわら

むかしむかし、おばあさんがあったんだって。おばあさんはおかずを煮ようと思って、そら豆を水につけておいたんだって。しばらくして見に行くと、まるまるとやわらかくふくれていたから、鍋にザアッとうつしたんだけど、一粒だけころころとこぼれて、庭の隅までころがって行ったんだって。

おばあさんは、まあ、たった一つだと思って、こんどはたきつけのわらを取りに行った。すると風が吹いてきて、一本のわらがおばあさんの手から飛んで逃げた。わらは庭の隅のそら豆のそばに落ちたんだって。こんどもおばあさんは一本ばっかと思って、そのままにしておいた。

やがてかまどに火を燃やしつけ、豆をコトコト煮ていると、まっ赤《か》な炭がころがり落ちて、さっきの豆のそばにころがって行った。

そら豆と炭とわらは、三人でお伊勢参りの旅に出たんだって。だんだん行くうちに小さい川にぶつかってしまった。困ったなあと考えていると、わらがいいことを思いついた。

「やあ、わしが一番長いから橋になってやる。お前さんたちが先に渡って、それから二人でわしを向こう岸へ引きよせてくれ」。

それはありがたいと、すぐに橋になってもらった。そら豆と炭とは、「わしが先に渡る」「いやわしだ」とけんかを始めたが、そら豆が負けて炭が勝ったんだって。

炭はコトンコトンと半分ばかり渡ってから、「おっかない」と立ち止まってしまった。わらは熱くってたまらない。「早く、早くってば」とせきたてるけど、前へ進めない。とうとう炭の火がわらに燃えついて、わらは焼け切れてしまった。炭とわらは、チュウと水に落ちて流されて行く。そら豆はおかしがって、さっきの罰《ばち》だとケラケラ笑った。あんまり笑いすぎて、腹がパチンと裂けてしまった。こんどは痛くて痛くてどうしようもないんだって。

困ってオンオン泣いていると、そこへ裁縫屋が通りかかった。

「そら豆や、どうしてお前は泣いている」。そこで初めから話して聞かせると、裁縫屋は「そりゃあ気の毒だ」と、荷物の中から黒糸のついた針をとり出して、シクシクと縫ってくれた。

ほうら、そら豆の腹のところが黒くなっているだろう。あれはその時の縫い目のあとなんだってさ。

――静岡県浜松市――

＊解説

グリムにこれと瓜二つの昔話が載っていて、意外と思う人も少なくないだろう。わが国にも岩手から熊本まで各地に伝わる。そら豆の顔をあらためてまじまじと見つめることだ。よく似た取り合わせに「大根とにんじんとごぼう」などの話がある。〔IT五七三「豆と炭と藁の旅」〕

蟹《かに》問《もん》答《どう》

むかし、偉い坊さんが修行の旅に出ていったと。ある日山の中で日が暮れちまったんで、どこか泊めてくれるところはないかしらん、と見回していたらば、小さい木樵《きこり》小屋が見つかったと。おう、あれに泊まれば雨露だけはしのげるわい、と思って、「もうし、もうし」と一夜の宿を頼んでみた。ところが木樵は、

「こんなせまくるしいところには、とても泊められねえ。お前さん、坊さんならもう少し先まで歩かれたら古い寺がある。そこへ泊まったらどうかの。何でもおっかねえ化けもんが出るという話を聞いたから用心しなされ」

と言って道を教えてくれたんだと。それはありがたい、と坊さんは、その古寺を探して行った。行ってみれば、それは人が何年住んでないことかわからんような、荒れ寺だったと。坊さんが暗い本堂に寝てたら、真夜なかに、ガタガタガタガタ音をさせながら、何やら光るものが近づいて来た。そいつは、こわれ座板をのっこのっこ踏んできて、坊さんの前にどかんと座ったと。見ればまっ赤な面《つら》をして、目のきろきろ光る大入道だ。それが、

「やあ、やあ、問答をいたそう。負ければお前を取って食うつもりだ、ええか」

とどなるように言った。坊さんが「よし」と答えると、大入道は、

「小足八足《しょうそくはっそく》、大足二足《だいそくにそく》、色紅《いろくれない》にして両眼天に輝く日月《じつげつ》の如《ごと》し、これ何人《なにびと》」

と問答をかけてきた。坊さんはすかさず、

「蟹っ」

と答えるが早いか、杖《つえ》で大入道の頭をガンと力まかせにはたいてくれた。相手は、「ギャッ」というて、ガタガタガタガタ音をたててどこかへ消えうせた。

それから夜明けまでは何のこともなかったので、明るくなってから大入道の逃げた方に、血のたれたあとを辿《たど》って行ってみれば、縁の下に大きな古蟹が、赤さび色の甲羅《こうら》を割られて死んでいたと。

それっきり、この寺には化け物が出て来なかったと。

——埼玉県川越市——

＊解説

「蟹の報恩」の話でもわかるように、いにしえ蟹は、水神の威光を背負う蛇に勝つほどの、精霊ある生物であった。旅僧がその蟹の化け物に問答で勝てたのは、相手の正体をあばきたてたからである。「山寺の怪」「大工と鬼六」なども同類の話である。禅問答などに刺激されたあとが感じられ、もと旅僧などが管理してきたものか。〔IT二九八「蟹問答」〕

おりゅう柳

むかし、ある村におりゅうちゅう名の、器量よしの娘がおりましたそうですわ。その娘は、峠を一つ越した、高柳ちゅうところへ奉公に行っておった。高柳ちゅうところは、名のとおり、高い高い柳の木があったんだって。

娘はそこで、ふとしたことから、若い、いい男と好《す》き合ってしまった。奉公先をやめて、村に帰ってからも、毎晩、高柳に行って、柳の木にのぼって、髪をきれいにとかしつけては、男に会って帰っとった。

男というのが、じつは柳の精だったたって。ほんで柳も、おりゅうが、しんから好きで好きでたまらんから、男に化けて、逢引《あいびき》を重ねよった。会えない時も、風が吹くと、柳の葉が峠を越しておりゅうの村まで飛んで来たり、枝のゴウゴウて鳴る音が届いたりしていたそうな。

ある時、男がさびしそうな顔をしてたもんで、娘は気がかりで、

「あんた、何かあったんかいの。えらいさびしそうなが」

ちゅうて尋ねたら、

「うん、もうお前にも会えんようになるわ。今日これきりで、別れかもしれん」

と黙りこんでしもうた。

そのころ、京の都に三十三間堂を建てる話が出ていたそうな。三十三間も走っ《(伸びた)》た木は、ほかのどこにも無かったから、高柳の柳を棟木《むなぎ》に使うことになったたって。なにしろこの柳は、まわりが八丈《(約二四メートル)》もあったもんな。

さあ、話がそうと決《き》まると、高柳には木挽《こび》きさんが大勢来て、柳を切り始めた。ところが大きな柳だから、一日や二日で切れるもんでねえ。晩がた、木挽きさんが、「また明日《あした》のことだ」と仕事をしまうのだが、一晩たって行ってみたら、切り口は元どおりにくっ付いとるだって。あくる日も、そのまたあくる日も同じことがおこる。

夜の真夜中ごろになって、ブァーとすさまじい風が吹きだしたら、斧《おの》で飛んで逃げ《(散って)》ておる木くず

が、みんな舞い上がって、ピチャピチャと柳の切り口にくっ付いて、元どおりの木になってしまうのだって。これでは何日かかっても切ることができん。木挽きの大将が、どうしたらこの木が切り倒せるだろうかと悩んでおると、ある晩木挽きの嫁さんに夢ざとしがあったんだって。「仕事をするそばに火をたいて、こけら《(木くず)》ができたらすぐ火にくべる。できたやつからできたやつから、どんどん燃やしてしまえばええ」となな。そこで言われたとおりにたき火をたいて、こけらを片っぱしから燃やしたら、柳は無事に切れたって。

そいから切った木を車にのせて、京へ運ぼうとするけれども、柳はちっとも動かんだって。「しゃあないなあ《(仕方がないなあ)》。ほれたおりゅうの言うことなら聞くかもしれん。おりゅうちゅう者頼んで来《こ》」いうことになって、おりゅうが先頭に立って車の綱を引っぱったところ、車がすうーっと動いた。ほんで大柳をようよう《(やっと)》京に送って、三十三間堂がめでたくできたちゅう話ですわ。

――兵庫県美方郡――

＊解　説

樹木、とくに大木の精霊を信仰することは、はるかな古代からのことである。そこでこの型の話はしばしば伝説の形をとっている。近畿地方では三十三間堂、中部地方では善光寺の棟木のいわれ話などとして広く流布している。木霊が人の娘と恋し合い、その愛にこたえるというのは数ある昔話の中でもとりわけあやしい世界といえる。〔IT二三一「木霊《こだま》女房」〕

大《おお》歳《とし》の火

むかしむかしさる昔、貧しい百姓家に、それはすなおな新嫁はんときつい気性の姑《しゅうと》はんとがおらはったと。その年もおしつまっていよいよ大みそかの晩に、姑はんは新嫁はんに教えとこと思って、

「毎年のことやけど、いろりの火を明日《あした》の朝まで絶やしたらいかんで」

と、くり返しくり返し言わはったんや。そこで嫁はんは、いろりに火を埋《い》けて、熱い灰をこんもりと盛ってやすんだんやて。それでもまだ気になって寝ていても寝つかれんので、夜なかにそおっと起きて灰をかきのけてみたら、火はとうに《とっくに》消えてしもうてる。一かけらも無いのや。これは困ったこっちゃ、どうしようかしらんと思うても、よい考えもつかんままに、戸をあけて外へ出てみた。隣近所は寝静まってまっ暗闇やて。

「こら、明日の朝はひどいこと叱られんならん、もうこの家におれんようになるやもしれん」と、

嫁はんは家を出て、ひたひたと歩いとるうちにふと、川の向こうにたき火が見えるんやて。ああ、あそこにだれか火をたいとる。ひとつあの火をもろうて来《こ》、と思うてあわててそこへ行ってみたら、ひげづらの男やら雲助みたいな男やら、こわい顔した男ばかり六、七人、どんどん火をたいて当たっておった。嫁はんは怖《こお》てかなん《(たまらない)》のやけど頼んでみたんやて。

「すまんけど、さっぱり火種を絶やしてしもうたで、火種を一つもらえんじゃろうか」

「そうか、ほんならかわいそうやはかい《(かわいそうだから)》一つやるけえど、その代わりわしらの言うこともきいてくれるか。ごっつい《(すごい)》頼みやで」

「どうな《(どんな)》事でもきかしてもらいます。火さえもらえたら」

ちゅうて頭を下げたら、こう言われた。

「実はわしらの仲間の一人がいまさっき死んで、死骸をどうしたらよいか考えがつかんとこじゃ。明日あさってその次と三日たったら取りにくるで《（くるから）》、それまで預かってくれんか」。

はあ、そういうことか。こわいなあ、こわいんやけど火がもらえんことには困ると思《おも》て、「ほんな、まあ預かります」と仕方なしに背中に死骸の重たいのを負わしてもろうて、火種をもろうてもどって来た。さて家中見まわしても置くところがない。牛のまやの二階にでも隠しとかなしゃあな《（隠しておかなくては仕方がない）》い。気味が悪いのをがまんして、わらや冬の刈干《かりぼ》しやら置いとる中へ死骸を隠すと、嫁はんはやっとふとんにはいった。

明けて元旦の朝のことや《（ことだ）》。みんなでお雑煮を祝うてる時、聟さんがふとまやの方を見て、思わず腰を浮かしなはった。

「はっ、あそこに変なもんがあるで《（あるから）》、ちょっと見てくるわ」。

わらの中から、朝日といっしょに輝いてるものがある。聟さんが二階に上がって、わらをかきのけて見たら、でらでら光る大きな金の塊《かたまり》や。そろりとかかえて、降りて来《き》やはったんやて。ほして「こらどうしたわけや」と嫁はんの前にでんと置いた。嫁はんはとうとう見つかってしもうたと思うて、小そうなっとったけど、はっと見たら、まぶしいような金が目の前にあるんやて。

嫁はんは「確かに死人《しびと》やったのに。実はゆうべこんなわけで、うちが火種もらう代わりに死人を預かってしもうたんです。三日の日が暮れたら、取りに行くと言わはったさかい」ちゅうた。

「ほうか、ほんならその死人が金の塊になったんや」。

みんなわけがわかったんやて。

姑はんも、

「あんたが雲助やと思うたんは、きっと七福神や。大みそかの晩に七福神が年越しするためにおらはったところへあんたが行き合わして福をもろうたんや。よかった、よかった。あんたは宝嫁や」と言うてくれた。大きな福が舞いこんでからというものは、その家は見違えるように暮らし向きがようなったそうや。

ほんでしまい。


――京都府船井郡――

＊解 説

大歳（大みそか）から元日にわたる年越しの夜は、歳神の訪れる最も厳粛な時間であった。その夜の心得を説いたのが、「大歳の火」「大歳の客」などの昔話の本来の役目だったろう。つい最近まで大歳の夜に横座の主人《あるじ》が家族一同を集めて、これらの話を語り聞かす家々は少なくなかったという。この話は二型が合流した面影があり、七福神は歳神の変じたものだろう。ここで嫁の胆力が強調されているところに文芸としての昔話の自立があろう。〔IT一八「大みそかの火」〕

団子聟《むこ》

むかし、あるところの聟さんが隣の村に手つだいに行ったそうや。ほしたら、ごっつお《ごちそう》に出されたもんが、何とも言えんくらいうまいんやと。あんまりうまいんで聟さんは、

「これは何というもんや」

と問うたと。

「食べたことないんか。これは団子というもんやで」

「団子というもんはこんなものか、うまいなあ。わしも去《い》んで女房にしてもらおう」

言うて、そんでまあ、団子ということを忘れるとかなわんさかい《かなわんから》、

「だんごだんご、だんごだんご、だんごだんご」

と言うて道をもどりはったんや。そしたら溝川があって、そこを、

「ぽとこせ」

と言うてまたいだんや。そしたら、「だんごだんご、だんごだんご」が「ぽとこせ、ぽとこせ」に

なってしもうた。

　そして家まで帰って嫁さんに言わはるんや。

「ああ、今日はうまいもんよばれて来た。うちにもしてくれよ」

「それはどんなもんや」

「それは、ぽとこせと言うもんや」

「ぽとこせとはどんなもんや」

「まるうて、おいしいもんや。うちもしてくれ。早《は》よしてくれ」。

　嫁さんは何のことやらちっともわからん。

「ぽとこせって、そんなもん知らん」

「知らんことあるかや。ぽとこせじゃわ」。

　聟さんは怒って嫁さんの頭をスカンと叩いたんやと。ほしたら嫁さんが頭をおさえて、

「ああ痛《いた》や、こぶができた。団子ほどはれた」

と言うと、

「ほうじゃ、団子じゃ、団子じゃ、団子じゃね」

と言わはったそうや。


――滋賀県伊香《いか》郡――

＊解　説

昔話では、愚かなものは聟と決まっている。これはその代表的な話で、全国どこの村でも、三歳の幼児でも、まわらぬ舌で楽しんできた。団子は、「おいとこしょ」「せんとこせ」（岩手）から「ひゅっとこらさ」「ひっとこさ」（鹿児島）まで千変万化する。道ばた、井戸ばたの世間話がいろりばたの昔語りになり上がった好例である。〔IT一〇四七A「物の名忘れ―団子婿型」〕

からすの鍬《くわ》

百姓の人がな、田《たあ》に鍬《くわ》を忘れてござったんやて。忘れたままで帰りはりょったらな、道の途中で、からすがな、

「クワア、クワア、クワア」

ちゅうて鳴きよんやて。

「ほう、おかしい。『くわ、くわ』言いよんなあ」

と思うたが、自分のこととも知らんままに帰って来て、ほいで家まで来たら、ほととぎすがな、

「トテコーイ、トテコーイ」

と言いよんやて。ほいたら百姓はやっと気づいて、

「『取て来い、取て来い』言いよる。あっ、こら、鍬《くわ》を取りに行てこな《(行ってこなくては)》、どもならん」

と思うてな、ほんで門口《かどぐち》を出かけなはったらな、牛がな、

「もうない、もうない」

て言うたんやと。

——滋賀県蒲生《がもう》郡——

＊解説

からすは古来、一方では霊鳥として畏敬《いけい》され、他方では笑いをもたらしてきた。「からすとふ大《おほ》をそどりのまさでにも来まさぬ君を児《こ》ろ来《く》とぞ鳴く」（万葉集東歌《あずまうた》）——からすという大あわて者が、本当にいらっしゃりもしないわが君を、「ころく」（君がいらした）と鳴くことよ、の意——以来の伝統である。そこでその鳴き声にちなんで、愚か者には、カのつく名（かへい　かえもん、など）が多く、「嘉兵衛鍬《かへえぐわ》」の名で呼ばれた。笑われ者は話し手の行商人や職人が買って出て、「わが話」（自分自身の体験談）ともする。〔IT九四七「鳴き声と人—嘉兵衛鍬」〕

蛇《へび》聟《むこ》入り

むかしあるところになあ、娘の子を三人持った、大きな旦那《だんな》衆があったたってな。ある日旦那さんが田を見回りに行きよった。すると田の畦《あぜ》で蛇が蛙を呑《の》みよったたって。蛙がキイキイ鳴いとるのがかわいそうでたまらん。そこで思わずこんなに言うた。

「蛇や、そんなもの呑まんと、放したってくれや。家に娘が三人あるで、一人を嫁にやるけえな」。

すると蛇は聞きわけて、蛙を放してすうと草の中へ逃げたって。旦那さんは、そんなことを言ったものの、きれいに忘れて暮らしよったげな。

ほしたらある日、利口げな若侍が紋付なんか着てやって来て、

「いつか約束してくれた娘は、いつもらえるんか。わしは蛇の変身だ」

と、こんなに言うのだ。旦那さんは思うてもみんことなんで、蛇の言葉が苦になって苦になって、ふとんにもぐりこんで寝てしもうた。そしたら一番上の娘が来て、

「まあお父さん、起きて御飯食べえな」

と言うてくれるが起きられへん。

「実は蛇が蛙を呑みよってな、『家の娘を一人やるで放してくれ』言うたら、やっと助けてくれた。それでお前、すまんことだが蛇に嫁入ってくれんか」

「わあ恐ろし。そないな《そんな》所にはよう行かん」と怒って、一番娘は出ていってしまった。

次には二番娘が来てから、「御飯食べなされ」と言うので、「実は蛇が蛙を呑みよってな、『家の娘を一人やるで放してくれ』言うたら、やっと助けてくれた。それでお前、すまんことだが蛇に嫁入ってくれんか」いうたら二番娘も「わあ恐ろし。そないな《そんな》所にはよう行かん」と怒って出ていってしまった。

そこで一番末娘が来て、「お父さん、起きて御飯食べなされ」と言うた時に、「実は蛇が蛙を呑みよってな、『家の娘を一人やるで放してくれ』言うたら、やっと助けてくれた。それでお前、すまんことだが親を助けると思うて、どないぞ《どうか》して行てくれんか」言うて頼んだところが、

「ほんなら、行きます」と、いやな顔もしなかった。

「行くけえども、嫁入りごしらえは、長持いっぱいのひょうたんと、縫針《ぬいばり》一合とをしておくれ」という娘の頼み。親はほんにそれだけを買《こ》うておいたって。

約束の日がくると、蛇はまたええ若侍になって、花嫁さんを迎えに来た。そいで二人で蛇の家へ行ってみたらなあ、そこは山の奥の大きな池やった。

「ここがわしの家だ。お前先へはいれ」

「ほんならまあはいるから、あんたが先にわたしの荷物を沈めてくれえ」。そこで、よしきたと、男は長持にいっぱいのひょうたんを水にうつしこんだが、男が一つ沈めりゃあ、ほかのが浮く、また一つ沈めりゃあ、またほかのが浮いてくる。男はくたびれきって、のたうちまわり、とうとう蛇の本性《ほんしょう》を現わして土手《どて》にのぼって、長うになって寝てしまった。いまこそと娘は、蛇の頭から尻の先までズーンと、うろこ一つに一本ずつ、一合の針を刺していって、殺してしもうたって。

まあ、蛇はええあんばい(うまいぐあいに)に死んだけえど、日が暮れてしまって帰りようがない。すると向こうに灯《ひ》が見えてなあ、そこを目当てに行ってみたら、おばあさんがひとりおったって。

「おばあさん、お願いだから、食わせえでも飲ませえでもええで、宿を貸してくれんか」

言うて頼んだって。すると、

「ああ泊まれ、泊まれ」と気持ように泊めてくれた。それから、

「この峠をおりたら大きな長者があるで、風呂たき女など(なりと)、庭掃《は》き女などに置いてもらえ。お前はあんまりきれいな娘だで、難を受けんようにこの皮をかぶって行け。わしはいつかお前のお父さんに助けてもろうた蛙だが」と言うておばあさんはぎゃ(蛙の皮)ある皮をくれたんだって。

娘は蛙の皮のお蔭で危ない目にもあわんと長者の家へ着いたんで、

「すまんけどここへ置いてくれんか」と頼んでみた。見れば、ほんに汚《きた》なげな汚なげな者だけど庭掃き女に置いたろうかということになって、その家に身を落ちつけたって。

ある日、村に芝居が来て、みんなが芝居見に出かけたと。娘はぎゃある皮を脱《ぬ》いで、久しぶりに娘らしい気持に返って、髪をきれいに結《ゆ》っておった。

そこへたまたま若さんがもどって来て、ひょいとのぞいて見たところが、そりゃあ、べっぴんの娘さんがおる。若さんはついつい、惚《ほ》れこんでしまって、恋わずらいで、起きられんようになったって。

お医者さんは、「これは惚れた娘があっての病《やまい》だけえ、その娘を見つけることだ。御飯をもって行って、食べた者を嫁にしたら若さんの病気は治る」と言われた。そいから若さんのところへ誰が御飯を運んでみても、食べてくれん。飲んでくれん。しまいに、「胸の悪いようなばあさんだけど、あの庭掃《は》きばあさんに運ばせてみい」ということになった。

庭掃きばあさんがぎゃある皮を脱いで、ええ娘になって御飯を運んだら、若さんがにっこり笑って食べたんだって。「こりゃあ、どうも嫁さんにせにゃ(しなくては)あしかたがない」というわけで、娘はとうとう長者の若奥さんになったって。

それから聟さんも嫁さんもきれいにこしらえて里帰りをしてみれば、嫁の里では、ちょうど三年前にあの子が蛇へ嫁入った日だ。今日はその命日だと法事をしょうた。そこで法事がいっぺんに祝いになったとや。
そなったとや。

——兵庫県美方郡——

＊解　説

「蛇聟入」の話は記紀・風土記以来、姿形を変えては日本の文学に新鮮な血液を送りこんだ。その類型もこの水乞型のほかに苧環《おだまき》型（三輪山型）・河童《かっぱ》聟入型などがある。水乞型で蛇体を殺す呪物は鉄かひょうたんが古形とされる。後半は娘が山姥から姥皮《うばがわ》をもらい、幸運が開ける話となることが少なくない。〔IT二〇五E「蛇婿入り—姥皮型」〕

へやの起こり

むかし、むかし、おばあさんとひとり息子がおったんや。そろそろ嫁をもらわんならんなあと、おばあさんが考えとるうちに、息子は出かせぎ先から、ええ嫁さんを連れてもどったそうや。べっぴんさんで気だてはいいし、くるくるとよう働いてくれる。「ほんまにええ嫁さんが来たもんや」

と喜んでおった。

　ところが十日たち十五日がたつと、嫁さんの頬がふくれて青い青い顔になってしもうた。どうも合点《がてん》がいかんので姑《しゅうと》ばあさんはある朝こう聞いた。

「あんた、どない《(どう)》したんや。家へ来た時はほんまにええ顔色やったのに、何《なん》ぞ具合の悪いところがあるんやないか。どうや《(どうかね)》」。

　嫁さんはしばらくもじもじしとったが、やっと口を開いた。

「実は恥ずかしい話やけど、私には悪いくせがあって、一日に一つは大きい屁《へ》をこかなんだら、どうにもこうにも辛抱《しんぼう》でけへん《(できない)》のです。里の母が、『よそへ行ったら屁を出したらいかん』言うて戒《いまし》めてくれたので、じっとこらえとりますのや」

「はあ、そない《(そんな)》なことか。あほらし。見てても見ていられんほど苦しそうな顔してるが、そんなにがまんすることはない。人間だれでも屁をこくことや。遠慮せんとこきたいだけこきなはいや。なんぼ大きいいうても大砲みたいに大きいことはないやろ」。

　姑ばあさんのさばけたことばに喜んだ嫁さんは、

「ありがとうございます。ほな《(では)》遠慮なしにこかしてもろうてかめしまへんな《(かまわぬでしょうな)》」

と言うと、「ボガーン」と大きいのをこいたんやと。大きいも、大きいも、丹後《たんご》震災みたいな屁をこいたちゅうことですわ。ほしたら、家はぐらんぐらんゆれるし、姑ばあさんは屁風《へかぜ》に吹きあげられて天井板で頭をゴチンゴチン打ったと。一つならいいが、「ボガーンボガーン」と続けざまにこいたから、頭じゅうこぶだらけだ。

「いやあれ、こら、まあ、息がでけんが。嫁や、屁の口とめてくれ。死にそうや」。

嫁さんが屁の口をすぼめるとばあさんは、ズデーンと天井から落ちてきて、フウッと大息をついた。

「おおこわ。こんな大屁をこいてくれてはわしらの身が持たん。こんな屁こき嫁は、とてもこの家にはよう置かん。まだ来てから間《ま》がないのにすまんことだが帰ってくれ。縁が無かったと思うてあきらめてくれや」。

姑ばあさんがそう言われるのでどうしようもない。嫁さんは聟さんの帰りも待たずに荷物をまとめて、とんとことことこ帰って行った。汗をふきふき、山の峠までやって来ると、大きな梨の木があって、商人《あきんど》が二人、呉服《ごふく》屋と小間物《こまもの》屋とが高荷をおろして休んどった。見上げると大木に大きな、何ともいえずおいしそうな梨がぶらんぶらんとなっとったと。二人はのどが渇《かわ》いてならんので、あの梨がとれたらなあと、しきりに石投げしとったところらしいのや。投げても投げてもひとつも当たらん。見ておった嫁さんはおかしゅうてならん。つい、

「この梨を取るぐらい、うちにやらせたら屁でもないのになあ」

と笑ってしもうた。商人は怒って、

「なに、屁でもないと。ほならお前さんやってみなはれ。もしもこの梨が一つ残らず取れたなら、わしらの荷物はみなやろう」

と、たんかをきった。「ほんまですか」と嫁さんは喜んで、着物の裾《すそ》をまくりあげて身構えたかと思うと、さっそく「ボガーン」とやらかした。すると大きな木がユッキユッキユッキとゆれて、梨がバタバタッと落ちてきた。全部落とさなならんと、嫁さんはきばってこき続けたから、どこから拾おうかと迷うくらい、地面も見えんくらい梨がびっしり落ちたそうな。呉服屋と小間物屋は約束だからどうしようもない。大事な商売のもとを手放さなならん。


そこへ聟さんがかせぎの帰りに通りかかって、「これは何の真似《まね》や」と聞くもんだから、今まであったことを話したところが、

「これだけあったら、小さい世帯や《(世帯だから)》さかい、一年や二年は食うていける。こんな宝女房をなんで帰されようか」

と、自分は呉服屋の高荷を負い、嫁さんには小間物屋の高荷を負わせて、仲よう家にもどったそうや。


聟さんは母屋《おもや》とは別に、『へや』というて、嫁さんが屁をこく離れを建ててやった。それがへやの起こりで、それからというものは、嫁さんとればどこでも、へやを建てるんやと。

これで昔《むかし》のたねくさり。（これで昔話はおしまい）

――京都府与謝《よさ》郡――

＊解説

いかにも人をくった話だが、屁こき話など下《しも》の話はおとなにも子どもにも妙に人気があった。そのお手柄を嫁に与えたのは、礼儀作法で女をしばろうとする者への反発であろう。妹《いも》の力はすでに九世紀の『日本霊異記《りょういき》』にも百人力、五百人力の力女《りきにょ》が話題になっている。おとなしい、弱いはずの女が怪力を示すところが意表をついていて、話にうってつけなのだ。〔IT二一八「屁ひり嫁」〕

ほととぎすと兄弟

むかしなあ、二人の兄弟がいてた。

兄はもともと目が見えへんかった。弟が毎日山へ行って山芋《やまいも》を掘ってきて、兄さんに食べさせてた。弟はやさしい子やからまん中のええところを兄さんにあげて、自分は、かすばっかり食べてた。

そんなことは全然知らん兄さんは、目が見えへんをひがんでたから、「わいに《わしに》こんなうまいところをくれんねんから、弟はなんぼう《どんなに》にもおいしいもんを食べてるかも知れん」と思て、ある日弟を殺して腹を裂いてみた。

ところがや、腹の中からは、芋の細いとこやら、ひげみたいなもんばっかり出てきた。「ああ、えらいことしてしもた。かんにん、かんにん」とそればっかり思てるうちに、兄さんの魂は鳥になって飛びたってしもて、「おとと恋し、おとと恋し」て鳴いてまわるようになった。ほんでいまでも山芋のつるが出る五月か六月ぐらいになると、ほととぎすが渡ってきて「おとと恋し」て鳴き続けてるんやて。

——大阪府泉南郡——

＊解　説

ほととぎすは万葉の歌人たち以来、いつの時代にも風流文士の感動をそそってきた。一方、口承文芸のこの鳥は、例外なしに前世は人である。柳田国男が言うごとく、あの鳴き声は何か執念がこもるようで、それが人を幽暗の思いに誘ったのであろう。鳴き語は、「ほっちょんとてたか、弟がこよしじえ」（岩手）、「ぽとさけた」（宮城）、「おとと恋し、本尊かけたか」（新潟）、「おとと見たは」（長崎）など、国々、村々の風土色を示している。〔IT四四二「ほととぎすと兄弟」〕

おいとけ堀

むかし、あるところに大きな池があってなあ、こいやふながたくさん湧《わ》いておったん。大勢の人が釣《つり》に行くけれども、その池のこいは昼の間《ま》はひとつも食いつかん。夜も暗くなりかけて、やっと食いつく。食いついたで、さあ帰ろうと、魚をかついだら、

「置いとけえ」

どこからともなしに、それはとても恐ろしい声で、

「置いとけえ、置いとけえ」

と、地獄から呼ぶような声が聞こえてくる。それが恐ろしくて、みんな荷物を置いて帰るもんだから、『おいとけ堀』という池になってしもうたそうや。

ある日、ごうけつ者の池田三左衛門が、

「わしは今日、釣に行くが、なんぼ『置いとけ』ちゅうても《(言っても)》持っていんで《(帰って)》やるぞ」

そう決心して、おいとけ堀に釣に行ったそうな。そうすると、やはり昼のうちは釣れなかったけれ

ども、晩になったらごっつ《(ずいぶん)》いたくさん釣れて、さあ帰ろうと荷をかつごうとしたら、

「置いとけえ、置いとけえ」

と呼び声がする。そこで三左衛門は、

「だれが置いとくもんで《(置いておこうか)》。わしが釣った魚だもんで《(魚だから)》持って帰る」

と、持って帰っておったんや。そうしたら向こうから、きれいな女中さん《(女の人)》が、コロコロ、コロッコロ、下駄を鳴らしてやって来て、

「あんた、そのおさかなを私に売ってください。高い金出すで売ってください」

「なあに《(なんの)》、あんたに売れりゃ《(売れるものか)》あ。家内《かない》のみやげに持って帰るだ」

と言うた。そしたら、そのきれいな女中さんがみるみる恐ろしい顔になって、

「これほど頼むのに《(頼むのに)》い、置いとかんかあ」

と、にらみすえたが、それでも三左衛門は、

「なにが置いとくもんで《(どうして置いておくものか)》」

ごうけつ者だからそう言って、とっとと帰って行った。

ああよかった、やっとわが家へ帰ったと思って、

「ああ家内、いま帰って来たでよう。やっと《(たくさん)》釣れた。ほれ、こない《(こんなに)》どっさり釣れた。うれしいこっ《(うれしいことだ)》ちゃ。早よう火をいこいてくれ《(おこしてくれ)》」

と女房に話しかけた。

「今日はのう、こわいもんに出《で》会《お》うてきたでよ《(出会ってきたよ)》」

「どんな顔やった《(顔だった)》」

「いや恐ろしい顔でなあ、『置いとけえ』って言うたんじゃ」。

そうすると、

「こういう顔じゃなかった」

言って、その女房が、帰りに出会ったあの女中と瓜二つの顔をして、

「置いとけえ」

とにらんだそうな。さすがの三左衛門もそれにはびっくりして、やれもう楽じゃ《(安心だ)》と思っとったところへやられたもんで、気絶してごろんとこけてしもうたと。

　そうして気がついてみたら、そこは自分の家じゃのうて、さびしい山の中じゃった。持っておった魚も何も無いようになって。

　そんだけ。


――京都府船井郡――

＊解説

原話は京都府船井郡和知町の片山かねさん（明治二四年生まれ）。かねさんは、添え乳に昔話を聞かなくては寝つかれなかったほどの、生来の話好きで語り上手。この怪談の効果は語り手に左右されよう。小泉八雲は「貉《むじな》」の題で、東京の紀の国坂を舞台とした作品とした。〔IT九九五「二度のおどし」〕

子育て幽霊

お父さんとお母さんと二人してなあ、大事に大事に育ててはる一人娘さんがおらはった。その娘さんが、どこでいつのまにどうしたんや知らんが、腹が大きんなったんやって。聟さんもらわんならんのに、その前から腹が大きになってしもうた。ほんで親は、

「とにかく物を食わさんとこう（食わさないでおこう）。食わさなんだら腹の子が死ぬやもしれん」

言うて、娘をへやへ入れて、ちっとも物を食わさなんだんやって。ほしたら、腹の大きいままでその娘はんが死んでしもたんやそうな。親は泣きの涙で、かわいい娘を棺桶へ入れてなあ、ほして野《の》辺《べ》の送りをすませたんやって。それからまあ墓に、参って参って、参って参っておらはった。

ほして何日かたったある日の暮れ方、近所の飴屋《あめや》に、青い顔した娘さんが、「飴くれえ」言うて

買いに来はった。一文一つ持って来たで一文《一文分だけ》がとこ売ったら、「おおきに」言うて、すうっと去《い》なはった。それから五つ晩も六晩も続けて来はったが、毎晩、暮六つちゅうんやなあ、とぼっと暮れて人の顔も見えん時に来《き》やはるんやて。ある晩、飴屋のおばはんが、もう寝よと思て金の勘定《かんじょう》したら、銭箱《ぜにばこ》の中へ木の葉が一枚はいっとったって。その時は何とも思わんと、木の葉をぽいっとほかしといて《(捨てて)おいて》、飴の売り上げの勘定して、ほして寝たんえ。ところが次の晩も金の勘定する時に葉が一枚はいっとる。

「おかし。また木の葉がはいっとるの」

言うておった。それが十日続き二十日続き、日にちがたつに従うて、「あの女は木の葉を持って毎晩飴を買いに来るんとちがうか」ちゅうて評判になった。ほしたら物好きな人があってなあ、

「おかしい。いっぺんあの人の後《あと》つけてみよやないか」

ちゅうて後をつけて行ったら、その人は墓場の新墓《しんばか》のところまで帰ったら、ぽかっと消えて無《の》うなったって。

世間のうわさがいよいよやかましゅうなったはかい《(から)》に、「ま、いっぺん墓をあばいてみゅう」ちゅうて掘り返したらなあ、中に赤ん坊がまるまる肥えて育っとったって。ほして、もぐらみたいな手には飴をしっかり握って、ええ子をしておるんやと。そばの母親はどうしたわけや知らんが、まっ黒焦げやったと。入れたはずの六文の銭《ぜに》が一つも無かったはかい、女が一文ずつ銭を持って、銭が

すんだら木の葉を持ってきて飴を買《こ》うてなめさせよったんや。幽霊かて子《(でも)》がかわいいのに変わりがないからなあ。

そんな話、そんだけ。

――京都府船井郡――

＊解説

伝説ふうに伝わることが多く、門前町で「幽霊飴」を売り、幽霊に飴を売ったとする子孫がいるところもある。地中で育った子は、桃太郎・瓜姫などと同じく、異能を備え高僧となる伝承が少なくない。竜泉寺開山の通玄（鳥取・兵庫・福井の伝承）、学信・梅蔭（愛媛）、日真（福井）、頭白《ずはく》（茨木）など。死んだ妊婦は埋葬に当たって身二つにし、一文銭六こを入れるなどの儀礼を、僧が説教のあいまに話として語ったことが伝播《でんぱ》を助長した。中国にも類似の説話が多く、大陸との交流が考えられる。〔IT二五六「子育て幽霊」〕

舌切雀

むかし、むかし、大むかしな、おじいさんとおばあさんと雀との、三人暮らしがあったって。おじいさんは山へ柴《しば》刈りに行くし、おばあさんは雀に、

「雀や、のり煮といていや《（煮ておいてくれよ）》」

言ってから、川へ洗濯しに行っただって。洗濯からもどったおばあさんは、雀に言ったって。

「雀や、のり煮たかあや」。

そしたら、雀は、

「はいはい、煮たや《（煮たよ）》あの」

って言う。

「どこにあるだえ」

「納戸《なんど》の隅にあらあが《（あろうがな）》の」

「あれへんが《（ありはせんがな）》の」

って言ったなら、

「おもて《(客間)》の隅にあらあがの」

「あれへんがの」

「座敷の隅にあらあがの」

「まあ、なんぼ《(いくら)》探したってあれへんがの」

って言ったなら、雀はとうとうこう言ったたって。

「おばあさん、一口ねぶったってみたら、あまりにうもうて、みんなねぶっちまっただがの」

「そがな《(そんな)》事したらまあ、どうにもならんがな。のりを付けようと思ったに」。

おばあさんは、えらい怒ってしまって、

「ほな《(では)》、障子の穴から舌あ出せ」

って言って、それからはさみを持って来て、舌をチョキンとつみ切った。そしたら雀は鳴きながら、

「あっ、舌が痛いわいや、痛いわいや」

って、翔《た》って逃げたって。

そがしょうたらおじいさんが山から帰って来てこう言ったたって。

「おばあさんや、もどったじょ。雀が見えんがどこへ行ったえ」

「あの雀はのう、『のり煮とけ』って言ったら、みんなねぶっちまったから、障子の穴から舌出さ

して、つみ切っただがの」。

　この雀は、かわゆうてならん雀だから、おじいさんは泣き出して、

「どうしてそがなむごいことをした。ほな《(では)》、わしはこれから雀を尋ねて行ってくるぜ」

って言うと、弁当持って、ずっとずっと行ったって。

「舌切雀、来いこいこい。舌切雀はどこへ行《い》た」

そんなに言って行きよったら、そこへ牛追い殿がおって、おじいさんはすぐに聞いてみただって。

「牛追い殿、牛追い殿、うちの舌切雀を知らんか」

「知っとることは知っとるし、知らんことは知らんし。けどな、この桶《おけ》に、牛の小水《(小便)》三ばい飲んだら教えてやる」。

おじいさんが三ばい飲んだら、こんなに言うた。

「この向こうに行ったら馬追い殿がおるけ《(おるから)》、今度は馬追い殿に問え」。

　それからずっと行きよったら、馬追い殿がおって、

「あの、馬追い殿、馬追い殿、うちの舌切雀を知らんか」

って聞くと、

「あの、この桶に馬の小水を三ばい飲んだら教えてやる」。

そこでおじいさんは三ばい飲んだ。

「向こうに竹藪があっての、そこで機《はた》織りよるさかい《(織っているから)》、行ってみい」。

これはありがたいと行きょうたら、ほんに竹藪があったって。

「機織りゃ、キコタン、機織りゃ、キコタン」

と歌うのが聞こえてくる。

「うちの舌切雀は、おらんかの」

って言ったら、「ああ、おるやの」って、舌切雀が出てきたから、

「こりゃ、まあ、かわいやかわいや舌切られて」

っておじいさんが言うし、

「よう来ておくれた《(よく来て下さった)》」

って雀は言うし、大ごちそうをしてもろうて、雀の踊りやら珍しいもんを見せてもろうたって。

「まあ、雀や、晩になったさかい、いぬるぜ《(帰るよ)》。おばあさんが案じとるでな《(心配しているからな)》」。

別れをすると雀は、つづらの箱を二つ、持って来て、

「おじいさん、これみやげにあげるさかい、負うていねや《(帰れよ)》。大きいのがええか、小さいのがええか、どっちでもええすけ《(かまわないから)》、あげる」

そんなに言うので、

「ほな、うら《(わたしは)》年寄りだすけ《(ですから)》、小さいのをもらっていぬるぜ」

と、小さいつづらを負うて帰ったって。

「ばあさんや、もどったじょ。雀がおったわいや。みやげもろうて来ただぜ。『大きいのがええか《よいか》、小さいのがええか』言うから、小さいのをもろうて来たわいや」

って言って二人して開けてみたら、一分《いちぶ》小判やら何やら、金銀、宝物がぎょうさん《たくさん》はいっとった。

「じいさん、お前は小さいつづらをもろうて来て、なして《どうしてか》だいや。こんだ《こんどは》、わしが大きいのをもろうてくるに《くるから》」。

おばあさんは欲をおこして、おじいさんから聞いたとおりに、「舌切雀、来いこいこい、舌切雀はどこへ行た」と尋ねて行きよった。そしたらやっぱり牛追い殿も、馬追い殿もおったって。そこで、牛のお小水も馬のお小水も飲んだって。それからまた行きよると、竹藪から機織る音が聞こえてくる。

「舌切雀や、ばあさんが来たじょ」

「さあ、よう来ておくれた。早《は》よはいっておくれえや」

言うし、ごちそうも、精出してよばれて、帰る時がきただって。

「あの、おばあさん、みやげあげようと思うが、どっちがええや《よいか》」

「ほな大きいのをもろうていぬるわ」

「おばあさん、ほな、道の狭え所で開けて見いや」

「へえ、そがするわいや」

おばあさんは大きな重たいつづらを負わせてもろうて去《い》によったけど、道が狭《せも》うなった所で開けて見ただって。そしたらまあ、中から、蛇やらとかげみたいなもんやら化け物が出て来てとびついたさかい、おばあさんは何も覚えんようになってしまった。

そがいだったとやあ。それで、嘘と欲とは為《せ》られんぜって、話してくれよりました。


——兵庫県美方郡——

＊解　説

「舌切雀」は近世に赤本などの読本《よみほん》でも普及した昔話の一つ。しかし口伝えの昔話も、それにひしがれずに伝わってきた。腰を折られた「腰折雀」が米のなるひょうたんをくれる話、川上から流れて来た瓜の中から雀が出てくる「瓜子姫」型の話など。但馬《たじま》のこの話も牛追い殿・馬追い殿のモチーフ、機織る雀など古風である。語りが音楽的なのも楽しい。〔IT八五「舌切り雀」〕

西国の昔話

古《ふる》屋《や》のむる

むかし、山の中の一軒屋に、父《と》っさんと母《か》っさんと二人おってな、牛の子を一匹飼っとられた。それが、あんまりいい牛の子なんで、

「お前はええ《（よい）》牛の子へ《（に）》なったの。かわいや、かわいや」

言って、毎日二人で撫《な》でとった。

ところが山の虎狼《とらおおかみ》は、その牛の子がほしくて、今日こそは何とかして盗《と》って食べてやろうと、牛小屋の前にかがんで待っておった。ばくろうさんも、この牛の子に目をつけて、この家の衆が寝てしまったら、どうにかして盗ってやろうと、軒端《のきば》にひそんで待ちかまえておる。「ははあ、牛の子盗《と》りが二人来とるわい」――この家の母っさんは、才が早かったから、ちゃんと見とおしておりなはった。父っさんが、

「今夜ごろ、虎狼が出て来りゃへんだら《（出て来ないだろうかな）》あかいな、母っさん。あれはこの世で一番きょうてえ《（こわい）》からのう」

言うて話しかけた。それを聞いた虎狼は耳をバサンバサンとゆすって得意がった。ところが母っさんが、

「虎狼はきょうてえことはないけど、古屋のむる《(漏る)》がきょうてえわい」

と大きな声して言いなはった。そしたら今度は父っさんも、

「ほんとにそうだった。この世の中で何がきょうといかにがきょうとい言うて、むるほどきょうてえものはない」

と言うので、虎狼は、おれよりきょうといとは、どがな《(どんな)》ものだやらと思うとこわくなってガチガチとふるえだした。

　夜になると、シッポシッポと降っておった雨が、バチバチバチバチと夕立ちになった。そうなると貧乏なあばら家のことだ。あっちもこっちも、漏りだした。母っさんは、

「父っさん、はや、むるが来たがな。何《なん(なにやかにや)》ぞかんぞ持って来なはれ」

と大声で呼んだ。それを聞いた虎狼は、むるが来るような家にはおられんぞ。早《は》よ去《い》なにゃならんと思って、ひょういと表へ跳《と》んで出た。ところがばくろうの牛泥棒は、「こいつはええことをした、牛の子が跳んで出たわい、それ逃がすな」と思って、駆けって行ってとび乗った。虎狼の背中にまたがり、じいんと耳をつかまえて、どこまで行くか、行くところまで行こうと、しっかりさばり付いて行った。うねを越えたり谷を越えたり、とっとっとっとっ跳んで逃げるうちに、夜がしだいに

明けてみれば、ばくろうが乗っておるのは牛の子ではない。

「何だか、化け物だわい」。

ずっと明るくなってよくよく見たら、口が耳まで割れた虎狼ではないか。

「んにゃ《（いや）》、これは、きょうてえもんへ乗ったなあ。降《お》りんことには、こいつが食《か》むだが。おれの命をとるだがなあ、何ちゅうことしただ《（なんということをしたのだ）》」。

虎狼は虎狼で、むるにつかまったと考えたわけで、むるを振り落とそうと、だっだっ、だらっだらっ跳んで逃げた。山のだいぶん奥まで来てから、大きな松の木の幹に背中のものをこすりつけて落として、やっと逃げのびた。ばくろうは、松の根元の穴へころがり落ちた。まずまず虎狼からは逃《のが》れたけれども、穴が深くて、這《は》い上がろうにも上がれなかった。

虎狼の方は、くたびれきって、ひょろくそ、ひょ

ろくそ、ひょろくそ、山の奥の方へ上がっていると、狸やむじなや狐やてんが、虎狼を見つけて、ぞろぞろと寄って来た。

「何だ、虎狼、元気がないがな」

「おう、元気がないけ《(ないから)》、いけんのだ、わいは《(おれは)》。ゆうべは、いかさまきょうてえ目《(ほんとに恐ろしい目に会ったことよのう)》をこいたとみい。古屋のむるという、この世で一番きょうといもんにさばりつかれて《(しがみつかれて)》、昨日《きのう》から駆けりどおしに駆けって来た。もうちょっとでお前、命をとられてしまうところだったよ。あの家の衆が、『虎狼より古屋のむるがきょうてえ』と言わさったが、ほんにえらい目をこいた」

「そうか、どがして《(どうして)》逃げて来ただい」

「向こうの松の根の穴へ落といて、やっとここへ来た」

「なら《(では)》、みんなで行ってみたるかい、その穴へ」。

というわけで、ぞろぞろと行ってみた。行ってみたところが、穴の奥からうめき声が聞こえてくるけれども、暗いからよくわからん。

「虎狼、お前この穴に尾をつっこんで混《ま》ぜてみい。それでむるに負けようもんなら、お前は大将でねえぞ」

誰かが言い出したけれども、

「まあ一人はきょうてえ。代わり番にみんながしてごせ《(しておくれ)》」。

虎狼がしりごみするので、みんなが順々に尾を入れたり足を入れたりして混ぜくったけど、穴が深くてとても届かん。しまいに猿の番になった。むかし猿は長い長い尾をしておったが、その長い尾が、そろりそろりと穴の中へおりてきて、顔をつつくと、ばくろうさんはこれはいい救いの綱が来たと、腕まくりして、しっかり尻尾につかまり、腹いっぱいきばって引っ張った。猿は穴に引っ張りこまれそうになったので、

「やれ、むるにつかまえられたわいや」

と、あわてて松の木につかまって、まっ赤な顔をしてふんばった。すると、スポーンと猿の尾がすっぽ抜けてしまった。

「やれ、きょうてえな。化けもんがおるわい」

と、みんなは駆けって逃げてしまった。

顔があんなに赤くて、尾がない猿がおるのは、それからだということだ。

それで昔こっぽり《（それで昔話はおしまいだ）》、ごんぼの葉だ。


——鳥取県東伯郡——

＊解説

「古屋のむる」は「もる」とも言われ、古い家の雨漏りのことである。古い家に住む貧しい夫妻のつぶや

きが、まるで生きもののように威力をふるう。それをたどれば、古代の言霊《ことだま》信仰に及ぶだろう。「むる」は虎狼を走らせ、ばくろうを手玉にとり、森の動物たちを一大騒動に巻きこむ。まわり灯籠《どうろう》の影絵のようなな、詩的な話である。子どもの人気に支えられて全土に普及している。〔IT五八三「古屋の漏り」〕

猫と南瓜《かぼちゃ》

とんと昔があったげな。

昔、港には船宿ちゅうて、船員が泊まる宿があった。ある船長さんが、そこの港に行きた（行った）度《たんび》に泊まる船宿があったげな。

あるとき、船長さんがその宿で横になってうたた寝しちょったら、宿のかかさんが、皿に入れた魚を水屋にしまって出て行かれた。

そいから、そこで飼っちょる古猫がそこへ来て、水屋の戸をそろっと開けたちゅう。そいから皿を出して、魚だけきれえに食べて、皿はもどして戸を閉めたげな。

船長さんはうとうとしながら、細目で見とっただわ。そげなことが二度ほどあった後のこと、か

かさんは、

「うちの女中が魚を盗って食べた」って怒ってるのを聞いた船長さんは、

「かかさん、かかさん、わしはここの猫が、水屋を開けて、魚を食ってな、また戸を閉めたのを見たけんな、あきれたわな。女中さんが食ったんじゃないけんな」

ちゅうて言われた。かかさんは怒って猫を殺し、裏の菜園を掘って埋めただわ。

そいからしばらくして、冬の雪が降るころ、船が港に入って、船長さんが宿にまた来たら、かかさんが喜んで、

「船長さん、あんたの好きな南瓜がなっただけ、今夜は煮て食わせますけえ」ちゅうたら、船長は、

「真冬に南瓜がなるとは不思議だなあ。ちょっと鍬《くわ》を貸してくれ。どこに生えたか」

ちゅうて、土を掘ってみたら、埋《い》けた猫の眼の中から南瓜が生えとるだわな。もしも船長が南瓜を食べたら、死んでしまって、猫に命を取られるところだったに、それに気が付いて助かったちゅうわ。

その昔、ごんべの葉。


――島根県隠岐郡――

＊解　説

猫又《ねこまた》をあげるまでもなく、老猫は化けて、人についたり、棺のなきがらを奪ったりする。それに南蛮渡来の南瓜の異態が結びついた。この風変わりな話は北は青森から南は沖永良部島《おきのえらぶ》まで意外に国の隅々まで広がっている。六部《ろくぶ》などが伝播したものか。〔IT二八二「猫とかぼちゃ」〕

竹伐《き》り爺《じい》

なんと昔があったげな。

むかしおじいさんが竹藪へ行って、カッツン、カッツン竹を伐《き》りおった。そしたらそこを殿さまが、「下に、下にい」とお通りになって、

「そこで竹伐る者は何者だあ」

とお尋ねになった。

「日本一の屁《へ》こきじいでござる」

「それじゃあひとつ、こいてみよ」

「ここじゃあ、竹の切株がたってようこきません」

「そうか、それじゃあむしろの上でこいてみい」

「むしろのひげがたってこかれません」

「それじゃあ、たたみの上でこいてみい」

「たたみの上じゃあ、尻がすべってようこきません」

「それじゃあ、わしの肩の上でこいてみい。かまわん、かまわん」

「なら、ひとつこかしてもらおうかい」。

おじいさんは殿さまの肩の上へあがってなあ、
錦《にしき》ザラザラ　黄金《こがね》ザラザラ　スッペラポーンのポーン
というて屁をこいた。その音が大変いい音で、その上匂いときたら、じゃこうのようないい匂いをさせたから、お供の衆も近所の衆もびっくりしてしまって、何べんも匂いをかいでおったそうな。

殿さまは、

「こりゃまあ、ふしぎなじいじゃ」

と仰せになって、ごうぎな《(大変な)》ほうびを下されたと。

隣のおじいさんがそれを聞いて、「わしもあんなほうびがもらいたい」と思うた。次に殿さんが村に来られる日には竹藪にはいって、カッツン、カッツン竹を伐りおったそうな。

「そこで竹を伐る者は何者だあ」

「日本一の屁こきじい」

「それじゃあひとつ、こいてみよ」

「ここじゃあ、竹の切株がたってようこきません」

「それじゃあ、むしろの上でこいてみい」

「むしろのひげがたってこかれません」

「それじゃあ、たたみの上でこいてみい」

「たたみの上じゃあ、尻がすべってようこきません」

「それじゃあ、わしの肩の上でこいてみい。かまわんぞ」

「なら、ひとつこかしてもらおうかい」。

そこで隣のおじいさんも、殿さまの肩の上へあがってこいたのじゃ。

備後《びんご》備中《びっちゅう》ビイチビチ　丹後《たんご》但馬《たじま》のタアラタラ
というて、殿さまの肩の上でしくじってしまった。

「や、お前、にせの屁こきじいめ」

と大叱りをこうむって、刀で尻を切られたそうな。

それで泣き泣き家へ帰ったら、おばあさんが出て来てなあ、

「おじいさん、おじいさん、ほうびをもろうたかえ」

「ほうびどころか、尻を切られた」

と言うたとや。

昔こっぷり。（昔話はおしまい）

――広島県比婆《ひば》郡――

＊解　説

幼な子は好《この》んで下《しも》のことを口に出したがる。「竹伐り爺」はその好みに応じて思いきって楽しく語られる。元をただせば由緒《ゆいしょ》正しい竹取翁の子孫であろうが。これはいやしめられた竹伐り・竹細工職人たちが育てた話かもしれない。いろりばたでは存分にくり返しの技術が使われて、竹伐り爺はついに殿さまの肩の上で屁を放つ。山陰地方で「人真似すると尻《しち》べを切られる」と言うのは隣の爺の結末句にもとづいている。中世には早くもお伽草子や絵巻物の題材にもなっている。〔IT九〇「竹切り爺」〕

桃太郎

なんと昔があったそうな。

むかし、じいさんとばあさんとおったそうな。じいさんは山へ木をこりに行くし、ばあさんは川へ洗濯ぅしに行ったそうな。ばあさんが川で洗濯しとったところが、川の上《かみ》の方から大きな桃が、ドンブリ、カッシリ、スッコンゴー、ドンブリ、カッシリ、スッコンゴーと流れて来たんじゃそうな。ばあさんがそれを拾うて食べてみたところが、何とも言えんうまいそうな。こりゃ、じいさんにもあげようと思うて、

「もう一つ流れえ、じいさんにあげよう。もう一つ流れえ、じいさんにあげよう」

言うたところが、大きな桃がまたドンブリ、カッシリ、スッコンゴー、ドンブリ、カッシリ、スッコンゴーと流れて来たそうな。それをつかまえて、持ってもどると戸棚に入れておったと。

昼飯時《ひるめしどき》になって、じいさんがもどって来た。

「じいさん、じいさん、今日は大きな桃を拾うてきた。まあ、二人で食べようや」

「ほうん、そりゃあええなあ」

桃を出してきて切ろうとしたら、ぽかっと二つに割れて、男の子が、「オヤア、オヤア」と元気に泣いて出たそうな。

「おや、こりゃあ、じいさん、なんちゅうことなら、男の子ができた」

「ほんによかった、よかった。まあかわいがって大きゅうしてやろう」

「家には子どもがなかったのに、思いもかけずに子を授かって、うれしいことじゃのう。桃からできたんだけん《（生まれたのだから）》、桃太郎いう名にしよう」

「桃太郎や、桃太郎や、ちょっと抱かせてみい」

言うて、じいさんとばあさんの、手から手に渡ってかわいがられたと。飯も魚もたんと食べさせたところが、どんどん大きゅうなったそうな。大きゅうなったけん、桃太郎は、力仕事が何でもできるようになったと。ある時、隣りの若い者が誘いに来た。

「桃太郎さん、いっしょに山仕事へ行きましょうえ。冬の用意に」

「いんや、今日は、背な当てをなわにゃならん」

と言うて行かん。あくる日また近所の人が来て、

「桃太郎さん、山へ行きましょうえ」

と言うと、

「いんや、今日はわらんず作《わらじ》らにゃならん」

と言うて行かん。その次の日に、

「桃太郎さん、山へ行きましょうえ」

と言うて来たら、

「今日は鎌をとがにゃならん」

と言うて動こうとせん。なんたら《なんという》横着太郎かと思うておると、四日目に、ようよう《やっと》腰を上げて山へ行った。行ったところが、桃太郎は昼寝ばっかりして、弁当食べる時、起きただけじゃ。晩方になってしもうたんで、近所の人が、

「桃太郎さん、もう去《い》にましょうや」

言うたら、桃太郎は「ワー」と大あくびをして起きあがって、大きな木を、枝も落とさず、根も切らずに、ゴイッと引き抜いてかたいでもどった。

「ばあさん、もどったで」

と、声がするから出てみたら、ふりかたいでもどったのは、ぎょうさん《とっても》長い大木じゃげな。

「どこへ置こうか、かどはなへ《庭さき》置こうか」

言うけえど、かどはなへ置きゃかどが砕けるで、こらえてもろうた。

「そんなら軒下へ置こうか」

言うけえど、軒下へ置きゃあ、軒下が砕けるで、こらえてもろうた。とうとう谷川へドーンと投げたから、地響きがして山がゴオッと鳴ったちゅうわい。

「なんたら、大きな木なら」

「なんたら、強力《ごうりき》ならや。桃太郎は」。

じいさんとばあさんはあきれかやったそうな。

そうしょうたら殿様の使いがやって来た。「ありゃあ、何の音か、見てこい」いうて言われたんじゃそうな。

あれは桃太郎が大きな木を引き抜いて、川へ投げとる音じゃと聞いて、殿様はひざをポンと叩いたそうな。

「そりゃあ、ええことを聞いた。そがな力持ちは鬼退治に行かそう。桃太郎を呼べ」

と、さっそく命令が下って、「鬼が島へ鬼退治に行け」と言われた。

じいさんやばあさんが心配して、そんならまあ、日本一のきび団子をこしらえたろうと、ばあさんは臼をゴーリン、ゴーリン挽《ひ》いて、とうきび団子の大きなのを三つしてやった。桃太郎は、それを風呂敷に包んで、腰にゆわえつけて行きょうた。

行きょうたところが犬が出てきて、

「桃太郎さん、桃太郎さん、どこへ行きなさりゃ」

「鬼が島へ鬼退治に行く」

「あんたの持っておられるのは何ですりゃあ」

「やあ、こりゃあ、とうきび団子、きび団子、日本一のうめえ団子よ」

「そんなら一つ私に下され。そうすりゃあ、私もお供します」

「一つは、どうなん《いけない》、半分やる」。

そこできび団子を半分もろうて犬がついて行きょうるそうな。今度は向こうから猿が出てきて、

「桃太郎さん、桃太郎さん、どこへ行きなさりゃあ」

「鬼が島へ鬼退治に行く」

「あなたの腰の物は何ですりゃあ」

「やあ、こりゃあ、とうきび団子、きび団子、日本一のうめえ団子よ」

「そんなら一つ私にも下され。そうすりゃ、私もお供します」

「一つは、どうなん、半分やる」。

猿もきび団子をもろうてついて行きょうたら、今度はきじが出てきたそうな。

「桃太郎さん、桃太郎さん、あなたはどこへ行きなさりゃあ」

「鬼が島へ鬼退治に行く」

「お腰の物は、何ですりゃあ」

「やあ、こりゃあ、とうきび団子、きび団子、日本一のうめえ団子よ」

「そんなら私にも一つ下され。そうすりゃ、私もお供します」

「一つは、どうなん、半分やる」。

そこできじにもきび団子をやって、食べさせ、桃太郎は犬、猿、きじを連れ、ワンワン、キャッキャッ、ケーンケーンバタバタ行くそうな。

鬼が島へ行ってみたら、鬼は、大きな門をぴしゃんとしめてしもうて、はいらせんそうな。きじがパアと翔《た》って門を越え、内から開けて、

「さあ、行けえ」というようなことで、どおっとはいって行った。鬼は「なに、桃太郎がなんだ」とばかにしてかかってきたが、なにしろ、こっちの四人は、日本一のきび団子を食べておるけん、《(食べているから)》千人力ほど強うなっとる。鬼を端《はし》から端からやっつけるそうな。きじは鬼の顔をつっつく、猿は、ひっかくし、犬は足に食いつくそうな。鬼はとうとう負けてしもうた。鬼の大将は桃太郎の前に手をついて、涙をたらしたらし、

「どうぞ命ばかりはこらえてつかあさい。《(ください)》もう、里へ出て、悪いこたあしません。ここにある宝物は、全部あげますけえ」

言うて詫《わ》びを言うんだそうな。

「よし、こらえたる」

桃太郎は鬼を許してやり、宝物を車に積んで、犬や猿やきじやみんなで、エンヤエンヤ車を引っぱったり、後《あと》を押したりして、じいさんとばあさんが待っとる家へもどったそうな。

むかしこっぽり。どじょうの目玉。

――岡山県川上郡・阿哲郡――

＊解　説

「桃太郎」がいまの形で普及したのは、江戸時代の赤本や明治以降の教科書・絵本によっている。それでも口伝えの桃太郎は生きている。これは備中・備後・伯耆《ほうき》などの地方で伝えられる寝太郎型の話である。川を流れ下った桃から生まれた主人公の神聖さと横着で怪力の根性とを結び合わせて身近な英雄に仕立てている。〔IT一二七「桃太郎」〕

えび・たこ・ふぐとからす

むかしむかし、あるところに浜山《はまやま》がありました。夏の暑い日に、えびとたことふぐとが海から出

てきて、浜山の松の陰に涼んでおりましたそうな。そこへからすが飛んで来まして、

「とってかあ《（食おう）》。とってかあ」

言って、やかましく鳴きたてました。えびとたことふぐは、びっくりして頼みましたと。

「まあ、からすさん、こらえてごしなされ《（くだされ）》」

「うんにゃ、こらえたらん。こういうところへ上がって涼んどるなんて、だいたいお前がた、間違いだ。お前がたは、海の底へおるもんだ」

「ま、そがなこと《（そんなこと）》言わずに、こらえてごしなはれ」

「うん、なら、ひとつあて《（一つずつ）》芸をしてみい」。

そこで、まずえびが、

様《さま》は三夜《さんよ》の三日月さんよな
宵《よい》にちらりと　見たばかりな　ペン　ピョン

とうたって、跳《は》ね上がりました。腰を曲げた姿は、ほんに三日月さまのようでした。

こんどはたこが、松の枝にちょいっと足を一本ひっかけて、

松に下がり藤　手は届けどもなあ
人の花なあら　見たばかりな
くるりと返《か》やれば　たこじゃげな

とうたって、ぬるぬるっと枝からおりましたと。

「ふん、ようやった。さあ、今度はふぐの番だ。ふぐ、芸をせい」

からすがせかしましたら、

「おれは、こがな《（こんな）》、見かけどおりのぶさいくなもんで、芸なんて知らんけ、まあこらえてごしなはれ」

ふぐは弱りきってことわりました。

「うんにゃ、こらえたらん。芸をせにゃ、お前を取って食ってしまったる」。

　しかたがないけ、ふぐは、
　　わしのような　お多福《たふく》ものになあ
　　芸をせよとは　胴欲《どうよく》な　テンテン
とうたいながら跳《は》ねまわります。さあ、からすが取って食おうにも食いようがないけ、腹立ちまぎれに言いましたそうな。
「ふぐの人殺しよ」
「料理のしようで、人は殺さん」
ふぐが言い返すと、からすは負けて、
「我《が》あ折った《（わがままはやめた）》。我あ折った」

と鳴きながら、翔《た》って去《い》んでしまいました。

「やれやれ、きょうとや。もう、こがな《こんな》ところへ上がって涼んだりすまいで」

「うん、二度とふたたび上がられんで。きょうとや（おそろしや）、きょうとや」

って言いながら、えびとたことふぐは、ぴょんぴょん、ぬるぬる、てんてん、海の中へはいってしまったそうです。こおっぽり。


——鳥取県東伯郡——

＊解説

この話の伝承地、伯耆大山《ほうきだいせん》の麓《ふもと》の村里には、かつて座頭やごぜなどの盲目の芸人がよく回ったという。これもかれらの播《ま》いた種の末であろうか。語り手の山下寿子さん（明治二二年生まれ）は楽しくうたいつつ語ってくれた。語りの節回しは昔話の花である。東北地方の「うたいむかしコ」にいたっては全文に節のついた昔話である。〔IT五七八「魚の芸」〕

馬子《まご》どんと山んばあ

なんと昔があったそうな。

むかしなあ、馬子どんがおったそうな。毎日毎日馬を追うて、町まで荷物を運んで行っとったそうな。寒う寒うなって、はや正月が来るようになると、近所の人が、「ぶりを買《こ》うてきてくだせえ」と、口々に馬子どんに頼むそうな。

馬子どんが馬の背にたんと《うんと》ぶりを乗せて、コットリコットリもどっているうちに、峠まで来ると日が暮れてきた。さあ急がねばならん、どうでも急ごう、と思っている時、

「おおい馬子どん、待ってくれえの」

言うそうな。ありゃ、えらい声がするが何だろう。馬子どんはこわくなって、馬の尻をピシャンピシャン叩いて道を急いだと。するとまた、

「まあ、待っておくれえや、待ちんさいや」

こわい声が追いついたので、見てみれば、恐ろしげな山んばあがおる。

「なんと馬子どん、馬が負《お》うとる物は何ならえ《何なのだ》」

「いや、これはぶりだ」

「ふん、そんならぶりを一つ、わしにくれえや」

「お前にやられるもんか。人に頼まれて買うていぬる《帰る》、大事な大事な正月のぶりだ」

「ふん、そんならお前を取って食うぜ」

山んばばあは二つの目をらんらんと光らせてさばりついて《とりついて》きた。

「いや、それはかなわん」

馬子どんは、ぶりをおろして「ほれっ」、一匹抜いて投げてやって、あれを食べとるうちに逃げきろうと、馬の尻をピシャンピシャン叩いて走りょうた《走っていった》。ところが山んばばあときたら、耳まで裂けた大きな口、ぶりの一匹ぐらい、頭からなまのまんまでガシガシ食って、じきに追いついて来た。

「おお、うまかった。もう一つおくれえ」

「何を言うとる。お前にばっかりやるわけにはいかん。人に頼まれて持っていぬる、大事な大事な正月のぶりだ」

「ふん、そんならまあ、仕方がねえ《ない》。お前を取って食うぜ」

「わしが食われちゃかなわん」

そこで馬子どんは、ぶりをみんなおろして荷のままで投げておいて、今度こそは逃げきりたいもんだと、馬をせきたて、とっとっとっとっ飛ぶように走ったと。そうしたところが山んばばあときたら、耳まで裂けた大きな口、ぶりの一山ぐらいじきに食って追いついて来た。

「おおい、馬子どん、ぶりだけじゃあたらんけ《(たらないから)》、馬の足を一本おくれえや」

「ばかを言うな。馬の足をやったら、あしたから仕事ができん」

「ふん、そんならまあ仕方がねえ。お前を取って食うぜ」

馬子どんは馬の足を一本、泣く泣く折ってやっておいて、三本足でキットンキットン歩く馬を追うて帰っていたところへ、また山んばばあが追いついて来た。

「もう一本おくれえや」

「それじゃあ馬がよう歩かん」

「そんなら、お前を取って食うとしょう」

馬子どんは、腹が煮えくりかえるようだった。けれども自分の命には代えられず、馬をやっといて《(やっておいて)》、風のように走って逃げたと。山んばばあは、大きな馬をなまのまんまでゆっくり食っておった。

　ところで馬子どんは、走っていくうちに空家《あきや》を一軒見つけたそうな。

「ありがたい。まあこの家に隠れさしてもらおうかい」

馬子どんがあまだ《(中二階の物置)》へ上がって、わらの間に小さくなってしゃがんでおると、「やれこりゃ、やれこりゃ」山んばばあが、ぼたぼたふくれたお腹《なか》をしてもどって来たそうな。なんと空家どころか、山んばばあの住みかだった。

「ああ、今日《きょう》は馬子どんに会《お》うて、思わんごちそうになった。腹がええけ《（よいから）》、何も食わずに寝ようか。

それでもまあ正月前じゃけえ、餅でもひとつ焼いて食おうか」

山んばばあは、ひとりごとを言いながら、いろりの火を掘り出して大きな餅を出して焼くそうな。

餅が焼けてふくれあがると、しょう油を出しに行った。そのすきに馬子どんは、あまだの竹を引き抜いて、先をけずって槍《やり》を作った。その槍で、うまげにふくれた大きな餅を、ズブンと突き刺して、ひっぱり上げて食ってしまったと。山んばばあはもどって来て、

「ありゃ、はや餅が無《の》うなっとるぞ。うちの鼠《ねずみ》は手に合わん《（いじの悪い）》鼠で困りもんだ。も一つ出して焼くだ」。

山んばばあが、また奥へはいったので、馬子どんは、槍をおろして、しょう油を突きこぼしたと。

そうしたら、山んばばあはもどって来て、

「こらまた、しょう油をこぼしゃあがって、うちの鼠には閉口だ。まあ今日は腹もええけ、いっそ餅は食わずに、寝るだ寝るだ。さてどこへ寝ようかなあ、あまだへ寝よか、釜の中へ寝よか」

言うそうな。馬子どんはすっかりたまげて、聞き耳をたてておったら、山んばばあは、よっこらよっこらはしごを上がりかけたが、

「ああ、たいぎなことよのう。今日は腹が太うてしんどいのう。やっぱり釜に寝るとしよう」

そう言って、釜の中へはいって寝たそうなわい。馬子どんがじっと待っておると、大きないびきが

聞こえるそうな。

「ふん。こりゃあよう寝入ったわい」。

馬子どんは、音をたてんようにそろりそろりとはしごをおりると、軒下から大きな石を起こして来て、釜の蓋の上にそろっとのせて、また拾って来てはのせ、また拾って来てはのせ、ぎっちりと石をのせると、杉の葉をおしくべて、火打石を打つそうな、カチッカチッ。そうとは知らぬ山んばばあは、

「ああ、カチカチ鳥が歌うかなあ。やんがて《(やがて)》夜が明きょうぞい《(明けるだろうよ)》」

ねぼけ声で言い言い寝とるそうな。ところがドウーッと火が燃えついて、釜の下がボンボン燃えてくると、

「ボンボン鳥が鳴きだいた《(鳴きだした)》。ああ、南風が吹くだやら《(吹くのだろうか)》、尻の方が、ほやりほやりとぬくいわい。昼が来たかな。眠たいが起きゅうかの」

言っとるうちに、釜がじりじり熱うなった。

「ありゃ、どうしたことなら、えらい《(ばかに)》熱うなったぞ。こりゃ熱い、熱いわいやあ」。

山んばばあは、あわてるそうな。

「重とうて、蓋《ふた》が取れん。熱い、熱い。死ぬるがの」。

そこで馬子どんは言ったそうな。

「熱いはずだ。わしは馬子だ。わしのぶりも、馬も、みんな食うた罰《ばち》だ。死んでしまえ」

「ああ、馬子どん。こらえて《（ゆるして）》くれえ。ぶりも馬もみな返すけえ《（返すから）》。こらえてくれえ」

「なにこらえるもんか。みんな返すと言ったとて、死んだものはどうにもならん。お前も焼き殺《ころ》いてしもうてやる」。

山んばばあは、てんてんてんてん、釜の中ではねて、とうとう焼け死んでしもうたそうな。


――岡山県真庭《まにわ》郡――

＊解　説

原話は一〇〇話を越える昔話の語り手、河井繁太郎翁の昔話。美作《みまさか》の山中《さんちゅう》地方は山中一揆で知られている。翁もその言い伝えを語ったあとでこの話を語ってくださった。この昔話は百姓一揆の背骨がとおっている。山んばばあは恐ろしい権力者の見事な形象化であろう。後半にわかに山んばばあは笑いものになり、馬子は筋をとおして焼き殺す。〔IT三五一「馬子と山姥」〕

狼女房

むかし、種《たね》（鳥取県大栄町）というところにな、藤助《とうすけ》というとても元気な男があった。胸《むな》ひげなんかはやして強そうな男だった。

ある時藤助が倉吉《くらよし》に買物に出て、晩おそうに帰りょうたら、道の草をガサガサいわせて、狼が出て来た。そうして藤助の目の前にわあと大きな口をあけたんだって。ほかの者なら恐れて逃げるところだけれども、藤助は肝《きも》がすわった男だから、狼の口の中をじっとのぞいて、

「おお、お前は骨がたっとるな《（ささっているな）》。ちょっと見せえの」

のどに手をつっこんでみると大きな骨がさわったから、抜いてやった。

「この骨が刺さっとった。それで痛かっただがな。はあ《（もう）》取ってやったぜ」。

狼は喜んで、頭をこくんこくん下げて、人がおじぎをするようなかっこうをして、草むらの中へはいってしまったって。それから藤助は家に帰ると、ひとり者だったから、自分でご飯ごしらえをして食べとっただって。そこへ、きれいな、ええ娘さんが来て言っただって。

「藤助さん。頼むけ《（頼むから）》、おれをお前の嫁さんにしてごしなはらんか《（くださらないか）》」

「嫁さんにか。嫁さんになってもらやあ《（もらえば）》ええけど、うちは貧乏で一人食うのがやっとだ。とても嫁さんまで食わせてやれんがの」

藤助はびっくりしてことわった。

「いんにゃ《（いいや）》、おれはちっとも飯食わでもええけ《（よいから）》、よう働いて、金もうけたげるけ《（もうけてあげるから）》、頼むけ嫁にしてごしなはれ」

あんまり言うので、とうとうその日から嫁さんになってもらった。するとほんまに嫁さんは、飯も食わんで、昼は田んぼに出て働き、夜はブンブン糸車を回して、糸をつむいで働いたと。ところがある晩、誰かが来て、家の戸をトントントントン叩く音がする。

「藤助の家《え》の姉《あね》さん、藤助の家の姉さん、ちょっと出てごしなはれ」

嫁さんが出てみたところが、むかしの友だちが来ておった。

「なんとなあ、あそこの野に大きな松があって、その松の芯棒《しんぼう》に六部《ろくぶ》が上がっとるだわい。で、継ぎ狼して、その六部の足をつっいて落といたろうと思うけど、もう一匹のことで手がたらんわい。頼むけ、お前手つだってくれ」

嫁さんは、「ふん、そがな《（そんな）》ことか」とうなずいて、

「藤助さん、ちょっと出てくる。じき《（すぐ）》もどって来るけ、待っとってごしなはれよう」

と、言いおいて行ってみたら、ほんに仲間が言うとおり、六部が木のてっぺんにしがみついている。継ぎ狼っていうのは、狼が狼の背中に乗りまた背中に乗りしてつくる狼ばしごのことだが、藤助の嫁さんは、一番しまいに来たから、継ぎ狼の一番上に乗ったんだって。そうして、ちょいと手を出して六部の足を引っ張ろうとしたら、六部はさっと刀を出して、藤助の嫁さんのひたいを切りつけた。「こりゃ、しくじった」、狼どもは、すっとんで逃げてしまった。嫁さんは、切られたひたいを押えながら、藤助のところへ帰って来ただって。

「藤助さん、いままでおれは正体を言わずにおったけれども、おれは、うえきの野で、のどの骨を取って助けてもろうた狼だ。あんまりうれしてなあ《（あまりうれしくてなあ）》、恩返しにお前のところへ来て金もうけをさせてあげよう思ったけえど、継ぎ狼の手つだいに行ったばかりにこがなことになってしまった。まん悪う《（運悪く）》ひたいを切られ、大きな傷ができた。もうはや正体がわかったで、もうお前のところにもおられんし、頼むけ、ひまをごしなはれよう《（くだされよう）》」

「ふん、田植前だから困ったもんだ。お前が去《い》んで《（帰って）》しまうと田植ができんだがなあ」

「田植は心配だろうけれども、田を鋤《す》いてなあ、苗をちゃんと投げときなはれ。あしたは十五日だ。お月さんが明るいけ《（明るいから）》、夜《よ》うさの間におれがみな植えたげるけ」

そう言われて、うそだかほんだか知らんけどそうしょうかと藤助は思った。あくる日田んぼに出て、きれいに鋤いて、水を当てて、苗をちゃんとまくばって投げておいた。夜になると、狼は友だちを大勢連れて来て、チャボチャボ、チャボチャボ、田植を始めた。田植歌までうたっているふうだ。

種の藤助の　この田の稲は
穂にはならずに　ずいばらみ
種の藤助の　この田の稲は
穂にはならずに　ずいばらみ

なんちゅう、けち《(妙な)》な歌をうたうんだろうかと、藤助は寝ながら聞いとった。あくる日出てみると、田んぼは、一面の青田になっている。

「あいつ嘘つかなんだ。うれしいことだがな」。

それから毎日、田んぼの水を気をつけて見に行き、草を取ったり肥えもやっておいた。すると稲はよい調子にずんずん伸びて、よその田んぼの稲よりも大きくなった。けれども、悲しいことには、いつまでたっても穂が出ない。困ったもんだ、穂の出ん稲があるだろうかと、つらがっておったら、出んままで熟《う》れたような色になった。人が稲刈りを始めたころ、藤助も食べるもんがなくなったので、

「仕方がない。このわらない《(なりと)》と刈って、粉にして食べるだわい」

と、その稲を刈って帰った。こまかく切って臼に入れて、ゴリゴリと挽《ひ》いとったら、そのわらがみんな米になって、ぞろぞろと出てきた。藤助はふだんの三倍も四倍も米がとれて、よい暮らしがで

きたと。
昔こっぽり《昔話はこれでおしまい》、山の芋、焼いて食べたらうまかった。

――鳥取県東伯郡――

＊解　説

原話は大山《だいせん》北麓の端正な語り手、岡田幹子嫗（明治二八年生まれ）。この話の狼女房はしばしば狐女房ともなる。狐は農耕の神でもあるから、結末にはよりふさわしいからだ。この地には狼信仰のあとがあり、狼の霊威を信じた人々によって伝えられた伝説が、次第に狼女房の昔話に席を譲ったものか。信仰の薄れた伝説は昔話に転生していくことが多い。〔IT二八九「鍛冶屋の婆」とIT二二五C「狐女房―田植え型」の複合〕

猿とひき蛙の餅争い

なんと昔、寒い寒い、長い冬がすんで、今日はちょっとぬくいなあという日に、ひきが《ひき蛙》、ゴソリゴソリ谷の方から上がって来た。そこへ山の上の方から、猿が、ひょいひょいひょいひょいひょいおりて

来た。そこで猿とひきが、びっしゃり出会って、

「ありゃ、猿どんか。なんとひさしぶりだったなあ」

「ふん、ひきどんか。お互い、長い冬には、ほんに《（本当に）》くたびれたのう。今日《きょう》は天気もええし《（よいし）》、うまい具合に出会《お》うたことだし、ひとつめおいを《（共同飲食）》しょうではないか」

猿はいやしい《（食いしんぼう）》もんだから、すぐ食いものの話を出す。ひきも、そりゃよかろうと考えた。それからとんとん話が決《き》まって、餅を搗《つ》くことになった。猿は村の方へ行って、どこからもろうて来たか知らんが、餅米を二升ほど担《かた》いでもどって、ドサンと投げてよこした。

「そりゃ、ひきどん、餅米《もちごめ》だ」

ひきはそいつを谷川へもって行って洗うと、せいろうにかけて蒸《む》した。ぽうぽうと湯気《ゆげ》がたって、餅米がうまそうにすきとおってくると蒸しあがったのだ。猿のいやしん坊は、この餅をひとりで食べたいもんだと考え始めた。

「なんとひきどん、これを搗かにゃいけん。搗かにゃいけんが、ここで搗いたって面白うねえ《（おもしろくない）》。向こうの山のてっぺん《（頂上）》へ持ち上げて、それから搗こうや。見晴らしが良《よ》うてよかろう」

「うんよかろう。よかろうども《（よいけれども）》、わしは、よう持ち上げん」

「なあに、わしが引き受けた」。

猿は足腰がたっしゃだから、臼のまんま、とんとことんとこ山のてっぺんまで担《かつ》ぎ上げて、餅搗

きを始めたそうな。ボッサボッサ猿が搗くし、ごんねごんねひきが混《ま》ぜるし、ええ餅が搗けたらしい。ところが搗けたとみると、猿は、くいっと臼をひっくり返してしまった。

　山のてっぺんのことだから、臼がごろんごろん転《ころ》がって落ちるそうな。猿は、杵《きね》を担《かた》いで、臼についてぽんぽんぽん跳《と》んでおりる。のろまなひきは、あとへとり残されてまことにつまらん。でも仕方がない、おりることだと思って、ひきは、ごっそりごっそりおりよった。おりよったところが、臼からとび出た餅が、木の株にひっかかって、ほやりほやりほやりほやり湯気を出しょうる。

「まあ、こりゃありがたい。猿にみな食われたかと思うたのに、こりゃええこと《（よいこと）》をした。ぼつぼつ食うだわい」

と、ひきは餅をむしっては、かぽっと食い、むしっては、かぽっと食い、食い続けた。猿は臼についておりたけれども、臼はからっぽで、ほんのちょっぴり付いとるのを引っかいて食い、杵についとるのも引っかいて食った。

「それにしても、ひきは何をしとるんだろう。ちっともおりてこんが」

と、フウフウ言って山を上がって行くと、ひきは大きな餅にさばりついて食っておる。

「ひきどん、ひきどん、こっちが垂らくれるがのう《（たれて落ちるがなあ）》」

「こっちが垂らくれりゃあ、こっちからなめるだがのう」

「ひきどん、ひきどん、そっちが流れるぜ」

「そっちが流りゃあ、そっちから食うだがのう」。

ひきが、やろうとも言わずに、ハアフウ言って食べるので、猿は、うらやましくてこたえられん。

「ひきどん、そいつを、ちいとくだんせえの《（少しくださいな）》」

「お前は、臼を追いかけたから、たるほど食わんしただろうがな《（たっぷり食っただろうがな）》」

「いんや、臼はからんぺ《（からっぽ）》いだ。ひっ付いとるやつを、ほんのちょっぴり食ったぐらいのことだ。ちっと《（少し）》くだんせえな」

「そんなことなら進ぜるわい《（さしあげるわい）》」

と、ひきは餅のまん中の熱いところをちぎって、猿の顔をめがけて、ピシャンとぶっつけたげな。

すると猿は、

「やれ、熱い熱い、熱い熱い」

と言ったものの、すぐむしって、むよむよむよむよ食ってしまった。

「もうちっとくだんせえの、ひきどん」

「ふん、そんならもうちっと進ぜるわい」。

それから、また熱いようなところを取ってぶっつけたが、猿は顔へぶっつけられたらかなわんから、尻を向けて受けたそうな。

だからそれからというもの、猿の顔と尻は、あんなに赤くって毛が無いんだって。

むかしこっぽり《（昔話はこれでしまいよ）》とびのくそ、ピンロロー。

――岡山県真庭郡――

＊解　説

原話は岡山県真庭郡八束《やつか》村の池田たきのさん（明治一九年生まれ）。なぜ話――「猿の顔はなぜ赤い」などの形でしめくくる、典型的な幼児向きの動物話である。伝承された昔話の型は、山村の風土にはぐくまれ、楽天的で話好きの語り手に育てられて、個性を獲得する。昔話は伝承をたて糸に、風土と語り手・聞き手とをよこ糸に生成される。〔IT五二七B「餅争い―餅盗み型」〕

あとかくしの雪

なんと昔があったげな。むかしある年の暮《くれ》の雪の降る日の晩がたのことだったが、村に巡礼の坊さんが回って来た。寒さは寒いし、腹はへるし、坊さんは一軒の百姓家の門口《かどぐち》に立って施《ほどこ》しを乞《こ》うたんじゃ。

「今晩は。ひとつわたしに飯を恵《めぐ》んでくださらんか」

言ってな。家の者が出てみると、汚《きたな》げな巡礼の坊主だ。こんな者に用はない、とばかり、

「家は貧乏でのう、なんだ《（なんにも）》、あんたに食わしてあげるもんがない。よそへ行ってみんしゃい」

言ったと思うと、その坊さんの鼻先で戸をピシャンとたてて追い返したのじゃ。

　坊さんは、雪道をとぼりとぼり歩いて行って、もう一軒の貧しげな家の門口に立つと、

「日が暮れて、難儀《なんぎ》をしとる旅の僧じゃが、一晩泊めてもらえんかの」

と頼んでみた。するとおばあさんが出て来て、

「そりゃあお困りだのう。腹がへっとるじゃろう。まあ、見られるとおりの貧乏暮らしじゃが、何か食うものをこしらえたげるけえ《（こしらえてあげるから）》、上がって当たりんさい」。

「さあ、さあ」と坊さんを座敷に上げて、いろりに座らせ、どがどがと木をくべた。はて、家の中には人に食べさしますようなものは何も無かったから、どげしよう《（どうしょう）》もない。おばあさんは外へ出て、よその田のはぜから稲束を盗み、持ってもどった。それでどうやってこしらえたもんだか、手早く団子をこしらえて坊さんに食わしてあげたと。

　さて、あしたに《（翌日）》なって雪の中の足あとを見れば、盗人はどこの家のなにがし、とわかるわけじゃ。坊さんは、おばあさんをあわれんで足あとを消してやろうと、その晩、あと隠しの雪を降らせたのじゃ。雪は、あとからあとから降ってきて吹雪になって吹き荒れた。巡礼姿の坊さんは、実は弘法

大師だったそうな。

この日が十二月二十三日だったから、この辺ではいまだに、大師講団子《でえしこうだんご》というて、暮《くれ》の二十三日に米の粉団子をこしらえて、お大《でっ》師さんにお供えし、自分らも食うことにしておる。そうして決まったようにそのころ、雪嵐が起こるんだが、それが『大師講荒れ』じゃ。中には、ただ『団子荒れ』ちゅう者もおるがのう。

むかしかっぷり、どじょうの目んくり玉。


——広島県比婆郡——

＊解　説

「弘法機《ばた》」「弘法いも」などお大師さまの数《かず》ある伝説的昔話の中でも出色のものと言える。それが古来の年中行事を支えるとともに、行事にかもされて育った。『歎異《たんに》抄』の「善人なほもて成仏す。いはんや悪人をや」の一句を想起する。この地方の大師講は本来旧の十一月二十三日夜から二十四日にかけての行事で、一陽来復の冬至に当たる。農民にとっては最も神聖な一夜なのである。〔IT二〇「あと隠しの雪」〕

分《ふん》別《べつ》才兵衛

なんとむかし、あるところに、大変分別《ふんべつ》のある者がおったそうな。「分別才兵衛」と人にも言われるような、知恵のある男だったけれども、まことに横着者であった。いよいよ十二月もおしつまってくると、才兵衛のかかあは気が気ではのうなってこう言った。

「お前はなんだ、『なんでも《（どうでも）》分別で銭《ぜに》をもうける、もうける』言わんすが《（言うけれど）》、分別がようたって、休《（休》んどっちゃあ《んでいては）》銭もうけはできん。はや大歳小歳《（大みそか）》になるようになって、あっちにもこっちにも借銭負うて、どがいして年越しゅうするだえ《（どうして年越しをするのかい）》」

「うふん。まあ、あせったもんでもないわい」

才兵衛はちょっとも働こうとしないので、かかあは、また言うそうな。

「そんならお前、何も言わずに黙ってごんせえ《（黙っていてくれ）》。きょうはわしが銭もうけをしたげるけえ《（してあげるから）》」。

才兵衛のところへは、庄屋のじいさんが毎日話しに来なさるが、あのじいさんをうまくだまして、銭もうけをしてやろうと、かかあは考えて、

「今日は才兵衛さん、お前は山へ行かんせえ《行きなさい》。弁当したげるけえ《してあげるから》」

「ん、そんなら山へ行くわい」。

才兵衛は、弁当を持って家を出かけたものの、待て待て、かかあのやつ何をすることやら、ひとつ隠れとって見てやろうと思って、山へ行くようなふりをして、あまだ《中二階の物置》へ上がって隠れとったそうな。

そうしたところが、いつものように庄屋のじいさんが、

「才兵衛さん、内かえ《いるかね》」

と言って来なさった。

「はい。いんにゃ《いいえ》、才兵衛は今日は山へ行かんしたけえど、まあ上がらんせえ。まあ上がって当たらんせえ。こたつにええ《よい》火をしとるけえ」

「うん、まあ当たらしてもらおうか」。

庄屋のじいさんが上がったら、

「まあ、こっちへごんせえ《来なさい》、こっちへごんせえ」

言って座敷へひっぱりこんで、さかいの戸をしめてしまった。

それを見ていた才兵衛は、よし、何をするか知らんが、おりてみることだと思って、こっそりこっそりおりてくると、障子につばをつけて穴を開け、中をのぞいて見た。ところが、才兵衛のかかあ

と、庄屋のじいさんと、いっしょに寝ておるそうな。

　さあ才兵衛は腹をたてて、割り木を持って来て、障子をガイッと開けるがはやいか、庄屋のじいさんをなぐりつけたと。するとなぐりどころが悪かったか知らんが、じいさんは目をまわしてそれっきり死んでしまわれたそうな。

　それから才兵衛のかかあが、怒るのなんのじゃあない。

「わしが銭もうけをしてみせるから黙ってごんせえちゅうものを《(黙っていてくれと言うのに)》、庄屋のじいさんを叩き殺《ころ》いたりなんぞしてから、ただじゃあ《(このままでは)》すむまいが。お前も生きておれまいが。どがいするちゅうこともない《(どうにもしょうがない)》」

「ふうん。うらも《(わたしも)》分別才兵衛とさえ人に言われた者だ。そうガジガジ言わずに見てごせ《(見ていてくれ)》。何《なん》とかす《(す》るけえ《るから)》」

「何とかしてみさんせえ《(みなさい)》、できるもんなら」。

　かかあと言いあっておるうちに、はや日が暮れてきたので、才兵衛は死んだ庄屋のじいさんを背負って、村はずれの一軒屋までやって来た。

　毎年寒くなって夜が長くなると、村の若い者がこの一軒屋でばくちを打っておる。庄屋のじいさんは、いつでもここへやって来て、

「ばくちを打っちゃあいけん」とか、「ばくちを打つ者は願うちゃる《(訴えてやる)》」とか言うとった。若い者は、まあそう言わずにと、銭をいくらかあげては、「まあ、こらえてくだ《(許してくだ》

んせえ《さい)》。黙っとってくだんせえ」と頼んでおった。才兵衛は、そいつを知っとるから、一軒屋の入口へじいさんを立てらせておいて、それから庄屋のじいさんのような声をして、

「こりゃこりゃ若い者、またばくちを打ちょうる《(打っている)》。今度ばっかしゃ《(今度ばかりは)》あこらえんぞ。ほんに今度ばっかしはこらえんぞ」

しつこく言うたから、若い者は怒ってしまった。

「なんだ、いつもいつも金をあげようたら、つきまといやがって。今夜はひとつえらいめに会わせてしんぜよう《(会わせてあげよう)》」

「うん、それがええわい《(よいわい)》。ひとつなぐってしんぜよう」。

それから、そろりっと戸を開けて、力いっぱいなぐりまわしたと。するとじいさんは、トターンと倒れてしまった。あれ、倒れんさったぞと、見たところが、目をまわしてはやもう死んでおる。

「なんと困ったことをしたわい。庄屋のじいさんが目をまわして死なさった」

「そいつは困ったこったぞ。どうする」

「まあ才兵衛のところへ相談に行ってみいや《(行ってみよな)》」

「ああそれだ。それよりほかに手がない」。

才兵衛が家へ帰って、ふとんをかぶって寝ておると、

「才兵衛さん、才兵衛さん」

と小さい声で起こしに来た。

「才兵衛さん、才兵衛さん。ちょっと起きてくだんせえの《（起きてくださいな）》。ちょっと起きてくだんせえの」

「はや夜明けかいの」。

才兵衛は知らん顔で起き出してくると、

「何事《なにごと》かいの」

と尋ねた。

「お前も知っておるように、わしらがいつものように一軒屋でばくちを打ちょうたら《（打っていたら）》、庄屋のじいさんが来て、つべこべ《（あれこれうるさく）》言われるもんだけえ、ちょっと痛いめに会わせてやろうと、なぐったところが、目をまわして死なさった。はや《（もうすぐ）》正月が来るようになって、庄屋のじいさんを殺してしまったちゅうことでは、わしらもほんに、生きてもおられんようなことだが、何とかお前の分別を借らにゃ始末がつかんで《（つかないので）》相談に来た」

「ふうん。そりゃえらい事をしたなあ。庄屋のじいさんを殺したりして、大事《おおごと》だぞ」

「そこをまあ何とか、ええ分別を出してくだんせえ。銭《ぜに》はお前の言うだけ出す。助けてくだんせえ」

「ふんそんなら、おらも《（わたしも）》命がけで受け合うとしょうか」。

村の若い者は喜んでじいさんを残して帰るし、才兵衛は死人を負うて庄屋の家まで運ぶと、じいさんの声色《こわいろ》で、

「ばばあ、いまもどったわい。開《あ》けてくれや。いまもどったわい」。

じいさんが、毎日毎日才兵衛のところへ行くので、ばあさんは、今夜こそ家に入れてやるまいと腹をたてて、どこもかしこも、ちゃんとしめてしまって、黙っておる。

「ばばあ、開けてくれ、寒うてこらえられんがの。開けてくれ」

「ほんにええ年をとって、いつまでということもなしに才兵衛のところへ行って。今夜はどうあっても開けんけえ、好きなようにさんせえ《(なさい)》」

「そがいな《(そんな)》事を言やあ《(言うなら)》、井戸へとびこんで死ぬるぜ」

「ああ、死のうと思えば死にない《(死のうと)》と、好《す》いたようにさんせえ」。

才兵衛は、すかさずじいさんを井戸の中へ投げこんで、一生懸命走ってもどって、またふとんをかぶって寝てしもうた。

ところで庄屋では、ばあさんが、ポチャンというえらい《(大きな)》音を聞いてから、家中大さわぎになった。

「やれみんな、早よう起きてごせ《(起きておくれ)》。じいさんが井戸へとびこまさった《(とびこみなさった)》。なんでもみんな早よう起きてごせ」。

それから井戸へ行ってみたら、はや浮いているそうな。それからまあ大変な事になったと、死人を引っぱりあげて、

「なんとまあ、大歳《(大みそか)》になってじいさんが死なさったんじゃ、願い《(届け)》を出すにも困るが、何としたもん

だろうか」

「まあ才兵衛に相談してみるがよかろう」。

それからまた才兵衛のところへ来て、

「才兵衛さん、ちょっこり《ちょっと》起きてくだんせえ」

と起こす。

「はあ、夜が明けたかいのう」

「いんにゃ《いいや》。夜が明けたんではない。夜の明けんうちに、どうでも《どうしても》お前に頼みたいことがあって」。

庄屋のばあさんは、うちのじいさんが才兵衛のところへ行ったとも言われず、

「遅《おそ》うにもどって来なさったけえ《来られたから》、『よう戸を開けてしんぜん《戸を開けてさしあげられない》』言うたら、すぐ井戸へとびこんで《とびこんで》しまわさっての《しまわれてな》、引っぱりあげてみりゃ死んでござる。何と言うて届けをしたらええか《よいか》相談に来た」

「そりゃまあ、大変なことだ。困ったことができたのう」

「まあ何でもええ知恵を貸してくだんせえ。銭金《かね》のことは言わんけえ」。

それから才兵衛はひとしきり思案しとったが、庄屋のばあさんに、帰ったらすぐ大釜に湯をわかすように言っといて、湯が煮えるころにかけつけたそうな。

それから風呂桶にそいつを汲《く》みこんでから、死んだじいさんを湯につけた。そうして引っぱりあげて寝させると、人をやって医者を迎えさせたそうな。

医者はさっそくやって来て脈をみておったが、
「ああ、こりゃあまんだ《(これはまだ)》、ぬくもりはありますけえど、脈が切れとりますけえ、どうにも手のつけ方がありませんわい」

言われて、診《み》たては何事もなしにすんだ。それで庄屋のことだから、大きな大金《おおがね》を才兵衛のところへ礼として出したと。

才兵衛は、まことによい正月を迎えたそうな。『分別の分の字は百貫に代えられん《(ぜに百貫以上の値打ちがある)》』とは、この時から言いはじめたと。

そいで昔こっぽり、とびのくそ。

――岡山県真庭郡――

＊解　説

語ったのは心やさしいたきのさんだが、この悪の話がとても好きだと言う。世の不条理と戦って勝つために、昔話はずぶとい心をつちかう武器である。しかもそれが楽しいのは、ぬけぬけと、ありもしないことをまことしやかに語る話術にもとづく。ヨーロッパにも多い話。〔IT 四三九「知恵あり殿」〕

似せ本《ほん》尊《ぞん》

むかしい、ある村のはずれに、狐がしょっちゅう《(いっつも)》化けて出ては、人を困らせていたそうな。若い者《もん》が寄れば、「あんなもん、わしが退治してくる」とだれかが狐退治を言いだして、出かけては行くらしいが、いつもよう《(すっかり)》にだまされて、ぼた餅だなんて牛糞《うしぐそ》を食わせられたりする。みんな「あの狐だけはとてもあかん《(だめだ)》」とさじを投げていたげな。

ある時一番若い子が、「わしが行って退治してやる」て言うて袋をひとつ持っただけで出かけて行った。村のはずれで待っとったところが、向こうからきれいな女の人がやって来たげな。男が、

「あっ、来たかえ。なかなか上手に化けとる。けどなあ、お前は狐の身でたった一つ、その女子《おなご》にしかよう化けんのかい。そんなこっちゃ、あかんぜ。こっちは狸やけど、化け方をなんぼでも知っているけどなあ」

そう言ってやったところが、狐は参っちゃって、

「ほう、お前、狸か。わしゃ狐だが、もっと何《なん》ぞに化ける化け方があるだかなあ《(あるのかなあ)》」

「ある、ある。この袋の中にはいって出て来たら、化け方がなんぼでもわかる。ひとつ入ってみ」「よし、よし、それはありがたい、入ったろ」と狐は正体現わしてさ、その袋の中へ入ったと。そこを男はキュッと口をしめて、「よいしょ、取った」というわけで、担《かた》いでもどったそうな。「さあみんな、取ってもどったぞ。さあ、ほんな狐を出すぞ。（では）そこらへんの戸締りをしてくれ」と言って、ぴん、ぴんしている袋を開《あ》けたところが、狐はあっという間におらんようになった。「どこも締《し》めとるのに、どこへ出たかいな」「また化かされたぜ」「どがいしたらええか」とあわてとったところが、その家のおばあさんがお仏壇にお燈明をあげようとして行ってみたら、本尊さんがおひとりだったのが二人になって、そっくり同じ顔で並んでござるげな。はてな、と思ってように見ても、どっちが狐だかわからん。するとすると狐を連れて来た男がお仏壇の前で拝み始めた。

「うちの本尊さんはお線香をあげさえしたら、いつも頭をこっくりしてござった」

そう言ってお線香をあげたから、狐の本尊さんはすぐにこっくりこっくりと頭を下げたと。それ、こいつが狐じゃちゅうて、うんと叩きのめしてやったら、狐はとうとう、「すんません。命だけは助けてえな。もう村の人をだましたりせんけえ」と泣き泣きわびを言うたげな。

——兵庫県美方郡——

＊解　説

山中の人で狐ばなしを一つも知らぬ人はいないだろう。とりわけ狐に化かされた経験譚は人気がある。そういう賢い狐には「おさん」とか「おとんじょろ」とか名号がついてまわる。数ある狐ばなしの中で炉ばたで語りあたためられたものが話型を持つ。「叺狐《かます》」「八化け頭巾」「狐のお産」「化けくらべ」など。〔IT七八六「にせ本尊」〕

食わず女房

むかし、あるところに欲《よく》な欲な父っさんがあっただだって。嫁さんをもらっても「嫁の食う飯が惜しいわい。飯食わぬ女がありゃあ嫁にほしい」言うて食わせんようにするけえ、嫁さんはみな逃げてしまうだって。けれどもある晩、いい女房がやって来てな、

「おれは飯をちっとも食わんけえ《（食わんから）》、嫁へしてごっさらんか《（嫁にしてくださらないか）》」

と頼むので、これはちょうどうまい話だと、嫁にもらったと。嫁さんは、ほんまに、ちっとも飯を食べんので、父っさんは少し気の毒になって、

「これ、わい《（お前）》もちい《（少し）》と食えや」

と言っても、

「おら、いつも食わんのだけ、食わんがな」

と言って食わん。これほどに食わずにいられまいが、ひとつ屈《かが》んで見てやろうかい、と男は思って、

「かかや《（女房よ）》、弁当入れてごせ《（入れておくれ）》。おれは今日《きょう》、弁当を持って山へ行くけ」

と言うて、行ったふりをして、そおっとあまだ《（中二階の物置）》へ上がって見ておっただって。

そうしたところが嫁さんは、山へ行って山鳥を三羽つかまえて、ふく木を三本折ってもどったそうな。それから釜で大飯《おおめし》をたくと、みんな握り飯にして、釜の蓋《ふた》にずらりと並べたと。山鳥を煮て汁をつくると、ふく木を入れてさましたそうな。ふく木というのは香《かお》りがいいから昔は汁に入れたもんだと。やがて飯もさめ、汁もさめしたら、髪をほどいただって。そしたら頭の上に大きな口があっただって。嫁さんはその口の中へ、握り飯を一つ入れては汁を一杯うつし、握り飯を一つ入れては汁を一杯うつしして、「ほら食え、ほら食え」と、握り飯をみんな食って、汁もみんな吸ってしまったちゅうわいな。

父っさんは、あきれてしまったが、日が暮れてからそっと下へおりて来た。

「これ、今晩はお前も飯食えや」

「おら、いつも食わんのだけ、食わんがな」。

そこで父っさんはしばらく考えて、

「山鳥三羽にふく木が三本、握り飯なら大釜いっぺえ」

言わはった。すると嫁さんはびっくりしてしまった。すぐに、「こっちのおやじはきょう《(こわい)》といおやじだ。こがにしちゃおられん、去《い》なねばなるまい」と思って、

「おら、父っさん、去なあかと思うけえ《(帰ろうと思うから)》、竹負《お》い籠一つこしらえてごっさらんか《(くださらんか)》」

「ま、去ぬるとなりゃ、こしらえたるわい」。

あくる日、父っさんが竹負い籠を一つ編んでやると、

「まあ、ええ《(よい)》籠をこしらえてごっさったのう。ちょっとはいって座ってみてごっさらんか」

と言うので、言われるままに何気《なにげ》なしに父っさんがはいって座ったら、嫁さんはすぐ、ごおっと負うて立ち上がり、

「ああ、しっとりしっとり重たいなあ、しっとりしっとり重たいなあ」

言いながら、山の奥の方へ登って行くそうな。「はあ、困ったことした。どうしょう。おれがはいらにゃよかったに。どこへこそ負うて行くだやら」と父っさんはこわがっておった。

ところが大木の下まで来ると、嫁さんは籠をおろして小便をしたそうな。そのすきに、父っさんは垂れ下がった枝につかまって木にはい上がった。嫁さんの方は、ついでに一休みしてから、「どっこいしょ」と籠を負うたところが、すかあと軽い。「休んだおかげで楽になったわい」と嫁さんは、どっこいどっこい山奥へはいって行った。父っさんは木からおりると、「あれどこまで去《い》ぬるだろ

うか、どこから来とったものやら、見たろうかい」と思って、おくれおくれで後《あと》をつけて行ったら、山の奥の竹藪に行き着いた。そこには、くもの子がぎょうさんおったと。嫁さんはくもの化けだったわけだ。

「さあ、お前がた。今日は大けなええ《（よい）》みやげを持ってもどったぞ。包丁もあるか、切り板《ばん》《（まな板）》もあるか。大きな男だけ、えっと《（たくさん）》身があるぞ」

そう言って、嫁さんが籠の蓋をはぐって見たところが、空《から》っぺいだ。

「こりゃ、えらいことをした。どこで逃げてしまったやら。惜しいことをした。まあ、明日《あした》の夜《よ》うさはまた行って、取ってきて食わせたる。けど、人間はきょうといわい《（こわいわい）》。『夜うさのくもは、おとつい《（一昨日）》来《こ》い、おとつい来い』って言うが、人間はああいう言葉を知っとるでな、あれが一番きょうといわな」

言うそうな。父っさんはそれを聞くと、「ほんに《（本当に）》ええことを聞かせてくれた」と、喜んで駆《か》けってもどったと。もどるとすぐに、村の若い衆を頼んでおいた。明けの日《（その翌日）》、

「今夜、くもが化けて来るそうなけ、みんな門箒《かどぼうき》かなんぞ《（など）》持って、集まってごしなはれ」

とふれて回った。みんなが、いろりのへりに集まって待っておると、夜もだいぶんふけてから、いろりの自在かぎを伝わって、大きな大きな、鍋の蓋みたいに大きなくもが、ごっそりごっそりおりて来る。

「ほう、来た、来た。はや（早く）、いま言うだ。あのことを、はや」。

みんなで、

「夜うさのくもはおとつい来い。夜うさのくもはおとつい来い」

と言って、箒で叩いたところが、くもは恐れてとんで逃げてしまったと。

むかしこっぽり。


――鳥取県東伯郡――

＊解　説

この話の主人公はしばしば桶職人や小間物の行商である。その日かせぎの人々が飯食わぬ嫁を求めるのは切実な真実であろう。著者も時折、年老いた桶屋の語り手から、子どもにまぶれつかれてこの話をした、という思い出を聞いた。くもの化けは地方により山姥や蛇になる。零落した水神の姿であろう。結びは各地で五月節句の菖蒲《しょうぶ》やよもぎのいわれ、九州では正月飾りのゆずり葉のいわれを説く。くものことわざと結びつくことも多い。昔話は年中行事やことわざと共存するものである。〔IT三五六B「食わず女房―くも女房型」〕

ねずみ経《きょう》

むかしあるところに、まことに邪険《じゃけん》なおばあさんがおったしこうだ《（そうだ）》。ことあるたんびに嫁さんにつらく当たるんだけえども、嫁さんは口ごたえ一つせんで、「お母さん、お母さん」とまぶれつい《（まといつい）》とった《（ていた）》。

ところが、ある時ふっと、

「まぶれるものは猫でもかわいいと言うのに、ほんにこれほどやさしい嫁に邪険に当たってはいけんのう」

おばあさんはそげに考えて、お寺さんに出かけて行ったしこうだ。和尚《おしょう》さんにありがたいお経でも教えてもらって、改心しようと考えただって。

「和尚さん、和尚さん、このばばにもお経を習わせてくだんせえの」

いうて頼んだだって。

「おお、そりゃええ了見《りょうけん》だわい」。

さっそく承知してもらったんで、毎晩毎晩お経を習いに行くが、和尚さんがいくら教えても、お経がむずかしいんか、おばあさんの覚えが悪いんか、ちっとも覚えられん。和尚さんはあほらしゅうなって、

「これほどに教えてやってもこのばばあは一口も覚えることをせん。行燈《あんどん》の油だってもったいねえわい。いっそ火を細うにしてやれ」

と、行燈《あんどん》の芯をつぼめたげな。

暗うなったら、ねずみがちょろちょろっと出て来たもんだから、和尚さんは、そうだ、こいつをでたらめに言うてやれ、と思うて、

「ああ、寝たとて出たか、寝たとて出たか」(寝たと思って)

お経の調子で唱えたそうな。おばあさんも、そのあとから、

「ああ、寝たとて出たか、寝たとて出たか」

いうてついて言った。すると、ねずみがちょっと止まったそうな。

「ああ、つくばんだ、つくばんだ」(うずくまった)。

ねずみがはっとして、あっち、こっち、きょときょと見回したら、すぐ、

「あっち向き、こっち向き」

言っただって。ねずみは賢いもんだから、これは誰かおるわいと知って、どんどん逃げだした。

「逃げるとて逃がさんぞ。逃げるとて逃がさんぞ」。

和尚さんが言うとおりをおばあさんが口真似しとったが、ねずみもいなくなったことだし、眠とうなったし、和尚さんは、

「今夜はこれだけでしまいじゃ」

いうて、おばあさんを帰らせただって。おばあさんは夜道を帰りながら、覚えたばかりのお経を何度も唱えてみた。「今夜のお経は、覚えようて《（覚えやすくて）》良かった。ひとつも難しうなかった」いうて寝床にはいってからも、また、ねずみのお経を唱えてみただって。

ところでその晩、泥棒がおばあさんの家に忍びこんだそうな。眠っているのをこれ幸いと、泥棒は目ぼしい品物を大ぶろしきに包みこんで背負うたそうな。そしたら不意に、

「ああ、寝たとて出たか、寝たとて出たか」

と、おばあさんの寝言《ねごと》が聞こえてきた。泥棒はおびえて、へなへなとしゃがんだだって。

「ああ、つくばんだ、つくばんだ」。

泥棒は、どこから聞こえる声だろうかと、あたりをきろきろ見回したげな。

「あっち向き、こっち向き」

ああ、これは見られとる。じゃがこの荷物だけは惜しいのうと、背負うて逃げかけたら、

「逃げるとて逃がさんぞ。逃げるとて逃がさんぞ」

と、またおばあさんのお経が追いかけて来た。これはとても盗《と》るどころじゃねえぞ、つかまえられたら大事《おおごと》じゃと、泥棒は、荷物を放ったらかし、尻に帆《ほ》かけてとんで逃げたと。

――鳥取県日野郡――

＊解 説

「ねずみ経」は読経の言葉をたくみに語ったとき、楽しさがまさる昔話だ。もともと座頭が持ち運んだ笑話の一つであろう。けがの功名というテーマも、座頭のような旅の芸人にふさわしい気がする。おばあさんの背景には、怠け者・愚か者の影があり、そんな一見水準以下の者が思わぬ成功をするところが昔話と言える。〔IT九〇一A「念仏と泥棒―鼠經型」〕

取り付こうか、引っ付こうか

とんと昔のそのむかし、おじいさんがある日、山へ木を樵《こ》りに行ってな、カッチン、カッチン切りよったらなあ、日が暮れてきた。そうしたら山の中から、

「取り付こうか、引っ付こうか」

いう声が聞こえてくるげな。おじいさんは、ああ、気味のわるいことではある、と思ったけれども、知らぬ顔して、カッチン、カッチン切りよった。するとまた、「取り付こうか、引っ付こうか」いうから、ま、恐れることはないと思って、

「取り付きたきゃあ《取り付きたければ》、取り付け。引っ付きたきゃあ、引っ付け」

言うた。言うたところがからだが重《おも》とう重とうなってきたと。まあ、こりゃおかしなことじゃ。何が引っ付いただろうか、歩くこともできんほど重たいがひとつばあさんに取ってもらおう、思うて、

「ああどっこいしょ、どっこいしょ、どっこいしょ」とやっとこさで帰って来て言うことには、

「山でなあ、カッチン、カッチン木を樵りょうると、『取り付こうか、引っ付こうか』と言うた。そいつが言うがたびに、わしが、『取り付きたきゃあ、取り付け。引っ付きたきゃあ、引っ付け』言うたら、何か知らんが、こげに《こんなに》たくさん付いたが、まあ見てくれ」。

へえで《それで》帯をといて見たところが、小判がいっぱい体に引っ付いとる。

「まあ、こげなええ物が引っ付いて、よかったのう、おじいさん」

言うて二人で喜んでその小判をむしり取ったって。

ところがとなりの欲深じいさんがそれを聞いて、けなりゅうて《うらやましくて》たまらん。おれも、どうでもひとつええことになっちゃろうと思うて、あくる日、雨が降るのに山へ行った。カッチン、カッチン切

りよったが、何も言わん。けえども辛抱《しんぼう》してやりよったところが、日が暮れるようになって、よう《（やっと）》よう、

「取り付こうか、引っ付こうか」

と言いだしたと。こりゃあええと思うから、

「取り付きたきゃあ、取り付け。引っ付きたきゃあ、引っ付け」

と言い返した。すると、ほんに体が重とう重とうなってきた。こりゃ、まあごつい小判が引っ付いたぞ。一枚でも落としちゃあならん思うて、そろりそろり歩いてもどった。

「ばあさんや、まあ見てくれ。わしにも重たいほど引っ付いたで」。

　それから帯を解こうとしてみたが、松やにがいっぱい付いて、着物が脱げも解《と》けもせんそうな。

「まあ、こっちへ来《き》んせえ」、おじいさんを灯《ひ》のそばへ連れて来て、よくよく見たらば、松やにだけじゃあない、松やにの上に蛇やらみみずみたいなもんやら、柴もたくさん付いとる。

「こりゃあ、じいさんや、柴も付いちょれば、生きたものも下がっちょる。汚《きたの》うもある、うるそうもある、よけようにもよけられん《（取ろうにも取れない）》。まあ、火をたいて松やにをとかそう」。

　そこでおばあさんが、いろりにぼんぼん火をたいて、じいさんの背中をあぶり、腹をあぶり、あっちこっちあぶりょうた。ところが松やにの油気《あぶらけ》に火が寄って来て、ボッと燃えついてしまった。

「やれ、こりゃあ」と言うまもない。からだじゅう火だるまになって、とうとう命が果てたげな。

もうすべったり、鍋《なべ》の蓋《ふた》。

――山口県長門市――

＊解説

単純素朴なこの昔話は、幼な子と敬虔《けいけん》な遠国《おんごく》の人士に愛されてきた。「とり付こうか云々」の声を鳥の声とする伝承が、古い本来の姿であろう。鳥は呪力を備え、冥界《めいかい》と人界とをとり結んだ。〔IT一〇四「とり付くひっ付く」〕

絵《え》姿《すがた》女房

なんとむかしがあったげな。

むかしあるところに、とっても器量よしの娘があったげな。山の木こりがその娘を好いて、嫁にほしい、ほしいと恋いこがれておったが、とうとういっしょになれたそうな。

あんまり気に入ったんで、どうしても離れることができん。山へも行かず女房の顔ばかり眺めておった。女房は心配して、「これじゃあ困る。いまに飯も食えなくなるがな。わしにそのままの絵を描いたげるけえ、それを持って山へ行きなはい」と、紙を出してさらさらと、自分の顔を、ほんに上手《じょうず》に、まるで口でもきくかと思うほど生き写しに描いたそうな。男は喜んでそれを山へ持って行った。木を切るそばへ置いて、切っちゃあ見、切っちゃあ見しよったと。

そこへ大きな大風が吹いてきて、絵姿を吹き飛ばしたと。飛ばしたも飛ばしたも、京のお殿さまのお城まで飛ばしてしもうたそうな。

男は、しょげかえって考えこんだ。

「まあ惜しいことをした。ほんにこ(こんな)がなええ女房があると知ったら、誰が盗みに来るやらわからん。じっとしておれん。これから女房を負《お》うてどこかよその方へ連れて逃げるとしょう」。

木こりは、そう決《き》めて家に帰ると、驚く女房を負うて家を出たげな。逃げて逃げて、ある日、千田林《せんだばやし》という所を通っておると、林には栗がいっぱい落ちとった。惜しいことだ、これだけの栗を拾わずにおらりょうかと、女房をおろして、思わず栗を拾って先へ先へと行ってしもうたげな。

ところで京の殿さまは、家来が拾うて来た女の絵姿を見て、さっそく、こう言いつけたげな。

「こがなええ女があるんなら、ぜひとも連れてこい。わしの女房にする」。

そこで家来はみんながかりで、絵姿を持って、あっちやこっちを探し歩いとった。ちょうど千田林まで来た時に、絵姿そのままの女が座っとったから、「おお、これだ、これだ。まあほんに、世の中にこげな《こんな》ええ女房がよくもあったことじゃ」と殿さまの家来は、女房をいやおうなしにつかまえて馬に乗せ、ダラッコ、ダラッコ馳《は》せてしもうたげな。

男が、そうじゃ、大事な女房を一人で置いといたのう、と気づいて引き返してみれば、姿が見えん。ああ、栗なんぞ拾うんじゃなかった、それにしても、どこぞにいるに違いない、何とかして尋ねて行こうと、あっちこっち探すうちに、京の殿さまの御殿に行っとるらしいちゅう噂《うわさ》を聞いた。

男は物売りになっても京へ上りたいと思って、ほうろく茶釜をぎょうさん買って、はるばると京の御殿を尋ねてたどり着いたげな。やっと門の中へ入れてもらうと、ほうろく売りは、山できたえたいいのどでこう歌った。

　ほうろくや　ほうろくや
　千田《せんだ》んお山で　妻こ《妻の意》を取られて
　ほうろくや

中の女房は、いとしい夫の歌声を聞いてにっこり笑うた。笑い顔ひとつ見せたことのない女房が初めて笑うたもんじゃけえ、殿さまは「よし」と膝を叩いて、わしもほうろく売りになって女房を笑わせてみたいもんじゃと、ほうろく屋を呼び入れて衣装を取りかえたげな。殿さまは汚い着物で、「ほうろくや、ほうろくや」と呼んで回りなはった。晩が来てもまだくり返しておったげな。

門番は門をしめねばならんので、

「こやつ、ほうろく売りめ、汚げななり《身なり》をして御殿へはいりこんで、やかましいわい」

と、殿さまとは知らずにつまみ出した。

殿さまが、なんぼう《いくら》、「わしは殿じゃ、わしは殿じゃ」言うても、聞いてもらえなんだと。

そうやって殿さまはほうろく売りになってしまうし、木こりであった男は殿さまになって、好いた女房と一代ええ暮らしをしたげな。

むかしこっぽり。

——鳥取県日野郡——

＊解説

「絵姿女房」の後半は、ほうろくや桃などの物売り型と、殿様が難題を出すが女房の知恵で解き逃れる型とがある。いずれにしても、愛妻一筋でほれほうけたような夫は、愚か聟の系統を引いておろう。その笑われ役が殿さまに感染して笑話となることも多い。「千田林」はこの話にふしぎとよく出る名である。中国大陸に瓜二つの昔話が広まってあり、日中人民の心のかよいを示す一例と言える。（IT二一七B「絵姿女房——物売り型」）

猫《ねこ》檀《だん》家《か》

むかし、あるところに大変貧乏な寺があったんよのう。和尚さんがたった一人でさびしいもんで、三毛《みけ》の猫を一ぴき飼っておいでた。自分の子のようにして大事にされたから、長生きして相当な年寄り猫になったげな。

ある時、和尚さんが檀家の法事に行って、晩に暗《くろ》うなってから帰ってきたら、いつも静かなお寺の中から、にぎやかな声がする。どうもふしぎなことじゃと、そっとのぞいてみたら、三毛猫が、えらい大けな猫になって、踊っとったそうな。それが、あきれたことに和尚さんの衣《ころも》を着て、けさまでかけているがな。そいつを、またぎょうさん（たくさんの）の猫が見物しょうるそうな。「はてさて、猫をあんまり久しゅう飼うと化け猫になるちゅうて聞いとったが、うちの三毛猫も化けだしたか」と思うて、和尚さんは、「えへん」と咳《せき》ばらい一つしてから、「三毛や、いま帰ったで」とガラリと戸をあけた。猫は、和尚さんはまだもどらんと思うとったもんじゃろう、びっくりして和尚さんの足にとりついて甘えるようにしたが、和尚さんは、さっと奥へはいって寝てしもうたんよ。

夜もふけてから、「和尚さん、和尚さん」言うて、何やらふとんの衿《えり》をひっ張る者がおる。「夜なかに何ですかい」と和尚さんが起きあがってみたら、「三毛です」いうて、ものを言うそうな。「和尚さん、私はここで長年飼ってもろうて、とうとう化けるような年になってしまいました。今日は和尚さんに見破られてしもうたんで、もうおれんようになりました。明日にでも暇《ひま》を下《くだ》さりませえ」

と言うて頼んだと。

「いや、わしはかまわんがの、お前が『出て行く』言うなら止めはせん」

そう言って猫を下がらせた。「今になってみれば、おかしな事があったわい。朝起きて、お勤めをしょうと衣を取ってみりゃあ、裾《すそ》の方が濡《ぬ》れとる。どうして濡れたかいのと思うてもそれぎりで気にとめなんだが、ほんに三毛のやつめがやりおったな」。明日は別れかと思うと、和尚さんは猫のことばかり思われてなかなか寝つかれなかったと。

夜が明けると和尚さんは一升飯をたいて、かつお節をしっかりかけて猫に腹いっぱい食わせてやった。

「そんなら三毛や、どこへなと行って、もろうて食えや」

いうて言い渡すと、三毛は、じっと和尚さんの顔を見てから出て行ったが、門のところで振り向いてニャアニャア鳴いたそうな。

それから十日ばかりたってから、だいぶん離れたところの大分限者《おおぶげんしゃ》のおじいさんが死なれたと。そこで葬式を出しかけたら、大夕立が来て、曇るがな、降るがな、ドンドロドンドロ鳴るがなして、どうしてもお棺が出せん。また、日を変えて、ほかの寺の坊さんまで頼んで、さあ野辺《のべ》の送りをしょうとするが、やっぱり、鳴神《なるかみ》さんが鳴るやら風が吹き荒れるやら、どだい《（全く）》葬式ができん。仏さんを五日も六日も置いとるんで、親族一同困り果てとった。

さて、出て行った三毛猫が、元の寺へ来て言うことには、

「和尚さんにいままでかわいがってもろうた恩返しをしたいと思うて、顔を出しました。これこれで、ある分限者の隠居が死なれたが、葬式がすまんで弱っとる。和尚さんが行かれりゃあ、必ずできるようにするけえ、ちいと《（少し）》遠いけえど、『わしに葬式をさしてくれ』言うて尋ねて行ってくださいや」。

和尚さんは、かわいがってやった猫の言うことだ、聞いてみようかと思うて、こしらえして尋ねて行ったそうな。門を叩いて猫が言ったとおりのことを言うと、分限者の家の衆は、えらい坊さんが大勢寄っても葬式が出せんのに、こがな貧相な坊主に何ができようにいと、腹では思うたが、「しちゃる」言うもんじゃけえ頼んでみた。

和尚さんが読経を始めたら、ほんまに天気がころっと変わって、結構な葬式ができた。「あの和尚は大したもんよ」と、遠方まで評判になったと。

分限者は大喜びして、しっかりお礼を持って来た。和尚さんは年をとる、あとへはいる者は無し、はやどん底まで落ちぶれておった寺が、それからは立ち直って、立派《りっぱ》にやっていけるようになったんよ。

むかしかっぷり、どうらんけっちり、こちゃいたい。

――広島県比婆郡――

＊解　説

老い猫が化けるという古くからの言い伝えが、「動物の報恩」という昔話の類型の中で育ったものである。各地の寺に「猫の山門」とか「猫寺」などと呼ばれるものが少なくなく、しばしば伝説の形をとる。僧が説教のあいまにはさんで語った昔話の一つでもあったろう。〔IT三八六「猫檀家」〕

朝日長者と夕日長者

むかし、あるところにな、朝日長者という大けな長者があったそうだわい。

きろ松という男の子があって、ええ暮らしをしとられたが、お母さんは、きろ松を残して若死にをしなはった。そこで後妻《ごさい》さんをもらったが、また男の子ができたってな。こんどのお母さんは、自分の産んだ子ばかりがかわいいので、「困ったことだ。きろ松があるばっかりに、わしのほんの《（実の）》子に、村一番のこの長者の跡を継がせることができんが」と、そのことばかりくよくよと考えているうちに、とうとう寝ついてしまいなはった。いくらお医者にかけても治《なお》らんので、ある時、評判の高い占い師にみてもろうた。すると、

「これはきろ松あって《（きろ松がいるための）》の病《やまい》だから、きろ松の生き肝を飲ませんことには治らん」て言われた。

旦那《だんな》さんは、しんそこ困ってしもうた。「きろ松を亡《な》い者にするのもかわいそうなし、そうかといって、このままこうしておって、また家内が死のうもんなら、母のない子が二人できることになる。また三度目の家内をもらうということもいけんが、いっそきろ松に死んでもらおうかい」。迷いに迷ったあげく、そういう気になったもんだから、旦那さんは手代《てだい》や男衆をこっそり呼び集めて頼んだそうな。

「なんと、家内はきろ松の生き肝を飲まにゃ、治らんそうなけ《（そうだから）》、芝居見に行くとか、何とか言ってきろ松を連れ出して、生き肝を取って来てくだされ」。

旦那さんの言いつけとあればどうしょうもねえ。重箱に芝居見物のごちそうをたんと詰《つ》めてきろ

松をさそった。

「きろ松《まつ》つあん、今日はみんな芝居見に行くで《(行くから)》、お前も行こうや」

「お前がたがみんな行くなら、おれもついて行こうかい」。

そこできろ松を駕籠《かご》へ乗せて家を出たそうな。男衆はまるでお弔《とむら》いのような顔をして山の奥まで上がって行った。ここらでよかろうと駕籠をおろすと、手代がやっと話し始めた。

「きろ松つあん、芝居見に行くなんて言ってお前をだましたけれども、実《じつ》のところを言えば、お母さんがお前の生き肝を飲まにゃ治んなはらんちゅうことで、お前をかたいで出たのだ。おれたちも、さながら《(全くのところ)》お前を手にかけることは大儀《たいぎ》ながら、お前は、ずんと歩いて逃げてくだはらんか。おれたちゃ大勢おることだけえ、猿ないと《(なりと)》狐ないと、何ないとけものをつかまえて、生き肝取って去《い》ぬるけ」

「そうだろうの。家の中に病人がある時に、芝居見なぞ、どうもおかしいと思うとったわい。お前らがそう言ってくれるなら、歩いてみようかい」。

そこで別れて、きろ松は、山を反対側へずんずん下って行きなはった。あとの衆は、「ほいほいほいほい」大きな声をして山を歩いとったら猿が出て来たので、うまい具合に生けどりにして、生き肝を取ってもどった。

「やれやれ、いまやっときろ松つあんの生き肝を取って来た」

手代が何くわぬ顔で旦那さんをだますと、

「きろ松を連れ出すと、はやちょっと、あれの加減が良うなったわい」

て旦那が言われた。さてそれから、取って来た猿の生き肝でも飲ませたことだろうぞ《（ことだろうよ）》い。


きろ松の方は、どんどん歩いておったら、にわかに、ずっぷりと日が暮れてしもうた。昼から夕方までにはまだ半分ほどたっただけだと思うのに、前にも進めず、後《あと》帰りもできないようになったと。きろ松のすぐそばに新しい墓があるのだけが、夜目《よめ》にもはっきりと見えたそうな。きろ松は、

「暮れて動かれんけ、この仏さん、一宿《いっしゅく》宿を貸してくだされ、よう」

と頼んで、きょうといきょうとい《（こわいこわいと）》と思いながらも、墓の門《かど》へ寝ておった。寝ておったところが、やにわに《（にわかに）》墓がぐらぐら動きだした。

「やあれ、情けなや。今日までの寿命であったか。なら《（では）》、いっそあれたちの手にかかって死んでしまった方がよかったか」と思うておると、とうとう墓石が倒れた。そうして白い着物をきた者がばろんと出て来た。

「きろ松か、きろ松か」

て言うそうな。「はい」と答えると、

「わしはお前の母だわいや。わしが死んだらこそなあ、幼いお前が難儀《なんぎ》をするのだが、紅《くれない》という扇《おうぎ》をやるけえな、ひもじければ天に向かって、『ふちかた《（食べもの）》を授けてくだされ』と言うて招くがええ。寒けりゃあ、『衣服を授けてくだされ』言うてこの扇で招けば着るもんがおりてくる。こりょう持っ

てさえおりゃあ、難儀ゅうせんけえなあ」
て言われた。「ああ、母に会えたか」と思うまに、白い着物姿はぽっかり消えて、あたりは霧がはれるように晴れやかになった。ちょうど先ほどと同じお天とうさまの高さで、暮れるにはまだ間《ま》があったそうな。

きろ松は扇を大事にしまって歩きつづけていると、初めて見る村里へ出た。ちょうどわが家のような大きな長者の邸の前を通りかかったそうな。「いっそ、ここで身を落として使ってもらおうかい」という気になって、頭を下げて頼んでみた。

「駄飼《だか》い子(牧童)にないと置いてくださらんか。牛でも馬でもお世話させてもらいますけえ」

「ま、ここへはいらしてみい」

と手代が言うて旦那に会わせてくれた。

「ていねいげなええ子だ。置いたれや」

旦那さんの言葉で、とうとうそのうちで働くことになった。上の人の言うことを素直に聞いて、裏表なしによう働いたが、

「お前は何ちゅう(どういう)名前だ」

と聞かれると、

「おれのような者に名前はありはせんがな。世話をやいて(よく働いて)、駄飼《だか》いするけえ、『だか』って呼んで

くだされ」

と笑ってすませたと。長者の家で、「だかや、だかや」と重宝《ちょうほう》がられて暮らしているうちに、背丈《せたけ》も伸びて、一人前の若い衆になったそうな。

ある日長者の近くの町で遷宮《せんぐう》があった。遷宮といえば、いい本殿ができた時にお宮さんの本体をお入れする、つまり『宮うつし』のお祭りのことだが、

「またとない遷宮だ。みんな参ろうや」

て言うて、旦那さんをはじめ、男衆も女子衆《おなご》も、家中の人がみんなきれいにめかして参られた。ただ、お嬢さんがひとり、

「若い者は、またということもあるから」

と言われて留守番をしなはった。だかも、「おれのような者が参ったって、しょうがない」と思って残っておったが、ふいと、「ほんに『遷宮だ、遷宮だ』言うて、みんながあれほど喜んで出て行ったが、おれも参ってみゅかい」という気になったので、湯にはいってふだんの垢《あか》をすり落とすと、月代《さかやき》も青々と剃《そ》りあげて門を出た。そして紅《くれない》の扇を取り出し、空を仰いで、

「授けてくだされ、衣服、大小、龍の駒」

て言いながら、扇で招いた。すると、まだ見たこともない立派な馬が、雲を蹴っておりてきた。背中には衣服や大小の刀を負うている。だかは、門の内で、みごとに身ごしらえをすると大小の刀を

差して、ひらっと馬にとび乗った。お嬢さんは、「はて、馬の音がしたが、まあ誰だろう。家には誰もおらんはずだが」と、障子を開けて、きろ松の出て行く姿をちょいと見なはった。

　龍の駒は、街道行くにも、ちゃんちゃんと立派に歩く。道を行く人たちが、

「あれ、あれ。どこの若殿さんだろうか。いかさま《（本当に）》立派なもんだ。あれが龍の駒ちゅうもんだろうか」

て見とれている中を、龍の駒は階段《きざはし》でもしゃんしゃんと上がって行った。きろ松は脇見《わきみ》もしないでお宮を拝むと、まっすぐ家に帰って、いつものだかにもどっておった。お祭りからもどって来る人たちは、

「まあ、今日は珍しいもんを見たとみい《（見たことよ）》」

「だかよ、お前も参りゃあ良かったのに」

「ふん、どんなものを見ただ」

「どこの若殿さんか知らんけど、まことに立派なお人がお参りしなはった」

「男でもほれつくような男ぶりだ。乗っとる馬の見事《みごと》なこと、あれが龍の駒ちゅうもんだろう」。

だかは、「ええ《（よい）》もん見なはったのう」と知らん顔で相槌《あいづち》を打ったが、もどる者がもどるごとに同じことを言うて聞かせたってな。

　さて、家の奥の方では、お嬢さんが具合が悪うなって寝込んでしまわれた。何日たっても、枕か

ら頭が上がらんと。医者にみせてもさっぱりききめがないんで、易者を呼んでみてもろうたら、

「これは、にわ《（土間で働く者）》の者が目について、そのための気病《きや》みだから、にわにおる者をみな座敷へ上げて、お嬢さんの好《す》いとる人を見つけるのが一番じゃ」

て言うのだ。さあ、大きな長者のことだから大勢の男衆を座敷に寄せた。

「だかや、お前も上がれや」

「おれのような者が上がってもいけんけえ《（いけないから）》」

と、だかだけが、ぼちぼち仕事をしとった。それから親御さんは、娘を起こして銚子《ちょうし》と盃を持たせると、治ってもらいたい一心で、

「お嬢や、お前が盃を差した者をうちの聟にしよう」

と言わはった。お嬢さんはうなずいて床を出て行くと、男衆を集めた部屋のふすまをさらりと開けたが、

「まんだ《（まだ）》揃わんぞ」

と一言《ひとこと》いっただけでピチャンとしめて逃げてしまった。

「『まんだ揃わん』て言われた」

「ほんならだかが残っとる。あれも男のうちだわい」

ちゅうわけで、だかを加えてから、も一度お嬢さんを呼びに行ったら、今度はまっすぐ進み出て、

だかに盃を差しなはったってな。

「なら《(では)》、これが聟だ」

旦那さんが大きな声で言われると、手代などは、「だかのような者がこの家の聟だなんて」とひそひそ笑っただ。

「だかが聟と決まったからには、聟入りごしらえさせんならんのう」

旦那さんの言葉に、だかはきっぱりこう言っただって。

「私もこちらの聟へ《(聟に)》なるとなりゃあ、聟入りごしらえはいたします」

「お前が持っとるほどのこしらえで、この家の聟にはなれんわい」。

だかは、それには答えずに、門の外へ走り出ると、空を仰いで、

「衣服、大小、龍の駒、聟入りごしらえ授けてくだされ」

て言いながら、紅《くれない》の扇で招いたから、荷物を負うた馬があとからあとから、雲を蹴っておりてきたそうだ。だかは、ええこしらえをして、大小を差して龍の駒へ乗り、荷物をつけた馬をたくさん従えて聟入りしなはったそうだわい。

馬に乗ってはいってくる人を見れば、なんとまあ、遷宮の日の若殿さんではないか。家中の者は、おどろいて、「これがだかだろうか」と騒ぎたてた。旦那さんは、

「ほう、こなたはどがな人の子だろうか。いかさま通力《つうりき》のかなうお人だ、ただの人ではあるまい。

うちのお嬢が目にかけたはずだ」

と感じ入った。だかが言うことには、

「いや、私は朝日長者の長男にうまれたきろ松という者、母が死んで難儀な目に会い、駄飼いの姿でいままで世に隠れておった者だ」。

そうであったかと長者は喜んで、扇を持って、

「夕日長者が、朝日長者を聟にとる」

て歌いながら、舞をまわれたそうな。ただうれしゅうてうれしゅうて、いつまでも舞われたそうな。

それ、こっぽり。


——鳥取県東伯郡——

＊解　説

原話の語り手、谷口はつ媼（明治十年生まれ）は伯耆大山北麓の最古老の語り女《め》であった。方言でしか話せない媼の、よどみない語りにあいづちを打ちながら、いつしか今の世に生きていることを忘れるほどであった。はつ媼はこの話を「きろ松さんの話」と呼んだ。自分の生年もさだかには覚えぬはつ媼にとって、きろ松は多分実在の人以上の分身であろう。〔IT一八一「灰坊」〕

狼の眉《まゆ》毛《げ》

むかしあるところにひどい貧乏人があったんじゃそうな。情けない話であるが、その貧乏人は隣の金持の家へ行って毎朝鍋を借してもろうてきてはお茶を入れてこすって、その洗いかすを飲んでおったと。

ところがある時、金持の男にそいつを見られてしもうた。もう鍋を貸してもらうことはできん。自分のような者は、生きとる甲斐が無《な》あ。いっそのこと狼に食われて死んでしまった方がええと思うて、真夜中になると狼の出る山へ上がって行った。

そこへつっ伏して、

「狼ども、食うてくだされ」

いうて、大きな声で言うたら、狼が北から、ゴソン、ゴソンと音をたててやって来たけえど、どうしたことか顔を出さんのだと。

「どうぞ恐れずに来て食うてくだされ、早よう、早よう」

と叫ぶと、こんどは東からもやって来たが、やっぱり顔を出さんのじゃそうな。次には西からゴソン、ゴソンと音をたてて来て、こいつだけは貧乏人のそばへ寄って来たそうな。そして言うことには、

「なんぼう『食え、食え』言うたって、ここにはお前を食う狼はおらん、お前は去《い》ね。お前は真人《ま》間じゃ。狼にはそれがようわかるんじゃ。お前に狼の眉毛《まゆげ》をやろう。これがあれば決してひもじい目に会うことはない」。

それから自分の眉毛を引き抜いてくれて、また山の奥へ帰って行った。

あけの日、貧乏人が山をおりてどんどん歩いて知らない村へ出たところが、そこは田植えの最中じゃったそうな。男が狼の眉毛をかざして見てみれば、たくさんおる早乙女《さおとめ》がみんないろいろさまざまの動物なんじゃ。猫やら鶏やら山犬やら、からだは人間でも首から上は犬だったりする。いまさらながら、真人間はめったにおるもんではねえなあ、とあきれておると、田の持主の旦那さんがやって来て、「何を見よるんか」言うから、今までのことを聞かせたら、田の主は「わしにもちょっと狼の眉毛を貸してくれ」と言うた。「いや、狼が、『どんなことがあっても人の手に渡しちゃあいけん』と言うたんじゃけえ、貸してあげられん」いうて断ったら、主人は、「どうでもちょっと寄ってくれ」と言うて、自分の家へ貧乏人を連れて行った。見れば立派な家屋敷じゃそうな。旦那は、「わしはもう隠居したいと思うておる。お前はほんとうの人間じゃいうことがわかったけえ、この

家の跡を継いでもらう気になったんじゃ。ぜひこの申し出を受けてくれえ」

いうて言うんじゃそうな。そこまで見込まれたもんじゃけえ、貧乏人はその申し出を受けて大家の跡取りにおさまったんじゃてえ。せえで、狼の言うたとおり、ひもじい思いをせんこうに一生暮らしたんじゃと。

昔こっぷり。


——広島県双三《ふたみ》郡——

＊解　説

狼は『万葉集』で「大口《おおくち》の真神《まかみ》」と畏敬《いけい》されている。その信仰はいまに続いて神として祭るところも多い。狼は霊力を備え、人を守ってくれるとする。峠越しに一人旅した者が送り狼に守られて、一命を拾った経験譚は、古老がよくするところだ。この話は狼が与えた呪宝の霊験あらたかな話である。〔IT一〇九「狼のまつ毛」〕

五《ご》分《ぶ》次郎

むかし、子なしのじいさんとばあさんがあったそうな。ばあさんは毎日観音堂に参って、「どうぞ子どもを授けて下さい」と拝んでおったいうて。三七、二十一日拝んだ時に、ひょいと見ると、ばあさんの右手の中指の腹がぷっくりふくれてきた。「ありゃ、こがなところがふくれておかしなことだ」というので、指の腹をちょっと切ったら、小さい子どもがココンととんで出たそうな。「ありゃ、何だか小《こ》まい子が生まれたぞ。うれしいことだのう。観音さまが授けて下された子だ。大事に大きゅうしょうのう」。

じいさんとばあさんは喜んだそうな。

何しろ指の腹におった子だもんで、背の高さは五分《ごぶ》(十五ミリ)ぐらいしかない。そこで五分次郎と名を付けたという。さあ、それからは、五分次郎が、じいさんとばあさんの肩に上がったり手のひらに乗ったりしてはねまわるんで、いっぺんに明るい家になったと。それにしても背が伸びん。

「五分次郎よ、飯《まま》食え。魚《とと》がうまいぞ」と、ごちそうならまっ先に食べさせるようにして育てたが、

いつまでたっても生まれた時のままだ。それでも人並みに知恵がついてきた。二十年たったある日のこと、五分次郎は、こう言うたそうな。

「おじいさん、おばあさん、わしは魚売りをして二人を養うてあげるで。そいで初めの仕入れの金だけ出しておくれえ」

お金は三文《もん》出してもろうて、いわしを三びき買《こ》うて、背中に縦負《たてお》いにして売りに歩いた。大きな長者の家に行ったら、

「ひさしぶりにいわし売りが来た。ちっと《（少し）》いわしをくれんか」

と女子衆《おなご》が籠を持って出て来たが、どこにも魚売りらしい姿が見えん。

「どこへおるんなら、見えりゃあせんが」

「ここへおります」

声のする方をよくよく見たら、下駄《げた》の歯の下か

ら、いわしを負うた小さいもんが出て来たと。

「まあ、これがまあ、魚商人《さかなあきんど》だと」

言うて、つまんで手のひらに乗せて、つくづくと見ておったら、小さいもんが言うそうな。

「わしはもう、とても山坂越えて帰れんから、ここへ泊めて下さい。わが《（自分の）》弁当は持っとるけえ《（から）》」

「泊まったらええわ。お前みたいな小さい者なら、何人でも泊められるぞな」

そこで長者の家に泊めてもらうと、弁当のいりこ《（はったい粉）》をこねてちょっこり食べて夕飯にした。夜になってみんなが寝静まると、いりこの食べさしを持って、そっと娘の部屋に忍びこんだ。長者には、花が咲いたようなきれいな娘が三人おったそうなが、その娘の口のはたにいりこを塗りつけておいた。

あくる朝、お母さんが起き出して、おくどに火をたきつけようとすると、五分次郎が、庭でクスンクスン泣いておる。

「あんた、朝っぱらからなして《（どうして）》泣きなさりゃあな」

「お嬢さんが、わしの弁当のいりこをみんな食べてしもうたあ」。

まさか家の娘にかぎって、そんなことをするはずはないがなあと、首をかしげながら娘の部屋《へや》にはいってみると、あろうことか、娘は口のはたにいりこをくっ付けて寝とるのじゃ。

「まあ、すまんことじゃ。いりこをたくさん挽《ひ》いて返すけえ、こらえて《（許してください）》つかあさい」

「大きないりこは、のどへつかえてよう食べん」

「小さいのを挽いたげるからこらえておくれ」

「小さいのは、あごに付いてよう食べん」

「ほんなら、どない《（どう）》したらこらえなさりゃあ」

言うて聞いたら、

「お宅《たく》のお嬢さんを一人自分の嫁にしてくれるならこらえます」。

　困ったことだ、情けないことだが、できたことは仕方がないと、お母さんは考えたふうで、娘に話したそうな。するとなあ、上の娘二人は「あがな指にも足らんような者のとこへよういかん」いうて断ったけえど、末の娘が、

「どうしてもこの家の娘がほしいと見込まれたんなら、行きましょう」

言うて承知してくれた。

　そこで長者の末娘は五分次郎の嫁御になって、聟さんの家へ行くことになったが、道がはかどらんもんだけえ、五分次郎をたもとへ入れて、ずんずん歩いて行った。歩いて行くうちに、ある家の前を通りかかると、門に馬がつないであって、ニーンと鳴いとるそうな。五分次郎がそれを聞いて、

「ちょっとまあ、馬が見たい」

と言いだした。嫁御がたもとから出してやって、「そら見てみ」と笹の葉にとまらせて見せておったら、馬が首をのばして、笹ごと、シャッピリシャッピリ食べてしまった。

「まあ困ったことをした。家が作州(美作国)にあるとは聞いたが、わたしの聟さんの家はどこならや」。思案しておるところへ馬がボタボタ糞《うんこ》を落としはじめて、五分次郎を出してくれた。

「ああよかった。二度とあんな危ないところへ行っちゃあいけんで」

いうてな、きれいに水で洗うてもろうて、新嫁《しんよめ》さんといっしょに家にたどり着いた。親衆は、びっくりするやらうれしいやら、

「もったいないような嫁御が来てくれたもんだ。二人で金毘羅《こんぴら》さんに参ってこい」

言うてくれた。

それでまた五分次郎と嫁御は四国へ向けて旅に出た。舟に乗って海へ出たところが、五分次郎が喜んで、

「大きな魚が見える、見える」

言うて舟端《ふなばた》を後先《あとさき》へ後先へちょろちょろとび回りょうたら、つい足を踏みはずして、海へぴょんと落ちてしまった。そこへ大きな魚が来て、五分次郎をかっぷりと飲みこんだそうな。

「ありゃ、かわいいこと(かわいそうな)をした。今度ばかりは助かるまい」。

嫁御は、がっくり力を落としたが、せっかくここまで来たのだから一人でも金毘羅さんに参って帰ろうと思うて、宿に泊まったそうな。宿の主人は、その時大きな鯛《たい》を買うたところで、料理にとりかかった。すると鯛が、

「包丁、危ない。包丁、危ない」

と叫んで、まな板の上で跳《は》ねはじめた。

「おかしな鯛もあるもんだ。ものを言う魚は初めてだ」

たちまち宿の中じゅうがその話でもちきりになったそうな。嫁御はそれを聞きつけて料理場へとんで行った。「自分の主人は、こうこうの者だが、海に落ちて大きな魚に飲まれたでなあ、腹を薄うに切ってくれんか」と頼んだそうな。そおっと切ってみると、はたして五分次郎が、「ああ、助かった、助かった」ととんで出て来たいうて。


さて二人そろって仲良う金毘羅参りをすまして帰っておった。山の中で日が暮れたと思ったら、やっと一軒屋が見つかったそうな。「もしもし今晩一晩泊めてつかあさんか」言うて頼んだら、おばあさんが出て来て「ここは鬼の家でな。世話あないか」言うそうな。そこへ鬼がガヤガヤと帰って来たそうな。嫁御はひらりと瓶《かめ》の中に隠れ、五分次郎は柱の穴にひそんだと。


鬼はもどったかと思うと、「ばあさん、人影花が咲あとる。人が来たな」いうて怒って、そこら中を探し回ったけえど、よう見つけん。「ふしぎな夜だなあ。まあ、すもうを取ろう」言うて、大きな体をぶつけあって、でんでんとすもうを始めたそうな。五分次郎は柱の穴から見ておるうちに、面白うなって、

「やっちゃこい、やっちゃこい。ああ赤鬼が勝ったあ、ああ黒鬼が勝ったあ」

と、声をはりあげて行司をしたと。鬼どもはびっくりして、あっちこっちぎろぎろ見回したけえど、誰もおらん。

「今夜はなんともふしぎな、きょうとい《（恐ろしい）》晩だ。こうしてはおられんぜ」

と言うてわやわやと逃げてしまった。五分次郎と嫁御が出てみると、鬼は打出の小槌を忘れて行っとったそうな。

「おう、これはええ《（よい）》物があった。これでわしを叩いてくれ。『五尺三寸のええ男になれ』言うて叩いてくれ」

「つぶれてしまうけ、よう叩かん」。

嫁御が断っても五分次郎は「叩いてくれえ」言うて、きかん。とうとう、嫁御が「五尺三寸のええ男になあれ」いうて、ピシャッと叩いたら、本当に大けな好《え》え男になってな、二人は手をとり合って家にもどったと。じいさんとばあさんは、それはそれは喜んだそうな。

むかしこっぷり。

――岡山県真庭《まにわ》郡――

＊解説

柳田国男が「ちいさこ物語」と命名した話群の典型で、有名な一寸法師の名をさらに強調したのが五分次郎だろう。指や脛《すね》から異常な誕生をしたこの申し子は、波瀾に富んだ人生を生き抜いて、美女と富を手におさめ、みずからも完成する。五分次郎はうそつきで冒険心のかたまりだ。その上馬や魚の腹をくぐり抜けるこの話は、童話的ににぎやかに練られ成熟している。〔IT一三七B「一寸法師―狡猾者型」〕

文《ぶん》福《ぶく》茶《ちゃ》釜《がま》

なんと昔があったそうなわい。

むかし、じいさんとばあさんと二人おって、貧乏暮らしをしょうったと。ある年、節季《せっき》もさし迫って忙《いそが》しい日に、ばあさんが、

「じいさんや、今日は少しぬくいし、買物に行ってごせ（行っておくれ）」

って頼んだので、じいさんは町へ買物に行ってきたそうな。

ところが銭《ぜに》をほんの少し持っとるだけでは、ろくに買物もできんので、ああ、つまらんことだと、林の中を通り抜けてひょろひょろ帰って来よったら狸に出会うたと。すると狸は、

「じいさん、じいさん、えらい元気がないなあ」

と声をかけてきた。

「元気がないはずだわい。節季《せっき》が来ても金はないし、寒さは寒いし、困ったこったわい」

「なら《（では）》、おれがかんす《（茶釜）》に化けてあげるけえ、そいつをお寺の和尚さんに売りつけなせえ」

「ほんにそがな事ができるんかい」

「できるとも。まあ三両には売れるぜ」。

　狸がそう言うただけえ、じいさんもその気になって、二人はお寺の門までやって来た。すると狸は、くるっとひっくり返って、いいかんすに化けたと。どこから見ても立派なもんだ。じいさんはそいつを風呂敷に包んで、「ごめんくだせえ」とお寺へはいって行った。

「和尚さん、和尚さん、珍しいものを手に入れましたんで持って来ました。金《きん》のかんすですが買《こ》うてもらわりゃあせんだろうか」

「どれどれ、ちょっと見せてみい」。

　和尚さんは手にとって眺め回して、そのうえ指ではじいてみた。いい鳴音《なりね》がする。ゴーン。

「ほんにこれは大したもんだ。買うたろう。なんぼにするか」

「三両です」。

　まあ仕方がねえ、これだけいいもんなら高《たこ》うても当たり前だと、奥から三両を出して来て買《こ》うてくれた。

「小僧や、小僧や、今日の晩にはこのかんすで茶をわかして飲まいや。よく磨いて来い」

「へえ」。

そこで言いつけどおりに、くりへ運んで、ツッツカ、ツッツカ、たわしでこすっておったら、なんと、かんすがものを言うたと。

「小僧や、小僧や、そろそろ洗え、尻《しちべ》がはげるぞ」。

小僧はびっくりして和尚さんのところへとんで行った。

「和尚さん、和尚さん、かんすがものを言いました。『そろそろ洗え、尻《しちべ》がはげるぞ』って言いますが」

「うん、そりゃいいかんすだから、音が響いてそう聞こえるんじゃ。磨くのはもうそれぐらいにして湯をわかせ」

「へえ」と小僧が水を入れてくど《かまど》にかけ、火をたきつけると、

「小僧や、小僧や、熱いで《あついから》そろそろたけ。尻が焦げるぞ」

小僧はいよいよびっくりして、またひとっ走り。

「空耳《そらみみ》じゃありません。こんどは、『小僧や、小僧や、熱いでそろそろたけ。尻が焦げるぞ』って言います」

「まさかそがな事はあるめえ。もうたくのはやめて汲《く》むがええわい」

「はいっ」と台所へもどってみれば、かんすから、みるみるうちに、足が出る、手が出る、狸の尻

尾がはえる。「和尚さん、大変だ」と言うとるうちにほんとの狸になってしまって、ギャンギャン鳴き鳴き、山へとんで逃げたってな。

その昔こっぽり。

――鳥取県東伯郡――

*解説

動物の恩返しの話だが、たぬきや狐の化け話が面白いので、いまでは笑話に衣装変えしてしまった。中でも群馬県館林《たてばやし》の茂林《もりん》寺の伝説が有名で、狐よりもたぬきが活躍することが多い。江戸時代には赤本となって親しまれている。「ぶんぶく」とはもとは湯の煮えたつ擬音であろうか。〔IT三七〇「狸の茶釜」〕

嘘つきこん平《ぺい》

むかしむかしあったんじゃげな。

むかしこのあたりに大分限者《おおぶげんしゃ》があったんじゃ。大分限者いえば、銭《ぜに》も物も、山や田畑もしっかり持っとる者のことよ。そこじゃあ、男や女を大勢使っておったが、数ある下男の中に、嘘ばかりつく男がおったんじゃ。まことに嘘ばかりつくので、「あれは嘘つきこん平じゃ」と、みんなが呼んでおった。

　正月前の、雪がボサボサ降る日だった。用たしにやらされたこん平が、

「旦那さん、大事《おおごと》じゃ、大事じゃ」

と言いながら、息せききって帰って来た。

「なんじゃあ《（それはなあ）》、そこの辻《つじ》に大きな大猪《おおいのしし》がおってのう、わしはいびしゅうて《（恐ろしくて）》、駆けってもどった」

「こん平、また嘘じゃろう」

「なんの、《（なにが、）》嘘じゃろうに《（嘘であろうに）》。大きな猪が、耳をたったと動かしましたで」。

そうと聞いて、猟が飯よりも好きな旦那は、

「そうか、ほんまか《（本当か）》。へえじゃ《（それでは）》行こう。お前鉄砲担《かた》いでこい」

いうて旦那さんはこん平に鉄砲担がせてどんどんどんどん行ってみた。

「どこならや《（どこだな）》、こん平」

「その松の木の根に寝とったんじゃけ《（根もとに寝ていたんだから）》」

「おりゃあへんがの《（おりはしないがな）》、こん平、どこにおったんなら」

「どっち行ったんかいな。ほんにおりゃへんわ」

旦那も、よくよく考えてみれば、猪が出たんなら出たで、雪も積んどることだし、足跡が残っとるはずじゃ。だがどこにも、けだものの足跡は見えん。

「わりゃあ《（お前は）》、また嘘をついたな。でもまあ、おらんものは仕方がないわ。やあ、お前は鉄砲持って先に去《い》ねや《（帰れよ）》。わしは出雲《いずも》の方へ回り道して用をして帰るけえ」

「はいはい」。

こん平は鉄砲担いでもどったげな。ところが門をはいると、ウアッン、ウアッン泣きだした。

「どうした、こん平」

下男や下女が寄って来ると、こん平は泣き泣きこんなに言った。

「大事《おおごと》ができてしもうて。旦那さんが谷へ行って、猪に突かれて死んでしまわれて、ほんにいとおしい《（お気の毒な）》ことだがの」

「また嘘だろう」

「なんの、こげな事《（こんなこと）》、嘘をつくもんか、いとおしいことを。早《は》よ行ったげないけんが《（行ってあげなくてはいけないぞ）》」。

こん平があんなに泣くところを見ると、嘘じゃあるまい。いかに嘘つきでも、こんどは本当だろうと、家の者は大勢連れだって谷に着いたんじゃ。へえからみんなして探し回った。

そのうちに出雲へ行った旦那さんが帰って来た。帰ってみれば家の中は、旦那さんが死なれたと、大騒ぎだ。

「あれっ、旦那さんが、ご無事で……」。

嘘つきこん平からこういう話を聞いて、いま、地下《じげ》の衆が谷下《たにしも》へ旦那さんを探しに行ったところだと、家の者が口々に話したと。

「なにを、わしが猪に突かれたりするもんかよ。わしが死んだと言うたか」。

旦那はかあっと腹がたってきて、何とかして仇《かたき》をとろうと決心した。

「こんなあ《（こいつめ）》、こん平、嘘ばかりついて。なんじゃあ《（そうだ）》、川へ持って行って流しちゃるがええ」。

さっそく下男二人に命じて俵を持ってこさせ、いやがるこん平をみんながかりで何とか押し込んで、縄でしばりあげた。それから棒を通してから、とんとことんとこ担いで行きよった。行きよったところがお堂が見えたんで、

「やあ、まあくたびれたけえ、ちいと休もうじゃないか」

と、男二人は腰をおろしてたばこを吸いだした。ところが、俵の中からプスリプスリ泣き声がするそうな。

「こん平。何だっていまになって泣くのか」

前棒と後《あと》棒が尋ねたところ、

「わしはいままでえっとえっと《（ずいぶんたくさん）》嘘をついてきた。これも持って生まれた性分《しょうぶん》で、いま殺されたとて仕方あない。命の惜しいことはないが銭《ぜに》が惜しゅうて泣けてくる」

という返事だった。銭と聞いて下男は聞き返した。

「こん平、何の話じゃ。言うてみい」

「へい。わしが今日まで辛抱して働いた金を、家の木小屋の、たきものを積んどる下へ持って行って、瓶《かめ》に入れて埋《い》けてある。わしが死んだとなりゃあ、誰もあれを知る者はおらんのじゃけえ、よ《すっ》うに《かり》腐ってしまうがと思うたら、惜しゅうはあるし、悲しゅうもあるし、泣けてくるがのう」

「こん平、まさか嘘ではなかろうがのう」

下男が言うと、

「いかにわしでも、たったいま《（もうじき）》死ぬるようになってまで、そがな《（そんな）》嘘はつかんわい。あんたら、まあ、わしが死んでからでもええけえ《（よいから）》、あそこを掘ってみい」。

するとと男二人は欲がおきて、

「待て待て、それじゃあこのお堂さんへ、ちょこっと《（しばらく）》こん平を置いといて、去《い》んで《（帰って）》掘ってみちゃろうや」

「それがええ。ここへ投げといても、よう逃げはせんからのう」。

話が決まって二人は、とって返し、旦那さんにわかったら叱られるけえ、そっと木小屋へはいりこみ、積みあげた木をみなはねのけて、鍬を持って来て掘ってみた。掘っても掘っても何も出ん。嘘じゃげな。

お堂にころがされたこん平は、何とかして逃げたいものだが、誰か人が通りはせんかと俵の透《す》き間《ま》から見ておったら、向こうの方から魚売《さかな》りがざるかごを担いで、しこしこしこしこやってくるそうな。透かしてように見たところが、まっ赤な目をして、どうやら目が悪い男のようだ。おっと、これはいい者が来た。ここは、ちょうど薬師《やくし》さんらしいから、目の願《がん》を掛けたようなかっこうをしてやれ、と思うて、

「たわらやくし、めのぐゎん。たわらやくし、めのぐゎん」

いうて大声で唱え始めた。そうしたらな、魚売りはびっくりして、俵のそばへ寄って聞いたげなわい。

「あんた、どがいしたんの（どうしたのか）」

「わしは目が悪うてのう、ここのお堂は、目の仏さんで、ご利益《りやく》があるんじゃ。わしはこの俵に入れてもろうて、はあもう七日からになるが（はやすでに）、『俵薬師、目の願。俵薬師、目の願』いうて願を掛ける。だいぶ良うなったように思うが見てくれんか」。

魚売りがのぞいて見たところが、こん平の目はええ目だ。

「はや、ええ目をしておいでるがな（いらっしゃるがな）」

「治《なお》っとるかいな。へえじゃあ、あんた俵をほどいてくれんか。あんたも目が悪けりゃはいりなさらんか、代わっちゃろうよ」

それから魚売りに俵をほどかせて、こん平が這《は》い出す、魚売りをはいらせるして、縄をもって、くるくると、元どおりにしばりあげた。

「さあ、『俵薬師、目の願。俵薬師、目の願』言わな治らんで《言わねば》。わしはあんたの目どころじゃあない、えらい腐《ひどい》れ目じゃった。それでも拝みよるうちに治ったんじゃ」

そう言うと、魚売りのざる籠を担いで、逃げてしもうたそうな。

やがての程に二人の下男は、腹をたててもどって来た。

「こんなあ、こん平、嘘ばかり言うて。わしらをだましゃがった。木小屋にゃあ、何にもありゃあへんじゃあねえか。川の一番深いところへ投げちゃろうや」

と言うても中の魚売りには、何のことだかさっぱりわからんもんだけえ、

「たわらやくし、めのぐゎん。たわらやくし、めのぐゎん」

と言っておったげな。二人はますます怒って、

「『俵薬師、目の願』とは何事なら《なんのことだ》。目の願じゃあねえ。川へ持って行って投げちゃるんじゃ。そがい思え」

いうて言うと、また俵を担いで川の淵のところへ持って行って、ジャポーンと投げてしもうた。魚売りは、これこそ、ほんとにかわいそうなもんよ。

それから四、五年もたってから、こん平は、また元の旦那の家へひょこひょこ来たそうな。

「まあ、ちょっと出てみいや。あそこを来るのはこん平のような歩き方じゃがのう。まさか死んだ者が来りゃあすまい」

いうて話しながら、旦那さんや下男が見ておったが、やはりこん平に違いねえ。

「ありゃあ、こん平、お前、どがい《(どう)》したんなら。川へ投げられて死んだ思うたのに」

「旦那さん、ようまあわしを川へ投げてくれましたなあ。あそこからじき《(すぐに)》に龍宮へ行けましたが。龍宮いう所は、ほんにいつまでもおりたいようなところでな、年中寒いことはなし、花はいつでも咲いとるし、鳥はピイピイ鳴く、あ、腹がへった思うたら、いつでもうまいもんがある。こがない《(こんな)》い所はない。ほえから《(それから)》、きれいなお姫さんがおっちゃって、『あんたの旦那さんいう人を、一ぺん連れて来たげや《(きておあげなさい)》、喜ばれるで』言うちゃった《(言われたから)》けえ、五年ぶりにもどりました。まあ旦那さん、行ってみなさらんかい」

「うん、そがな《(そんな)》ええ所がありゃ行ってみてもいいが、こん平のことじゃ、また大嘘じゃねえか《(ないか)》」

「とんでもねえ、こればっかりは本当《ほんと》でがんす《(ございます)》。行ってなら《(行かれるなら)》、いまから案内します。じゃがお姫さんが、『龍宮に無い物は何《なに》もないが、石臼だけは一つも無い。今度来る時は石臼を持て来てくれんか』言われましたけえ、旦那、石臼を負うて行きましょう」

「ふん、石臼のみやげなら安いもんじゃ」

そこでこん平が石臼を上と下と二つ負うて行った。川の淵まで行ったところで、今度は旦那さん

の背中に臼をにないつけて、

「龍宮へ行く道は、ついそこ《すぐ》ですけえ」

と、ちょういと旦那を押したげな。石臼を負うて川へ落ちたんだからたまらない、旦那はチャポーンと沈んでしもうたんじゃげな。

こん平はどこへ隠れたことか知らんが、七日ばかりたってから旦那の家へ、またひょっこりと帰ったげな。

「やれ、こん平もどったか」

「へえ帰りました。旦那さんは龍宮へ着きなさると、『なんとこがなえ《こんな》え所はない。わしは先の短い者だけえ、ここで一生過ごさせてもらう。こがなええ所へ連れて来てもろうた礼に、家屋敷も田畑も何もかにもやろうぞい』言うてくれてでした。へえで《それで》、みなわしが貰いますけえ」

そう言うて、とうとうこん平は旦那さんになってしもうたと。嘘をつくんなら、こん平のように、うまげな嘘を言わにゃつまらんということよ。

昔かっぷり《おしまい》。

――広島県比婆郡――

＊解説

「知恵あり殿」と並んで、嘘の効用を説く悪の文芸である。深く考えれば恐ろしい話だが、語り手は淡々と語って、嘘をつくならうまくつけ、と結ぶ。権力も財力も持たぬ民衆にとって、知恵や嘘は、だれでも持てる力である。嘘つきにかくも寛容なのは、昔話が弱い民衆の支持のもとに育ったことを物語るものであろう。中国や朝鮮、またヨーロッパにも類話が見られる。〔IT四三八「俵薬師」〕

隣の寝太郎

そんじゃあ、もう一つ語ろうかい。

昔あるところに、じいさんとばあさんと息子がおったそうな。その息子は、まことに、明けても暮れても寝てばかり。とうとう寝太郎いう名前をもろうたげな。じいさんばあさんが困ってしもうて言うたんじゃ。

「こりゃ、こりゃ、寝太郎や、牛のように食うちゃあ寝、食うちゃあ寝しとったんじゃあつまらんで。仕事をせえよ。お前も年頃じゃけえ《（年頃だから）》、ちっとは《（少しは）》働かんと嫁に来る者もなかろうが」

「はあん、はあん」。

寝太郎はやっぱり寝とるのじゃと。

そがいしょうたらある日珍しいことには、寝太郎がひょっこり起き出して、何を思ったことか、「山へ行ってくるで」言うて出て行ったと思うたら、どうやってつかまえたもんだか、大きなとんびを生け捕りにしてもどって来た。それからとんびに籠《かご》を伏せて、逃がさんようにしといて、

「今度は三次《みよし》へ行ってくるけえのう」

言うて銭《ぜに》をちっとばかり《（少しばかり）》持って出かけて、晩方にもどって来た。

じいさんとばあさんはこう話をしておったげな。

「あれが何《なん》にもえっと《（たくさん）》買《こ》うてもどったようには見えんが、何をしに行きゃがったかのう」。

何をしに行ったか言えばのう、提灯《ちょうちん》を買うたのじゃ。たたんでしまったら、ちょこっと小さくなる小田原提灯をふところに入れてもどったのじゃ。

さて寝太郎の隣は、大きな大分限者《ぶげんしゃ》の家じゃが、その屋敷うちには松の大木があったそうな。あくる日寝太郎は暗いうちから起き出して、ふところには提灯と火打石を入れ、とんびを小脇《こわき》に抱えて、隣の松の木へもそりもそりと這《は》い上がった。真夜中、だれもかれも寝入ったころ、「亭主、亭主」と、木の上から大声をかけて旦那さんを起こしたんじゃげな。「だれぞ呼びおるで」と、旦那さんが雨戸を開けてみたらそら《（上）》の方から大きな声が聞こえてきた。

「亭主、よう聞け。わしは奥山の天狗《てんぐ》じゃが、羽織袴で出られい」

「ありゃ、ありゃ、母《かあ》さん。天狗さんが来とってじゃ。寝巻なんぞじゃどないも《（どうにも）》ならんで」

「早よう、早よう」と着替えて、羽織袴で扇子《せんす》を持って縁がわへ出ると、

「へへえ、亭主でございます」

とへたばって頭を下げた。

「そちの方に娘がおろう」

「へえ、手前の方には娘がひとりおります」

「うん、その娘をそちの隣の、寝太郎の嫁にやれ」

「はあっ、はあ」。

旦那はあきれるやら情けないやら、ものを言う気にもなれん。寝太郎の家ときたら、まあ粗末なもんで、ほんとにかごんでは《（かがんで）》いる、かごんで出るような家じゃが、と思うておると、

「やるか、やらんか。やらんにおいては《（やらなければ）》、そちの家に不吉なことが起こるぞ」

とまたそら《（上）》の方から大きな声がする。この家が落ちぶれたりしては一大事じゃと、あわてて「いや、やります」と返事をして、また頭を下げた。

「それじゃあ、何月何日の晩に嫁入りじゃ。ええか、わかったな。わしは去《い》ぬるぞ」。

寝太郎は提灯に火をともして、とんびの足にくくりつけると、ぱあと放してやった。そしたらとんびは喜んで、ワサワサワサワサワサ、山の方へ帰って行った。旦那さんが頭を上げてみりゃあ、天狗

さんが去《い》におる《(帰っている)》。

「あそこをみい。天狗さんが去《い》におってじゃ。娘や、お母さんや、この縁談、決めねばなるまいのう」。

それからまなしに、旦那さんは寝太郎に山をやり田畑もやり、御殿のような家を建ててやって、天狗さんが言われた日には、めでたい婚礼をあげたそうな。

じいさんとばあさんも「うちの寝太郎のような者のところへよう来てくれんさった」いうて、嫁さんを大事にしたんじゃてえ。

昔かっぷり。


——広島県比婆郡——

＊解説

ものくさの狡猾者がなりあがり、美女をめとるという話が、中世になってにわかに説話化されるのは意味深い。『宇治拾遺物語』の「博徒《ばくと》聟入り」、『お伽草子』の「ものくさ太郎」以来のことである。山口県厚狭《あさ》の寝太郎は千町田に水を送り、大明神、荒神として祭られている。柳田国男の言うように、民衆は悪の芸術を持ちたがっている。〔IT一二三六A「隣の寝太郎—鳩提灯型」〕

鴨《かも》とりごんべえ

むかしあるところに、権兵衛さんという、鉄砲打ちの名人がおったそうな。

ある日のこと、人がやって来て言うたんじゃと。

「権兵衛や、何でも奥の池には、毎朝、鴨がぎょうさん《たくさん》おりてくるそうなが、お前、ひとつ行って撃ってみんか」

「そうか、そりゃあ、ええ《よい》ことを聞いた」。

さっそくあくる日には、権兵衛さんは、早やばやと起き出して鉄砲をかつぐと、どんどこどんどこ歩いて奥の池へ行った。

行ってみたところが、なるほど鴨が六つも七つも泳いどる。

「ほんに、こりゃあ、おる、おる。おるにはおるが、一発ドン撃ちゃ一羽しか取れん。あとはみんな翔《た》って逃げる。どうやってみんな取ったもんだろうか」

考えたあげく、「よしっ」と、鉄砲をかまえた。一番手前の鴨をねらうと、鉄砲の尻をぶるるんと震わせて撃ったんじゃ。するとまあ、三羽も当てたら上出来じゃと思うたのが、七羽が七羽とも撃ち抜いた上に、たまは、まだまだビューンと飛んで行って、向こう岸で、ええ気持で寝ておった猪《いのしし》にぶち当たった。

池では、あっちでもこっちでも、鴨がバタクサ、バタクサもがいておる。その向こうでは、まるまる太った大猪が、ドデンドデンあばれ狂っておる。

「いやはや、こりゃあ、どういううれしいことならや。鴨も鴨だが、猪とは大《おお》ものじゃ」。

権兵衛さんは、草を分け分け、池のへりを回って行って、猪にしっかり止《と》どめをさしたのじゃ。それから鴨だ。池を見たところが、鴨はみんな死んで池のまん中の方に浮かんでおる。手は届かず、弱ってしまった。歩き回って長い竹を見つけてくると、池のへりから、ずういと出してかき寄せてみたが届かん。あっち側《がわ》へ行ってかき寄せてみても届かん。とうとう権兵衛さんは着物をぬいで、池の中へ飛びこんだ。ドベドン、ドベドン泳いで行ってまん中へ出ると、あっちの鴨もつまみ、こっちの鴨もつまみ、撃てた鴨をみんなつまんで、池から上がろうとした。

上がろうと思えば、つるっとすべる。上がり場所を変えても、取り付くもんがないけん（ないから）、またすべる。そうしょうったところが草のところに何やら木の株みたいなものがあるけん、これだと思うてしがみついたところが、

「やあ、こりゃあ引っぱってみりゃあ、兎の耳じゃ」。

鴨を上へほうり投げといて、兎をちょいと殺した。その兎もぽんと土手《どて》へ投げ上げて、「さあ、今度こそ上がらにゃならん」と、つるつるすべるところを、ようよう《(やっと)》草につかまって上がったんじゃ。「やれ、これだけの獲物《えもの》をくって帰らにゃあならん。縄もなんにもないが、葛《かずら》ないと《(なりと)》ありゃあせんか」と思って探しておったら葛が見つかった。それを引っぱってもどりょうたら《(もどっていたら)》、長い長い山の芋《いも》が、スポーン、スポーン抜けて、付いてきた。ああ、運のええ《(よい)》日はええもんじゃ。ええことばかり重なってある。権兵衛さんは、ほくほくしながら山の芋と兎と鴨とをひっくくった。

そうこうするうちに寒くなった。「ふんどしが、ばさんこに《(ずぶぬれに)》濡れて寒い、寒い。からだがすくむ《(ちぢむ)》ようがな。早よう着物をひっかけよう。それからのことじゃ」と思うたが、どうも尻のあたりが気持が悪うてならん。なしてかなあと《(どうしてかなあと)》思ってのぞいてみたら、池にはいったもんじゃけえ《(ものだから)》、どじょうが一升ばかりもぐりこんで、ふんどしの中できゅうきゅう押し合いっこだ。

「いや、こりゃあ、どじょうもとれた。今日は大漁《たいりょう》、大漁。一発のたまで鴨を七羽に、兎と山の芋。大猪にどじょうが一升。こねえに《(こんなに)》大漁は、またとない。欲と二人連れでないと、とても持てん。うれしのことや」。

権兵衛さんは獲物をみんな担《かつ》いで、よっこら、よっこら帰ったんじゃと。

むかしこっぷり。

——岡山県久米郡——

＊解説

農民や漁民の豊作、豊漁への願いと夢につちかわれ、ナンセンス好きな幼い聞き手のかっさいにあおられて、モチーフが次々と鎖型につながってきた。この後に、生き返った鴨たちによって空を飛ぶ運命が待っている権兵衛もいる。同系の話にドイツの「ミュンヒハウゼン物語」などがある。〔IT一一四一「鴨取り権兵衛」〕

ぐずの使い

むかしもとーんのあるところにな、ぐずというあほうがおったそうな。ある時お母さんが死んでしまったんでな、葬式を出すことになった。ぐずの兄《あん》にゃが、

「ぐずよ、お前がおじゅっさん（和尚さん）を迎えに行ってこい。黒い衣《ころも》を着とるのがおじゅっさんじゃ」

ちゅうて言うので、ぐずはさっそくお寺へ行った。行ってみると、烏が庭におりとるのが見えた。ぐずは、これがおじゅっさんかいなと思って、

「うちのお母さんが死んだけん、来てつかい」

ちゅうて、烏に向かって頭を下げたら、「カアカア」烏が鳴いた。そうじゃ、そうじゃ、かあさんが死んだんじゃと、ひとりでうなずいて帰って行った。帰って兄《あん》にゃにそう言うと、

「それは烏だ。黒い衣を着とったろうが。赤い衣を着とるのがおじゅっさんだから、もう一ぺん行ってこい」

ちゅう言われてまたお寺へ行くと、まっ赤なとさかのおんどりに出会った。おっ、これがおじゅっさんに違いねえ、とぐずは思ったから、にわとりの前に手をついて、

「おじゅっさん、お母さんの葬式をするけん、すぐ来てつかい《(ください)》」

ちゅうて頼んだ。すると、「コケタンコウ、コケタンコウ」と、にわとりが鳴くので、

「こけたん《(ころんだ)》と違う、死んだんじゃ」

なんべん頼んでも来てくれんので、ぐずは腹をたてて帰ってしもうた。兄《あん》にゃは話を聞くと、またまたあきれてしもうた。

「お前は何もできん《(できないから)》けん、飯でもたいてくれ。わしが寺へ行ってくる」。

ぐずが飯をたきょうたら、釜の中がグズグズと泡《あわ》を出して煮えあがってきた。これは、わしを呼んどるんだ、とぐずは思って、

「どうした、どうした」

と返事をした。それでもいつまでもグズグズグズ言うんで、

「この野郎、人をばかにするな」

と言うが早いか、釜のごはんを土間へぶちまけた。そこへ兄《あん》にゃが帰って来て、この様子を見たけん、あきれてしもうた。

「これじゃあ、たちまちおじゅっさんに食べてもらうものがねえ。甘酒でもごちそうしよう。まあ、お前はくそ力はあるけん《(あるから)》、納屋《なや》の二階の甘酒でも下ろすのを手伝《てつど》うてくれ」

「おっと、よっしゃ《(よろしい)》」。

兄《あん》にゃが二階へ上がり、ぐずは階段のところで待った。兄にゃは瓶《かめ》を出してくると、言った。

「ええか《(よいか)》、わしが上をもつけん、お前はしっかり尻を持っとれ。はなすぞ」。

ぐずは、自分の尻をつかまえてから、「よっしゃ」と言ったから、兄にゃは手をはなすし、瓶は納屋の土間へどさっと落ちてめげ《(こわれ)》、甘酒はみんな流れてしもうた。兄にゃは怒って、

「ええ、お前は役にたたんやつじゃ。『尻を持て』言うたのに」

「これ見い。わしゃ、ちゃんと尻をつかんどるわ」。

兄にゃはぐずの尻を見ると、重ねがさねあきれてしもうた。これでもう何もおじゅっさんにあげるもんが無いけん、風呂にでもはいってもらうことにした。

「ぐずや、おじゅっさんに風呂の加減でも聞いてこい」

ちゅうて言いつけた。

「おじゅっさん、おじゅっさん、風呂はどうで《いかがです》」
「ちっ《少し》とぬるいけん、そのあたりの物を何でもたいてつかい《ください》」。
ほんでぐずは、おじゅっさんの衣《ころも》から下着までくべてしもうた。おじゅっさんが、「ああ、ええ湯じゃった」と出て来たら、着るもんがねえ。おじゅっさんは、里芋の葉で前を隠すと、裸はだしで、走っていん《帰った》だんじゃと。

——徳島県名西郡《みょうざいぐん》、美馬郡《みまぐん》——

*解説

愚か者の名は、グスバダ（新潟）、ブスケ（高知）、ブッツ（長崎）、ブツカタ（鹿児島）などで、脈絡がある。「和尚と小僧」の小僧が、改名して和尚の裏をかくのを連想させる。また、小モチーフを鎖状につないでいくのは、「段々の教訓」「旅学問」「愚か村話」など愚人譚の笑話に多い。元は単純だったのが、尻取り遊びふうに連結されていったのであろう。〔IT八七〇「法事の使い」〕

炭焼長者

むかし、土佐の国の山の遠国《おんごく》に炭焼小五郎《こごろう》という男があって、来る日も、来る日も炭を焼きよった。からだも黒ければ着物もまっ黒で、いつ洗うたことかわからんような物を着て、髪の毛はわらで結《ゆ》うておった。もう嫁を持ってもいい年頃じゃったが、そがな山猿の嫁になろうという者はいなかったと。それでも小五郎は、平気なもので、炭を米に替える時だけは、三里も四里も歩いて村へ出て来よった。

ある日のこと、炭を背負うて山をおりかけると、きれいにこしらえた女子《おなご》が向こうからやって来たんじゃと。前にも後ろにも供を連れている。小五郎が、「これは何者だろう、どこへ行くんかな」とふしぎそうに見とれていると、女子が、

「あんたは誰か」

ちゅうて聞いた。

「わしは小五郎いうて、炭を焼く者じゃが」

ちゅうて言うと、「やはりそうか」と女子は喜んでこう言うたそうな。

「わしは生まれは大阪で鴻池《こうのいけ》の娘じゃが、年頃過ぎても縁が無いんで、いままでひとりで過ごして来た。先日、神様に聞いてもろうたら、『土佐の山奥に炭を焼いて過ごしてゆきよる、炭焼小五郎という者がある。その者と夫婦の縁があるので、もらいに来てくれんだったら《（くれなかったら）》自分から探しに行かにゃいけん』と言われたから、こうして海山越えて来たわけじゃ」。

　小五郎は、あきれかえって、

「いや、わしはとてもあんたのようなお姫様を家内《かない》に持てる者じゃねえ。このとおりの貧乏たれじゃ。食うものもない。まあ道で話すのも何じゃけん《（よくないから）》、家へ来てくれ」

と、お客を連れて家に帰ったと。家とはいうても掘立《ほったて》小屋で、鴻池の長者の厠《かわや》よりも小せえ家じゃ。けど話してみると小五郎は、なりこそ汚《きたな》いが、心根《こころね》は子どものようにうぶなんが、いとはん《（お嬢さん）》の気に入った。娘は、「どうでも、あんたの家内にしてもらわにゃいかんのです」とがんばった。なんぼ《（いくら）》う経《た》っても帰ろうとしない。召し使いは里へ帰してしまい、一日泊まり二日泊まりしても去《い》なんで、とうとう炭焼小五郎の女房になったそうな。

　小五郎は、昔のことじゃから、ほうろく鍋でかゆとも雑炊《ぞうすい》ともつかぬものをたいて食べるんで、女房は、「飯は私がたきます」と代わったが、米がない、おかずにするようなものもないと。

「あんた、里へおりて、米やらおかずを買《こ》うて来てくれ」

と、袋から小判を出して渡したそうな。小五郎は、いままで小判なんか見たことも使ったこともなかったが、山を下って買物に行きよった。ところが、池の中に鴨が浮かんでいるのが見えたので、「おお、きれいなものが浮きよるな。びっくりさせてやろう」と思うて、その鴨をねらって小判をブーンと投げつけてしまった。小判は鴨にはくらわんで池の中に沈んでしもうたと。

小五郎が、のっそり手ぶらで帰って来たもんじゃから、女房はわけを聞いて、

「お金を捨てたらいかんがな。あんたはお金が何か知らんのか。あれは小判といって金《きん》でこしらえた大切なものじゃ」

と教えた。ところが小五郎は、

「あれが金《きん》か。あがなもんなら、わしの炭焼がまのそばになんぼでもあるが。邪魔になって困るほどじゃ」

と、こともなげに言った。まっことかと(本当かと)、女房が夫と連れだって行ってみたら、ほんまに、泥がみな、ぴかぴかの金《きん》じゃったそうな。

女房は大阪の里へ頼んで袋をぎょうさん(たくさん)送ってもらった。袋が届くと、金の泥をかき入れては、大阪へ送りつけたんじゃと。大阪には炭の倉というものを建ててもらって、倉を、炭でなく金《きん》でぎっちりいっぱいにしたそうな。いまあるかないか知らないが、それが「住友」のはじまりじゃそうな。

――高知県幡多《はた》郡――

＊解説

中世のころ、山中を転住しながら鋳物を作り、炭焼きを副業とした人々が、運搬し広めた話とされる。そのせいか、各地の伝説となることが多い。これと同類の「芋掘り長者」の話は、「いもの」との音の類似から派生したものか。もと炭焼きの果報を宣伝する話だが、昔話は貧しく鈍ながら心清らかな人々の幸運と、人の宿命とを強調する。後者は「再婚型」の話にいちじるしい。朝鮮・ビルマにも類話の報告がある。〔IT一四五A「炭焼き長者―初婚型」〕

鼻きき五左衛門

むかしむかし、牛島の五左衛門は貧乏のどん底じゃった時に、北前船《きたまえぶね》(日本海沿岸に通う船)の船方《ふなかた》にやとわれたそうな。どうぞして金もうけをしてやろうと考えたあげく、ある日女房に、

「わしは今から北前船に乗ってしばらく留守をするけに(するから)、何月何日の何の刻に、うちの家に火をつけい。どうせ草屋のぼろじゃけに惜しゅうもないが、刻限は違えるな」

と言うたそうな。

それで五左衛門は船に乗って行ったんじゃそうなが、船が玄界灘《げんかいなだ》にさしかかった時に、ちょうど約束の日が来た。五左衛門は、まるで気が違ったように、へさきからともへ、ともからへさきへ走り回るんじゃと。

「いまわしの家が燃えとる、ああ臭い、臭い。鼻に匂うてくる。どうしたらええじゃろうか」

「あほうを言うな。家までいうたら百里近うも離れとるのに、何が匂うもんか」

いっしょに乗っている船方は相手にせんそうな。ところが五左衛門があまりひつこく「鼻に匂う、臭い、臭い」言うて泣きわめくもんじゃけに、船頭が面白がって、

「よし、賭《かけ》じゃ。お前の鼻に間違いがなかったら、わしが城のような、大きい家を建ててやるぞ」

と言うたそうな。五左衛門は、すぐ、

「ほんまかな。口約束だけでは安心できぬけに、証文を書いてくれ」

と頼んで、証文を書かせたと。船頭は、その日と時間とをしっかり頭に刻みこんでおいた。

さて、なんぼ月《(いく月)》もたって、船はもどりに、讃岐《さぬき》の金毘羅《こんぴら》さんへ参るというて牛島のそばへ来たそうなが、来てみれば、五左衛門の家はほんとうに五左衛門の言う日に焼けてしもうて、五左衛門の嫁は、それはそれは難儀しとった。船頭は証文書いて判を押したもんじゃけに、しようがない。有金《ありがね》をみんなはたいた上に、走り回って借金して、お城のような家を建ててやったそうな。そこで

「五左衛門はええ鼻を持っておる、あれは鼻ききの先生じゃ」と言うてすっかり有名になったそうな。

五左衛門の隣の家では、嫁と姑《しゅうとめ》がどうも仲が悪かった。ある日嫁さんは姑さんにひどう叱られたもんじゃけに、何とか仕返しをしてやろうと思って、姑さんが大事にしている鏡を隠してしまったと。姑さんは、「鏡が無《ね》え、鏡が無え」と探し回った末に、とうとう「五左衛門の鼻でかぎ出してくれ」と頼んできた。

「さて、弱ったことじゃあある。先の火事は自分がさせたことだが、こんどはさっぱりわからんわい」、五左衛門は、「ともかく明日まで待ってくれ」と言うて考えこんでいた。ところが夜なかになって、隣の嫁がこっそり忍びこんで来て頼むことには、

「実は、姑さんに腹がたってかなわんけに、私が鏡を裏の井戸のつるべの中に隠したんじゃが、どうか私がしたとは言わんでくれ」と言うがの。五左衛門は、これはええことを聞いたと腹の中で喜んで、「万事まかしといてくれ」と胸をたたいて帰らせた。

五左衛門は夜が明けると、さっそく隣へ顔を出して、

「ばあさん、ばあさん、わかったぞ。鏡はなあ、裏の井戸のそばに、さあな、つるべの辺を探してみなされ。子どもの悪さじゃ。腹をたてなさんな」

と言うて聞かせた。姑さんが裏の井戸へ行ってみれば、ほんにつるべの中に鏡があるわい。「いや、

お世話になった」と隣の家では大喜びだし、「五左衛門の鼻は大したもんじゃ」言うて、いよいよ評判が高《たこ》うになった。

ちょうどその頃、殿さまのお屋敷では「御前《ごぜん》さまの刀が見えなくなった」と家来どもが青くなってさわいでおった。

「なんぼ探しても出てこんが、どうしたもんか」

「鼻ききの五左衛門に探させるがええ」。

それはええ考えだというので、家来でも上の方のが頼みに来た。お殿さまの頼みであってみれば、逃げるにも逃げられんちゅうて、五左衛門は大層心配したそうな。

思案の末、ええ、ままよ、行ってやるわと、舟に乗ったり歩いたりして行きょうた。途中に大きな森があったけに、ひと休みしょうたら、森のお宮の裏で話をしょうる者がおる。そおっと陰からのぞいてみたら狐じゃがな。

「殿さまのお腰の物を持ち出したのはお前であろう」

「いや、あれはわしじゃあねえ。築山《つきやま》に隠したのはわしじゃあねえぞ」

と口げんかじゃ。五左衛門は、こりゃあ、ええことを聞いたわい、と元気が出て、知らんまにお屋敷に着いた。

「よう来た。早ようかぎ出してくれ」

「へえ、これは何でも四つ足の仕業《しわざ》のようにかざ《(匂い)》がします。お殿さまのお腰のものは、おおかた庭の築山の辺《あた》りにござりましょう」。

そこでさっそく家来が探してみると、築山の陰から、大切な刀が出て来たそうな。殿さまは大層なお喜びで、

「でかしたぞ、でかしたぞ。五左衛門とやら、ほうびにそちを家来にとりたてよう」

と言うて下さったが、五左衛門は、

「いや、侍にはなりとうありませんけに」

と断って、ようけい《(たくさん)》ほうびをもろうてわが家へもどったそうな。

そうじゃそうな、候えばくばく。

――香川県仲多度《なかたど》郡、佐柳《さなぎ》島・本島《ほんじま》――

＊解　説

昔話のるつぼに入れば、さすがの八卦見《はっけみ》もかくの如くである。まじめに語れば立身出世の話である。朝鮮・中国・チベット・安南・インドなど東洋の隣邦に類話が伝わっているのはうれしい。〔IT七三二B「にせ占い――共謀型」〕

天人女房

昔そうな。

むかし、ほうろく売りの男があったそうな。その男が商《あきな》いで、岬《みさき》の一番先のところを歩いて行きよったとき、ひょいと浜辺を見ると、きれいな娘が寄り集まって水を浴《あ》びよるんじゃと。あの娘もこの娘も、見たこともないほど美しい娘ばかりじゃったそうな。浜辺の松には、ふうわりしたきれいな着物が掛けてあったが、ほうろく売りは出来心が起きて着物を一枚取ると、さっと籠の荷物の中に隠して行ってしもうた。

晩方、商いの帰り道、岬のはしを通りかかると、娘がひとり海を向いて泣いておった。「ああ、衣装を盗んで気の毒なこっちゃ」と思うたけれども、いまさらもどしてやるわけにもいかん。「けれども、どうぞして助けてやらないかん」と思うて、わざと足音をたててみたが気がつかん。おどかしてやれと、ほうろく鍋を放ってみたが、われて大きい音がしたのに振り向いても見ん。ほうろく売りは、娘のお尻へ向けてまたもう一枚ぶっつけた。そしたらようようこちらを振り向いたんで、

「お前さん、どうして泣いとるぞ」

と尋ねた。娘は、

「わたしは天人ですが、水を浴びとる間に衣装が無くなったんで、もう天へ帰ることができん。連れはみんな天へ帰ってしもうた」

と、しくりしくり泣いた。ほうろく売りは、「それはお困りじゃ。天へ帰れんのならどうかわたしの嫁になってくだされ」と頼んで、天人に自分の着物を着せ、連れて帰って妻にしたそうな。

やがて日が過ぎ、月が過ぎて二人の間に子どもがひとり生まれたと。その子が三つの年、天人が子どもに添い寝しながらふと天井を見ると、天井の桟《さん》になんだか古ぼけたものがぶら下がっとるのが見えた。何じゃろうかと思って、はしごをかけて降ろしてきて、くるんである油紙を取って見たら、わが衣装じゃ。さては、うちの人があの時羽衣を盗《と》ったんじゃなとわかった。天人は夫が憎くもあるが、それよりも天国がなつかしうてたまらん。ちょうど留守《るす》でええあんばいじゃと、天《あま》の羽衣に着かえて子どもを脇に抱きかかえ、天へ帰ろうとした。するとはや、迎えの黒い雲が表口《おもてぐち》までおりて来た。そこへちょうどもどって来たほうろく売りは、

「お前はどこへ行くぞ。えらい事をしよる」

と、びっくりして言うたんじゃと。天人は、もう急いどるから言葉を返すまいと思って、

「われは天の七夕《たなばた》じゃ。これから天に帰るけえ、お前もあきらめてくれ。それでも妻子《つまこ》が恋しかっ

たら、ぞうりを千足作って昇《のぼ》って来《こ》い」

と、それだけを言い残して、雲に乗って昇ったまま消えてしもうた。

それからというものは、ほうろく売りは毎日毎日がつろうてつろうてかなわん。あまり恋しいんで千足のぞうりを作りにかかったが、千足とはいかにも暇《ひま》がいるもんじゃ。早よう行きたいと数えるばかりして、やっと九百九十九足まで作ることができた。あともう一足ぞ、やれうれしやと思うと、最後の一足は作らんままに、迎えの雲にとび乗って昇り始めた。ところが天の国が手に届くほどのところへ来ながら、どうしても上へ進まんそうな。天人の七夕は二階で機《はた》を織りよったが、下を見ると亭主が、千足に一足たらないぞうりのせいで困りぬいている。あんまりあわれで二階から機《はた》織りの棒を突き出し、ほうろく売りは、ようよう天の国へ引き上げてもろうた。

七夕の両親は、下界から来た男を「これが聟で、子どもの親じゃ」と言われても、憎うてたまらんので難題ばかり出してきた。ある日、「籠《かご》で水を汲《く》め」と言いつけられた時には、七夕がそっと籠に油紙を敷いてくれたと。ある日は、「粟をたんぼへまいてこい」と言いつけられた。まいてもどったところが、「あそこへまくんじゃなかった、拾うてこい」とむりを言う。その時も七夕が鳩を放して、粟粒をみんなくわえてもどらせてくれたから、助かったんじゃそうな。

天上では瓜を輪切りにして食べたら水に流されるけに、瓜は食べたらいかんとなっとるが、七夕の両親が、「瓜を輪切りにして食べよ」と言う。食べてはいかんのだと思っておったが、あんまり暑い日だったので、とうとう食べようとして瓜を切った。

とたんに瓜の中から水が出てきて、足の方から流されだした。七夕は二階で機織りしよって、

「ふしぎな水じゃ。さてはあれほど言うてあったのに瓜を切ったな」と思って、手を上げて、

「もし、もし、水に流されてしまっては、月に一度のつき合いでござんす」

と大声して言ったが、ほうろく売りにはよく聞きとれん、

「年に一度か、年に一度か」

と言いながら流されて行ったそうな。ほいで七夕は年に一度しかないんじゃと。

そうじゃそうな、候えばくばく。


——香川県三豊《みとよ》郡——

＊解　説

「七夕《たなばた》女房」とも名づけられるのは、結末が七夕の牽牛・織女、二星のいわれ話の形をとるから。この近江型と呼ばれるもののほかに、三保型、丹後型があり、いずれも文献に古くから多数載っている。羽衣伝説は物語の祖《おや》『竹取物語』以来の日本文学の一つの泉と言えよう。アイヌ民族・朝鮮・中国・台湾・安南・インドネシアなど東洋に広く流布する。〔IT二二一「天人女房」〕

貧乏神

昔あるところに夫婦者が住んでおった。その家はよっぽど貧乏神に見込まれていると見えて、どうにもならんほど困っておったと。正月が近づいても餅をつくこともできんありさまだ。昔から大みそかの晩には大火《おおび》をたくもんだというのに、薪《まき》の一本もない。男は座板をベリベリとはがして燃やしておった。するとⅰ奥の方でゴソゴソと音をたてる者がおったそうな。おや、何者がよその家にはいりこんでいるのかと思っておると、ぼろを着て赤い髪をたらした年寄りが出て来たそうな。男が、

「お前は何者なら」

と聞くと、

「わしは貧乏神じゃ」

っていう返事だ。こいつめ、憎いやつじゃと、燃えさしの座板でなぐりつけようとしたら、貧乏神は、

「まあ待て、待て。わしも火に当たらせてくれ。話も聞け。わしがこの家に来てから八年になるがのう……」

と話し始めた。それからここの嫁がくど《(かまど)》の前へ茶かすやご飯のかすを投げ捨てるけに、この家が気にいっておること、それから、もし金持になりたけりゃ、家内に暇《ひま》を出すがいいということを言い聞かせた。

男も考えてみれば、嫁をもらって以来ずっと貧乏つづきだ。これもあいつのせいかも知れんという気がして、すぐに女房を追い出してしまったそうな。

すると貧乏神は、「酒を買ってこい。とっくりがなければそれも買ってこい」と言いつけて、お金を渡してくれた。それから二人は酒をくみかわしたが、貧乏神はこう言うた。

「もしお前が金持になりたけりゃ、わしの言うことをよう聞け。今晩は歳の晩じゃけに《(だから)》、『下に、下に』と言って殿さまがお通りになる。お前は行列がやって来たら、お駕籠《かご》をめがけてなぐりこむのだ、ええか」

「そんぎゃな《(そんな)》大《だい》それた恐ろしいことはこらえてくだせえ。ようしませんがの」。

尻ごみする男を、貧乏神は叱りつけて、それよりほかにお前がこの貧乏から抜け出す手だてはないんだけえ、ぜひともやれと励ましたそうな。

男が天秤棒《てんびんぼう》を持って待ちかまえておると、夜がふけてから、来た、来た、たくさんの提灯《ちょうちん》をともして行列が来かかった。男はうろたえて、お駕籠をなぐるつもりが、先《さき》ぶれをなぐりつけてしもうた。先ぶれはころがって死んでしまい、行列はずんずん通り過ぎてしまった。ああ、とんでもないことをしたと思って駆け寄ってみると、死んだ男は銅貨であった。あきれたことだ、ふしぎなことがあればあるもんだ、と思っておると、そこへ貧乏神がやって来て、こう言うたそうな。

「どうして殿をなぐらなんだか。年が明けたらもう一度だけお駕籠が来るけに《(来るから)》、こんどこそぬかるな」。

年が明けて元旦の晩がやってきた。男が門《かど》へ出て、天秤棒をかまえて待っておると、やっぱりその夜にも、灯《ひ》をともした提灯を連ねて、殿さまの行列が通りかかった。こんどこそ力いっぱい、駕籠をなぐりつけた。ガチャーン、と大きな音がして、何がこわれたかと思うたら、駕籠の中からは一分《いちぶ》や小判が、ざくざく、ぴかぴかこぼれ落ちた。男は大金持になったそうな。

候えばくばく。

――香川県仲多度郡志々島――

＊解　説

貧乏神や疫病神は裏返してみれば福の神である。いずれに来られるかは、人の運と心がけにかかっている。著者は先ごろ、若狭《わかさ》（福井県）で正月に門《かど》にメエを出して疫病神を素通りさせるという習俗の話に出会った。メェ（魚などを干すあみかご）の行事はいまも生きている。手放しに明るい昔話の世界では貧乏神の話は育ちにくいものだったろう。〔IT五八「大みそかの金馬」〕

吉吾《きちご》どんの天昇《てんのぼ》り

吉吾《きちご》どんがなあ、「これからおれが家の前の田で天昇りする」ちゅうて村中にふれてまわったと。えらい大勢の人が、来るわ、来るわ、年寄りから若い者、子ども、男も女もみな集まって来た。

「今日は吉吾どん、天に昇らっしゃるそうな」

「はあ、そげいちゅうな《そういうことだなあ》。早よう見せちくるりゃ《見せてくれたら》ええなあ」

話しちょるうちに、吉吾どんが竿《さお》を田の中に立てた。村の衆は竿の回りに輪を作って、「吉吾どんの天昇り、吉吾どんの天昇り」ちゅうて、ぐるんぐるん竿の回りをまわった。いよいよ吉吾どんが登り始めたら、みんなが、

「吉吾どんの天昇りゃ、危ねえもんじゃ」

言うたもんじゃから、吉吾どんはな、

「そんなら止《や》めちょく《（やめておく）》」

ちゅうておりて来た。

　これで田の土くれが割れて麦の根つけ《（麦踏み）》ができたと。

　吉吾どんはなあ、おじさんのところにいつもお金を借りに行きよったん。ほで《（それで）》おじさんが腹を立てて、

「もう吉吾が来ても戸を開《あ》けちゃんな」

ちゅうて言うちょった。ところが何日かたつと、吉吾どんがまたおじさんの家に行ったんじゃ。

「おじさん、戸を開けちくれえ、おじさん、おじさん」

言うけんど、だれも開けてくれん。

「急いで開けてくれにゃ、こぼるる、こぼるる」。

　そこで、「今日は何か持って来たんかしらん。『こぼるる』ちゅうから」と思って開けてやったが、

見ると何も持っちょりゃせん。

「何がこぼるるんか」

「急いで開けてくれんから、涙がこぼるるちゅうとんじゃ」。

またある時のことじゃ。吉吾どんが、

「おじさん、今度馬を換《か》えんかな、こりゃあ、金《きん》の糞《ふん》をする」

言うから、まあ欲なおじさんじゃから、本まか《（本当か）》と思うて、換えことして、吉吾どんのやせこけた馬を引っぱってもどった。ところが何日たっても金の糞をせんから、怒ってしもうた。

「吉吾どん、吉吾どん。まただましたんじゃろ。金の糞はすりゃあせん」

「そりゃあ、おじさん、金をちっとは食わすかな」

「いや、食わすりゃあせん」

「食わせにゃ出てこん」

とすました顔で言うたと。

ぶすぶすの米ん団子。


――大分県東国東《ひがしくにさき》郡――

＊解説

南国九州はおどけ者の名産地で、中でも吉吾《きちご》（大分・福岡・山口）吉四六《きっちょむ》（大分）彦市（熊本）たちの名は天下に鳴りひびいている。かれらのふるさとは山村と町とのかけ橋である中里の市《いち》である。著者が先年訪れた、吉四六の生地とされる野津市《のついち》（大分県大野郡）では、いまでも雨の日には寄って酒を飲み、大《おお》話《ばなし》の花を咲かせるのだそうだ。行商で歩くときは、みずからおどけ話の笑われ者になって商品を高く売りつける。その中から咄《はなし》の名手が出て、その名にすべての話が結びつけられる。吉四六の実名とされる広田吉右衛門の墓や過去帳は野津市にある。〔IT六五三「吉五の天昇り」IT七〇七「涙がこぼれる」IT六二九「金ひり馬」の複合〕

天とうさん金《かね》の鎖《くさり》

むかしむかしあったそうな。あるところに子どもが五人あってな、お母さんは子どもを置いてもみすりに行っちょった。晩方にてくてく帰りよったら、山姥《やまおば》が顔色をまっ青にして、「人臭《くせ》え、人臭え」ちゅうて追いかけて来るのじゃと。お母さんは、

「恐ろしい。こらえち(こらえて)おくれ」

と、弁当の残りの握り飯を投げてやった。そいつを食いよる間《ま》にどんどん走って逃げよったら、じき(すぐに)に食べきって、「人臭え、人臭え」と追いかけて来る。もう握り飯はないし、おこうこを投げてやってどんどこどんどこ逃げよったら川があった。お母さんは、まん(運)の悪いことに、川の泥にすべ

り倒《こ》けた。山姥はふるえるお母さんをとって食《く》ってしまった。ほいでその着物をはいで、お母さんに化けると、日が暮れてから子どものところへ行ったのじゃ。

「こらこら、お母はんが帰って来たち《(帰って来たから)》、戸を開けちくりい」

と戸を叩いたから、二番子が戸を開けてやろうとした。一番上の兄さんは賢いから、「待て待て、声がどうもお母さんの声とは変わっちょる」と思って、

「お母はんなら、手を出してみよ」

と言った。窓から手を出したのをさわってみたら毛がはえちょった。ほいで、

「ああ、こりゃ、うちのお母はんじゃあねえ。あんたのようにこわい人は、はい《(はやく)》逃げちょくれ」

と窓を閉《し》めた。山姥は、「こうりゃ、ばかにならん。おれが手に毛がはえちょるからのう」と思って、裏にまわって野菜畑を見よったと。見よると里芋が茂とったから、葉を取って手に巻いてなあ、優《やさ》しい声を出して戸をコンコン叩いた。

「ぼんよ、お母はんがもどったんじゃきい《(もどったのだから)》、戸を開けちくりゃあ」

「ほんなら手を出しておみよ」。

出した手を撫《な》でてみたら、するするとする。「ああ、お母はんじゃ」と戸を開けると、山姥のお母さんがはいって来て、顔もろくろく見せんうちに、

「赤ちゃんは、乳ほしがりゃせんかったか。乳飲ましょう」

と、赤ちゃんを抱きとって、すぐ納戸へはいってしまった。はいったきりで、なんぼたっても出てこん。兄さんが、どうもおかしいな、と障子の陰からじっとのぞいて見たんやと。そしたら、お母さんに化けた山姥が、赤ちゃんの手をむしっちゃ、バリバリ食べ、足をむしっちゃ、バリバリ食べしちょる。

「お母はん、あんたの食べよん物は何か」

と聞いたら、「おこうこじゃ」と平気な顔で言うそうな。

「おいしそうなおこうこ、わしにも一本くれんかえ」

「お前らの食《く》うもんと違う」

と怒《おこ》られた。兄はもどって来て、

「あれは赤ちゃんを食い殺した、恐ろしい恐ろしい山姥じゃ。みんな逃ぎょうや」

と弟らに相談するけんど、山姥がじきに悟ってやって来た。

「お前たちは何をぶるぶるふるえちょるのか」

「お母はん、しいこ《(小便)》に行きてえが」

「小便に行くなら、そこの畳へひれ」。

一番上の兄さんが、

「お母はん、わしもうんこがしてえ」

「そんならくど《かまど》の前へせよ」

「くどの前へしたら、くど神様に怒られる」

「ほんなら寝よ寝よ。寝床でせよ」。

仕方がない。寝床へはいっちょったら、山姥が赤ちゃんのすぐ上の子を、首をつかんで音もせんように引っぱり出し、抱いて納戸《なんど》へ連れこんで、引き裂《さ》いちゃあ食べ、引き裂いちゃあ食べる。上から三人は、じわーと庭へおりた。庭の池のそばに桜の木が立っちょったが、

「この桜にのぼろうや。山姥が来るから早よのぼろうや」。

やっと三人がのぼりきったら、山姥が残る子どもを探しに来た。池の中をのぞいたところが、ちょうど月が出ちょったから、水に子どもの影が映っちょる。山姥は大きなざるを持って来て、水の中を「やっしこし、やっしこし」とすくうのじゃ。おかしゅうてこたえん。二番子が思わずクスクス笑ったからとうとう山姥は子どもを見つけてなあ、

「お前らはそこにのぼっちょったか。どげしてのぼったか」

と目を光らせて怒った。

「油つけてのぼった」

と、一番上の子がだました。山姥が、油を付けつけのぼっても滑るばっかりでのぼられん。

「嘘こくな。本当を言わんと食い殺すぞ」

「お母はん、鎌を打ちこみ打ちこみのぼった」

少し抜けた二番子がそう言って教えたら、山姥はすぐ鎌を取って、木に打ちこみ、打ちこみ上がって来る。三人の子どもは、ガチガチふるえながら、

「ああ天の神様、助けちおくれ。天の神様、助けちおくれ」

と言うて泣きよった。ほしたら天から金《かね》の鎖《くさり》が、ガラガラーッと下がって来た。それに三人の子が取りついてな、やっと桜の木を離れたと。ちょうどてっぺんに上がりきった山姥は、おれも早よう天の神様に願《がん》かけちゃろうと、

「天の神様助けちおくれ。わしにも金の鎖を下げちょくれ」

と頼んだところが、くされ縄がずらずらあっと下がって来た。「これであの子どもらに追いつかせちおくれ」と取り付いて上がったんじゃ。ほしたところが、縄がじきに《(すぐに)》切れて、山姥は池のまん中に落ちこんで死んだと。ほいで三人の子どもは天にのぼったから助かって、いまは仲よう三つ星様になったと。

それぎりの米ん団子ち《(むかしばなしはこれまでよ)》。


——大分県東国東郡——

＊解説

グリムの「赤頭巾《あかずきん》」「七つの小羊」は同系の昔話である。中国・朝鮮の伝承は日本の昔話に一層よく似ている。スリルに富んだ恐ろしい話を子どもはこわがりながらも聞きたくてたまらない。結末であわれな子たちが星になるのは、語り手の思いやりであり、点睛の趣がある。〔IT三四八「天道さん金の綱」〕

和尚《おしょう》さんと小僧《こぞう》さん

むかしむかし、寺じゃあ、魚は食うちゃならんちゅうきまりがあっただ。ある山寺に、そりゃあ、鮎《あゆ》の好きな和尚があった。

ある日のこと、和尚がひとりでこっそり鮎を焼いちょったら、うまか香りが寺中にぷんぷんしてきて、小僧の鼻をくすぐるもんじゃき、小僧は鼻をひくひくさせち、

「和尚さま、和尚さま、たいそううまか香りじゃなあ」

ち言った。和尚は、困ったやつじゃと思うたが、はや、隠すことが出来んもんじゃき、

「いや、いまかみそりを焼きよるところじゃ」

ち言いぬけた。

「へい、かみそりちゅうもんかい。珍しいもんじゃな。私ゃ鮎かち《（鮎かと）》思いよった」

とぬからずに言い返して、じろりじろり眺めるもんじゃき、

「まあ、鮎に似たもんじゃあるが、これはかみそりちゅう木の葉だ」

ち言うて、フチャフチャ食べちょった。

それから二、三日たってから、和尚は、遠いところから法事を頼まれたき、馬に乗り、小僧を馬《ば》丁《てい》がわりにして、カッポカッポと駆《か》けて行きよった。行きよったところが大きな川があって、橋の上から見てみると、鮎がうんとこさ泳いじょる。小僧はさっそく、

「和尚さま、和尚さま、見てみない《（見てみなさい）》。かみそりが、うようよするごと《（うようよするように）》泳ぎよる」

ち言うから、和尚はきまりが悪くなって、

「こら、小僧が何を言いよんのか。『見たことは見捨て、聞いたことは聞き捨て』ち言うことがあるけ《（あるから）》、だまって行きやがれ」

と叱りつけて、どんどん道を急いで行った。

ほしたところがにわか風がゴオッと吹きつけて、和尚の頭巾《ずきん》を飛ばしていったが、和尚の頭はつるつるしちょるから、和尚はいっこう知らんで馬をどんどん走らせよった。

しばらく行ったところで、鳥がちょうど、和尚の頭にべっちょり糞《ふん》をかけたから、こりゃ何としたことかと頭を撫でてみたら、一つしきゃない、大事な、いっちょうらの頭巾が無くなっちょる。

びっくりした和尚が、

「こりゃ小僧、おれの頭巾どげしたか《（どうしたか）》、知っちょるか」

と尋ねると、小僧は笑いながら、

「知っちょるとも。頭巾は、とうに《（ずっと前に）》風がもっていった。私も見ちょったけど、『見たことは見捨て』言われたから、知らせませんでした」

ちゅうて答えるもんじゃき、怒ることもできず、

「うん、そりゃおれが悪かった。けど小僧や、上から落ちる物は拾わにゃいかん。だからお前は頭巾を拾うて来《こ》い。おれはここで待っちょるから」

と言いつけた。小僧はさかしい者じゃき、落ちた場所をしっかり覚えておったとみえて、まもなく頭巾を拾ってもどって来た。ちょうどその時、和尚さんの馬がポタンポタン、糞《くそ》をたれかけておったから、小僧は、

「おお、上から落ちる物は拾わにゃいかん」

と、頭巾で受けて、ぽってりいっぱいにして、和尚さんにさし出したと。

おしまいの団子汁は《（これで昔話はおわった、という意味）》貝杓子がささらん。


——大分県宇佐郡——

＊解説

「和尚と小僧」の話は鎌倉時代の『雑談集《ぞうだんしゅう》』（無住法師）にも記録されている、古くから話に型をもった笑話群である。神童の話が和尚と結びついて笑話化されたのであろう。二人の関係は、狂言の大名と太郎冠者の関係に似ている。一休の頓智話もこの型の流れと言える。〔IT六〇五「和尚と小僧―あゆはかみそり」IT六〇六「馬の落とし物」〕

笠地蔵

むかしむかしあるところになあ、正直なおじいさんとおばあさんがあったっち。

二人は貧乏でな、毎日毎日炭俵を編んでは売りに行って、そのお金で帰りにはお米を買《こ》うて、その日その日を暮らしておった。年の暮におじいさんは精出して炭俵を編んだから、「ばあさんや、これで正月の物を買《こ》うちくる（買ってくる）からなあ」と、雪がこんこん降っちょる中を町まで売りに行きよったと。途中、野中《のなか》に七体のお地蔵さんが仲よう並んでござったと。おじいさんが、

「お地蔵さん、お地蔵さん、毎日通らせてもろうてすまんなあ」

とおじぎを一つしてからひょっと見れば、お地蔵様の頭には雪がいっぱい積んじょった。

「あーあ、お地蔵様、さぞ冷たかろうに。こん寒いのに、あんたは帽子もかぶらずに、衣《ころも》も着ずに」

と言うて通り過ぎたが、どうもかわいそうでならん。自分のかぶっちょる笠とみのを着せてあげたが、一人だけ着ちょってあとの六人は着ちょらん。おじいさんは「待っちょくれ」ちゅうて町に行き炭俵が売れると、「米を買わんでもいい。お地蔵さんに温《ぬく》い仕掛けをしてあげよう」と、たこらばっち《(竹の編笠)》を六つとみの六つを買《こ》うて来たと。帰りがけに、お地蔵さんの頭の雪を払って、みんなに一つずつ笠とみのを着せてあげた。「お地蔵さん、これで温《ぬく》うなったなあ」とおじぎをして帰って来たと。ほいでおばあさんと話したそうな。

「あんた、何か買《こ》うち来たんかえ」

「何も買うちこん」

「あんた歳《とし》の夜じゃちゅうのに、お魚の一匹も買えんで、どげんするかえ《(どうするかよ)》」

「いつも通らせてもらう道のお地蔵さんが、雪をかぶって濡れてござった。寒そうで、かわいそうで、炭俵を売った金をみんなはたいて、たこらばっちを買うてかぶせてあげた。お地蔵さんが今夜から温《ぬく》う休まると思うたら、わしはうれしゅうてこたえられん。おばあさん、今夜はおかゆをすすってもこらえとこうや」

「そらあ、ええことをした。ほんなら餅はつかんでも、おかゆで年を取ろうや」。

ほいで二人はおかゆをすすって、漬物《つけもの》を噛み噛み湯を飲んで、早々《はやばや》と寝てしまった。それで夜なかじぶんになったら、エッサコラ、エッサコラとかけ声が聞こえて、目がさめてしもうた。

「大歳《おおとし》の、雪の降る寒い晩に、誰がまあ、重たいもんでも引っぱるように、エッサコラ、エッサコラ言うことやら」

と雨戸を開けて見たけんど、誰もおらんと。空耳《そらみみ》だったかもしれんと、寝間《ねま》にはいって温《ぬく》もりかけたら、またエッサコラ、エッサコラと、すぐ近いところで声がする。戸を開けて表をじっと見たら、たこらばっちをかぶったお地蔵さんが七人、米俵をかついで来ては、三つも四つも、おじいさんの家の軒下に供えてくれたと。

「ああ、ありがたいなあ、もったいないなあ」

と、二人はお地蔵さんに手を合わせて拝んだが、お姿は、それっきり見えなくなったと。

それぎりの米んだんごって。


――大分県東国東郡――

＊解　説

大歳におこる奇跡を語る昔話の中でも「笠地蔵」は最もなつかしく、やさしい。地蔵に代わって正月様が登場する地方もある。後半の展開で、地蔵の鼻穴から米が流れ出たり、欲ばり婆が失敗したりして、笑話の装いをしてきている地方（主として西日本）も多い。幼な子の笑いをさそうためであろう。〔IT四二一A「笠地蔵―来訪型」〕

源五郎の天昇り

むかし、じゃったげなもん。

むかしあるところに源五郎《げんごろう》という男がおったげな。ある日のこと、源五郎どんが川の土手《どて》をぶらぷら歩いておる時小さい太鼓《たいこ》を拾うたと。それがまことにふしぎな太鼓で、「鼻高《たこ》うなれ、ポンポン」と言うて叩けば、鼻がにょきにょきっと高うなる。今度、「鼻低うなれ、ポンポン」と言うて叩けば、どこが鼻やらわからんほど低うなるげな。これは良かもんを拾うたと、源五郎どんは、ほがほが喜んで家へ持って帰った。しばらくは自分の鼻ばかり、伸ばしたり縮めたりして、眺めておったが、毎日のことであいてしもうた。せっかく面白かもんを拾うたからには、ひとつ他人の鼻でためしてやれ、と思うて、ある日仲間を一人連れて勇んで旅に出たげな。

知らない町に行って金持らしい家の前を通りかかると、中からきれいな娘が出て来るんだと。今

だ、と源五郎どんは、

「お嬢さんの鼻、高うなれ、ポンポン」

と門のかげからこっそり太鼓を叩いたところが、みるみるうちに鼻が伸びるげな。とうとう天狗さんのような鼻になってしもうた。お嬢さんは、びっくりぎょうてん、まっ赤になって、手で顔を隠すようにして家の中へ走りこむと、長々とした鼻を畳に横たえ、オエオエ泣いておった。家の人らが寄ってきて、

「こら、またどうしてこげんことば《こんなことに》なったろう。困った、困った」。

うろたえて医者よ法者《ほうじゃ》よと、走りまわり、手をつくしてみたが、娘の鼻は、いっこうに縮まらん。親御は思案にくれてしもうた。そこへやって来たのが、源五郎どんの相棒だ。神主さんになりすまし、「お嬢さんの病気を治すのにお役にたちたい」と言うて、もっともらしゅう、しばらくゴヨゴヨとご祈禱をしておったが、

「『娘の鼻高を治してくれる者には望み次第の金を出す』と貼紙《はりがみ》をしたがよかろう」

と言うて知恵を授けたげな。さっそく貼紙が出されると、頃あいをみて源五郎が、「鼻の治療、鼻の治療」と、大声でそのあたりをふれて歩いたそうな。親御は、どんな者にかかってもいい、娘を治してやりたいと、源五郎どんを家へ呼び入れた。

「ふん、こげん高い鼻なら、気長にやらんと治らんばい《なおらんよ》。まずお前さん方はあっちへ行ってくれ」

403　源五郎の天昇り

と言うて、屏風《びょうぶ》を張りめぐらせてもろうと、お嬢さんと二人きりになった。

「鼻低うなれ、ポーン」

と、太鼓をゆっくり叩いた。鼻はほんの少しずくんと縮んだ。なに、あせることはない、と源五郎どんは、すぐ叩くのをよした。もったいつけて、七日もかけて、やっと元の鼻にしてやった。親御は喜んで源五郎が見たことも聞いたこともないほど、ぎょうさんの《（たくさんの）》金を下されたから源五郎どんと相棒は、いい気持になって家に帰って来たそうな。

　ある時、源五郎どんは天気がいいことだし、原っぱにひっくりかえって、おれの鼻はどこまで伸びるかやってみたいもんだと、相棒に太鼓をポンポコポンポコ叩かせた。鼻はひょくひょく伸びて、やがて先が見えんようになった。雲を突き抜け、空の奥へ奥へと伸びて行って、とうとう天竺《てんじく（天の国）》へ届いてしまったと。

　その時天竺では、天《あま》の川の橋ぶしんをやっておったが、大工《だいく》どんが、杭《くい》がもう一本たらんで困っていたところじゃった。ひょいと下を見てみれば、下界の方から棒っ杭のようなおかしげなもんが、ずんずんやって来るげな。大工どんは、「おお、こらいいもんが来たぞ」と源五郎どんの鼻をつかんで、天の川の橋の欄干にしっかりとくくり付けよった。そうとは知らぬ源五郎どんが、「どうも鼻の先のずっと先の方がむずむずしてならん。今度はひとつ短こうしてやれ」と、太鼓の裏側を、「鼻低うなれ、ポンポン」と、ポンポコポンポコ叩いてもろうた。ところが鼻の先は、天竺にしっかりとくくり付けてあるから、源五郎どんのからだの方が、たぐり寄せられるふうに上がって行った。

　行くところまで行って、着いたところははるかな空の、天の川にかかった橋の上だ。そこで源五郎どんの鼻はやっとこさ欄干から抜けて元どおりになった。ほっと一息入れていると、向こうから、どかどかと雷どんがやって来たのじゃ。まっぱだかに虎の皮のふんどしをしめて、何とも恐ろしげなもんだ。源五郎どんはからだを小さくしとったけれども見つかってしもうた。

「おお、こげんとこ《（こんなところに）》へ人間がおった。ひとつわしの手つだいをせんか。夏になってから、めっぽう忙しゅうて困っちょる。ええな《（よいな）》、頼んだぞ」

「へえ、雷どん何《なん》なりと教えたり使うたりしてくだされ。天竺のことは西も東もわからんもんじゃけん」

源五郎どんが這《は》いつくばって《（平伏して）》、がたがたふるえながらこう言うと、

「なになに、こわがるな。わけはない」

と笑いとばして、雨降らせやら、雲のひろげ方やらを教えてくれた。雷どんが背中の太鼓を、ドロドロドドンドンと叩いて駈《か》けりまわると、源五郎どんが水をまくのだ。ほんのちょびちょびっと垂らしても、下界では大雨がドシャガシャと降る。「そりゃ夕立が来た」と、おかみさんがあわてて洗濯物を入れたりするのを見ておると、面白うてたまらん。源五郎どんは調子にのって走りまわっ

ておるうちに、つい、雲を踏みはずしてまっさかさま。何もわからん棒のようになってドーンと落ちた。落ちたところが近江《おうみ》の国の琵琶《びわ》湖のどまん中だ。源五郎どんが夢中でもがいておるうちに、何《なん》でもふなになってしもうたいうわい。

いまでも琵琶湖には源五郎ぶなという大きなふながおるげな。

——長崎県南高来《みなみたかき》郡——

＊解　説

日本の代表的大話《おおばなし》で、のどかな春の日長にこそふさわしい話。この話はふしぎに桶屋が主人公で、名を源五郎と呼ぶことが多い。話好きな桶屋仲間がとり巻く子らにほらの限りをつくし、とりわけ源五郎なる人が傑出した噺《はなし》の者として記憶されたのかも知れない。とすれば、琵琶湖の国、近江は源五郎のふるさとだったのか。〔IT一一四二「傘屋の天昇り」〕

宝化け物

むかしむかし、武士《ぶし》が武者修行《むしゃ》に歩きよったそうな。ある日のこと、日が暮れてしもうたけん、どっか泊まるところはあるめえかと思うちょったところが、ええあんばいに空家《あきや》があったそうな。

「この空家に泊まってもよかろうか」

と近所の人に聞いてみた。

「そりゃ、いいけんど、あそこにゃ化け物が出ます。それでよけりゃ、お泊まんなさいまし」

と言うことなので、「そりゃかんまん(かまわん)」ちゅうて泊まったそうな。

やがてのほどに真夜中がくると、床《ゆか》の下からむぐりむぐりと黄色いかみしもを着た人が出て来て、庭の方を向いたかと思うと、「さいわい、さいわい、さいわい」と三声呼んだ。すると「へえい」と答えて出て来たもんがあるそうな。そうして二人で何かぐずぐず話しよったが、しばらくすると二人とも消え失《う》せてしもうた。化け物というのはあれだけかと思うておると、こんどは白いかみしもをつけた人が出て来て、庭の方を向いて、「さいわい、さいわい、さいわい」と三声言うと、やっぱり「へえい」と言うて何やら出て来て、二人で何かぐずぐず話しよったが、また消えてしもうたそうな。三度目には赤いかみしもをつけた人が出て来て、やっぱり庭に向こうて、「さいわい、さいわい、さいわい」と三声言うて、何やら呼び出し、二人でぐずぐず話してから、どこかへ消えてしもうた。

武士は、よし、今度はおれがやってみようと思うて、庭へ向いて、「さいわい、さいわい、さいわい」と三声言うたら、「へえい」と言うて同じものが出てきたと。武士はその者の衿首《えりくび》をぐいっとつかまえて聞いてみた。

「最前《さいぜん》から見ちょりりゃ、黄色や白や赤いかみしもを着たやつが出て来て、お前と話をしよったが、ありゃいったい何者か。お前らは性《しょう》あるもんか、ないもんか」

「へえい。私どもを相手にしてくれるお方は、あなたさまが初めてです。この家は、むかし大層な分限者《ぶげんしゃ》の家でございまして、この床の下にゃ、大判小判、そのほかお金がたくさん壺の中にはいって埋《うず》まっちょります。黄色いかみしもを着て出たのは金《きん》の性《しょう》、白いかみしもは銀の性、赤いのは銅の性でございます」

「そうか、きさまは何者か」

「私は壺の性でございます」

「そうか、わかった。そんなら帰れ、もういいぞ」と壺の性を下がらせて、武士はもう一ぺん寝たそうな。

あくる日近所の人が、武士は食われてしまっちょろうと来て見りゃあ、大きないびきをかいて寝ちょるけん、ゆり起こして聞いたと。

「ゆうべ化け物が出りゃあしませんじゃったろうか」

「おお、出た、出たぞ。何でもこの床《ゆか》の下に金が埋まっちょるそうじゃけん、皆で掘ってみちゃどうか」。

掘ってみたところが、出た、出た、大きな壺に金やら銀やらのお金がぎっちりつまって出て来たそうな。

もすこしぱちりん　米ん団子三つ。


――大分県臼杵《うすき》市――

＊解　説

無住の古寺などの化け物屋敷を舞台とした怪談の一つだが、楽しい印象で語られることが多い。これはいたずらに死蔵された金の精の話である。大判小判にこもる人の執念を感じた古人の伝承であろう。〔IT二九五「宝化け物」〕

腰折れ雀

むかしむかしずっとむかし、あるところにとても優《やさしい》しかおばあさんがおらしたと。そして毎日花を作ったり、子どもに話を聞かせたりして暮らしよんなはった。

ある日のこと、おばあさんが庭に出てみなはったところが、羽を折られた雀が一羽、飛びたつことができんで、ピーピー、バタバタしよった。おばあさんはかわいそうに思うて、籠《かご》の中に雀を入れて、米を食わせたり、水をやったりしてかわいがりよんなはった。そのうちに日ましに雀もなおってきたので、あるぬくい日に籠から出してやって、

「もうお前のけがは良うなったけん、これからお父《と》っさんお母《か》っさんのところに飛んで行きなはり」

と言うて放してやんなはった。雀はちょっとの間バタバタしたが、すぐにどこかへ飛んで行ってしもうたと。

ひと月ばかりたってから、おばあさんの家の庭にいつかの雀が来て、チュンチュンチュンとしきりに呼ぶそうな。「おお、また訪ねてくれたかいや」とおばあさんが出なはったら、

「この間は大けがをしているところを助けてくだはりまして、ありがとうございました。今日《きょう》はお礼に来ました」

と言うて、おばあさんの前に、ぴんぴんぴんと跳《と》んで来て、何か種のようなものを一粒ぽろんと落としてくれたと。

「何の種だろうか。ひとつまいてみようばい」

と、おばあさんが庭にまいておきなはった。するとそれがいい芽を出して、ずんずん伸びて葉も茂るし、花が咲いて実がなった。よう見ると、見事なひょうたんだった。ぎょうさん《たくさん》なったんで近所にも配り、五つ六つは倉の中に下げておんなはったと。秋になって、よう熟《う》れて皮が堅うなったけん、おろしてみると、そのひょうたんの重いことというたら、とっても抱《かか》えきれんほどであった。ふしぎに思うてのぞいて見たら、中にはまっ白い米がいっぱいはいっとった。米は、出して使っても使っても尽きるということがない。おばあさんは、米を食ったり売ったりして、安楽な一生を送んなはったと。

ところが隣の欲深ばあさんが、「ええことを聞いたばい。わしも米が尽きんほどほしいもんだ」と思うて、そこら中、けがした雀を探して回らしたばって《けれども》んが、どこにも見つからんと。そこでそこらの木にとまっとった雀に石を投げて、木から落ちたところを押さえてもどった。優しかばあさんの真似をしくさって、米粒やったり水をやったりしておらした。ちっと元気になると、さっそくに雀を放してやった。

ひと月ばかりもたってから、雀がやっぱりこの欲深のところにもやって来た。そうして何かの種を持って来たもんじゃけん、庭にまいたところが、大きくなって、花が咲いて、実がちっとばかりなったと。それで欲深ばあさんは、その実を惜しみ惜しみ近所に配って、残りは倉の中に下げておいた。

「いよいよ米が出ようばい」。

待ちかねてひょうたんをおろしたところが、ひょうたんは、もごもご動きだして、中からは、蛇が出る、蜂が出る、むかでが出る。とうとう欲深ばあさんを殺してしもうたそうな。

――熊本県鹿本《かもと》郡――

＊解　説

古くは鎌倉時代の『宇治拾遺物語』に「雀恩を報ゆる事」の題で載っている。また、朝鮮にも伝承がある。京都府丹波の国で「伊予のひょうたん作り」の民謡を伴ってこの昔話が伝わっているように、ひょうたんのもつ呪力に重心があるようだ。「蛇聟入り」（水乞型）、「猿聟入り」でも、ひょうたんが娘の危難を救っている。〔IT三六五「腰折れ雀」〕

運定めの話

むかしなあ、金持の父《と》っさんがおられてな、奥さんが身おもで大腹《おおはら》、下女も大腹やったちゅうわ。ある日父っさんが仕事で遠くへ行っての帰り、山の峠にたどり着いてみられたところが、はやすっかり暮れてしまって歩くことができなかったちゅう。困ってしまって、

「あいや、ここに木があるで、おらは木の下へ泊まろう」

言うて、ばさばさと葉が茂った木の下へ寝とられた。夜なかごろ遠くから、

「つづら木やあい、つづら木やあい」

と呼びながら何者かが近づいて来た。すると父っさんの宿っとるつづら木が、「はい、山の神さん」

と答えたちゅう。

「今日《きょう》、手打《てうち》の村にお産があるちゅうが、いが泣き聞き《(産ぶ声)》に行こうい」

「おれも行きたいが、まあ今夜不意のお客さまがおって行くことがならん。お前が行って聞いて来て、おれへもそのいが泣きば言うて聞かせんかい」

「よう、よう《(はい、はい)》。言うて聞かするでえ、お前は寝とれい」。

そんな話をしてから山の神は行ったちゅう。なるほど、おれがつづら木の下に眠っているからお客さまだというのだろう、と思うておった。いっ時《とき》してから、「つづら木じょう《(さん)》、つづら木じょう、おめでたくお産ができたぞ。お産は一人かと思うたら二人じゃった」と言いながら山の神が帰って来た。

「それはご苦労、いが泣きを聞いたか」

「聞いてきたど。父っさんが子は男の子で、杖一本ちゅういが泣き、下女が子は女子《おなご》で塩一升ちゅういが泣きやった」

「その女子は、ええ運をもって生まれたのう。塩一升とは大したもんだ」

「ところが人間ちゅうもんは、ものを知らんもんやあい。父っさんが子と下女が子と夫婦になせば、よか暮らしができるのに」

「人間ちゅうもんは、それがわからんのだ」。

話のいちぶ始終を聞いた父っさんは、つづら木と山の神が言っておったのは、自分の子どものことに違いないと、夜明けを待って急いでもどってみた。見れば自分の家には男の子が生まれ、下女は女の子を生んでいたから、これはどげん《(どんなに)》してでも夫婦になそうと思っておった。

話は早いもんで、いっしょに生まれた二人の子は年ごろになった。父っさんは下女の子を、衣装から食物から、何から何まで世話をして、ほんとの娘のようにかわいがったが、息子はひどく嫌って、「だれがお前みたいな下女の子とおるもんかあ」といじめ始めた。下女の子はとうとう家におることが出来ず、家を出て行ったちゅうわ。

行き先もない娘はお宮のそばを通りかかりながら、ふと、「あいや、今夜は神さまのところへ泊めてもらって、世間へ出て行くのは、それからにしょう」と思って、神さまの社《やしろ》へ泊まっとったちゅう。夜なかにふと目がさめると、話し声が聞こえてくる。神さまたちは、

「あの人はこの人と結べ、この人はあの人と結べ」

とありったけの縁を結んで夫婦を作りあげる相談をしておられた。

「下女が子は、いつもこの社の前ば通って行く、あの炭焼きと結べ」

「この福々しい娘を家から追い出したりして、あの金持の息子はばかもんよのう」

と言われたちゅう。

あくる朝、夜の明けるのといっしょに、炭俵をかついだ人が通ったと。娘は、おう、この人だな、逃がすまいぞと、

「こら、お前や、待ってくれえ」と男を呼びとめた。

「なにごとか」

「お前とおらは夫婦の縁が結ばれたで、おらを連れて行ってくれえ」

「あよう、お前がごと見事か人《（お前のように美しい人）》はいらんで。おらが家には似合わん人や。おらは見られるとおりの貧しい炭焼きや。連れちゃあ行かん」。

そう言って走り去ろうとすると、

「それでも、神さまに結び合わされた縁ではなかか」

としがみついた。その人にぶらさがって、ついて行ったちゅうわ。すっかり夜が明けてから見れば、男がかついだ炭俵の回りには、金銀の粉がまぶしたようにくっ付いとる。

「お前はどこからこの俵を持って来たとか。こら金銀やが」

「おれが炭焼くそばに、そげんな《（そんな）》ものはいくらでもあらあ。そら赤土や」

「んにゃ、赤土じゃあなか、こら金銀や。もう、炭焼くどころじゃあない。行って背負いましょう」。

そんなわけで金銀を運びこみ、そいつを入れる倉を建てた。西にも倉、東にも倉、金銀のつまった倉を屋敷中に建て並べ、人も大勢使ったので、一家で一日に塩一升使うような長者になったちゅうわ。

それから何年かたってての話じゃが、むかし、つづら木に宿った父っさんの息子は、すっかり落ちぶれて、杖をつきながら長者の家にやって来た。「まあ、お前は……」と驚く奥さんに、そん男は、

「お前が家を出てからは、潮《しお》が引くように財産がへりだして、とうとう食うに食われぬ貧乏になってしもうた。おらは杖一本でこげんして《（こんなにして）》物貰いして歩きまわっておる」

と話した。

「あや、もう貰って歩くことはいらんで、早よう来い。おらが家のどの棟《むね》にでも住め。嫁さんもお前のよか人ば持て」

そう言うて面倒をみてやったと。

山の神さんとつづら木の神が、いが泣きを聞いて生まれ子の運を話し合われたが、二人の一生は、そのとおりだったちゅうわい。

そひこのげえな。《(それだけですよ)》

——鹿児島県薩摩郡甑《こしき》島——

＊解　説

一名「産神《うぶがみ》問答」とも言うように、出産の神である、山の神・箒《ほうき》神・便所の神などの問答で予知したとおりに赤子の生涯が展開する話。後半に「炭焼長者」のモチーフが付くことも多い。いずれにしてもわが民族の幽遠な昔の信仰心をうかがうことができる。「運定めの話」には、水の難やあぶと手斧の難などの話もある。『今昔物語集』『大和物語』『神道集』などの古典の説話にも類話があらわれる。〈IT一四七「運定め—男女の福分」〉

隠れ里

これは昔、われらの喜界島《きかいがしま》にほんとうにあったことである。

昔あったること、志戸桶《しとおけ》の天神泊《どまり》のなぎさに大きい岩がある。その岩のところへいつも牛を連れて、つないでいく男がおったと。ある日、男は牛をつないでから、あんまり眠かったのでその辺にぐっすりと眠りこんでしもうた。しばらくして目をさましてみれば、これは何としたことか。何万何千という蟻《あり》が、あんげに大きい牛を引き倒して、大岩の穴の中へ引き込んでゆくではないか。「アイヤ、これはおおごとじゃ」と男は力の限りに綱を引いたが、蟻の力も強いもんでどうしても引きもどせない。男はとうとう牛といっしょに穴の中へ引きこまれてしもうた。

穴の中には広々とした畑があって、男がひとりいたが、

「ただいまは有《あ》り難《が》てえことでした。畑をこわばらせて(固くして)困っているところだったが、あなたの牛のお蔭で耕すことができて助かった」

と礼を言うのだが、男はどう言うてええかわからずに、

「牛はあなたにあげますから、命ばかりは助けてくだされ」

と、ひたいを土にすりつけて頼みこんだ。

「何を恐るるか、心配はいらん。私は礼を言っているのだ。この金を受け取ってくれ。これからも、いるだけの金はここに取りに来てくるるならばあげよう」

と言ってたくさんの金をくれた。「けど、このことを決してだれにも語ってくるるな。語ればもうよか暮らしは出来らん」とつけ加えた。男はお蔭で潮《しお》の満ちるように金がたまって、しばらくの間《ま》に村一番の金持になった。

『金にびん(頭)たを打たれる』という事がある。この男も金に不自由せんようになると、あれほど口止めされとったことも忘れてしもうて、ある日酒を飲んだ時、友だちに、「おれは金には少しも困らん。それはこういうわけだ」としゃべってしもうた。それを聞いた友だちが、「金はほしくはないが、ちょこっとそこが見たいから連れて行って見せてくれ」と頼んだから、二人連れでなぎさの岩へ行った。ところが穴の口はどうしても開かん。それからいうもの、男は金がなくなり始めて、とうとう元々どおりの貧乏になったいう事だ。


――鹿児島県大島郡――

＊解説

この類の話は伝説的に伝えられる。九州にはとりわけ隠れ里とされるところが多い。中でも、薩摩の鹿籠《かご》山中、日向《ひゅうが》の霧島山中などが知られている。古典の世界にも、中国の『幽仙窟』に描かれて以来、ぁくことなく登場する。〔IT八三「隠れ里」〕

旅《たび》人《びと》馬《うま》

むかしあるところに金持の子と貧乏人の子とがおって、兄弟よりも仲好う行き来しとったと。ある時、二人はそろって遠い国へ旅に出たそうな。

むかしのことだからどんどん歩いて行くうちに、来たこともない町で日が暮れてしもうた。そこで宿屋を見つけて泊まったと。むかしから、『貧しい人間の子は眠られん』いう言葉があるが、その日夕飯がすんで、「さあ寝よう」とふとんにはいっても、貧乏な子は、どうしたことか目がさえて眠れんかった。真夜中ごろ、ミシンミシンと気味の悪い足音がして、誰かがするする障子をあけてはいって来た。見れば宿の女だった。「いま時分、何をするのだろう」貧乏な子は寝たふりをして、じっと見守った。

女はいろりのほとりに座ると、まるで田をすくように、いろりの灰を掻きまわして、ならしてから、ぱらりぱらりともみ種をまいた。するとつんつん芽が出てきて、いい苗がはえそろったと。女が苗をぬいて田植えの時のように灰の中にさしていくと、稲の株はずんずんふえた。田の草もとった。みるみる青い穂が出て、黄色にうれると、鎌で刈ってもみにして、米にした。それを石臼にかけて粉にしてしもうた。女は粉で上手に餅をつくりあげると、すっと出て行った。貧乏な子はふしぎなものを見てしもうて眠れんかったと。

夜が明けると、女は「さあ、お茶でも飲んでくだされ」と、お盆にうまそうな餅を盛り上げてはいって来た。貧乏な子は友だちのひざをつねって、「あの餅を食うなよ」と、そっと耳もとで教えたが、聞こえんかったんか、金持の子は一つ食べた。また二つ目を食べ終わってからだをぶるっと震わせたとたんに、馬に変わってしまった。それで初めて気づいたのか、

「お前がひざをつねって知らせてくれたんは、このことだったか。浅ましい馬の姿に変えられて、何とも情けない」

そう言おうとしてもどうしても、今はもう人間の言葉をしゃべることができん。貧乏な子は「泣くな。きっとお前を元の人間にもどしてやるから」と励ましたが、馬は涙をたらたら落として泣くばかりだと。宿の者は、泣いている馬にはかまわずくつわをはめ、綱をつけて馬屋へ引っぱって行ってしもうた。そのすきに、今こそと思って、貧乏な子はその恐ろしい宿を逃げ出した。

ずんずん歩いているうちに、白いひげをはやしたおじいさんに行き会った。この人に友だちのことを相談してみよう、ええ知恵を授けてくれるかもしれん、と思ったんで、「とつぜん物をお尋ねします。じつは私の一番仲よしの友だちが、宿屋でいろりにまいた稲の餅を食うて馬に変えられてしまいました。あなたのようなお年の人ならご存知かと思うのですが、どうしたら友だちを元の人間にもどせるでしょうか。教えてたもうれ」と頼むと、おじいさんは、よしよしとうなずいて、「よくぞわたしに聞いてくれた。そんなことならわけはないぞ。ここをずっと向こうへ行っておると、一反畑《たんばたけ》に茄子《なす》ばかり植えた畑がある。その中で東に向いた一本の茄子から七つの実をもいで食わせれば、きっとお前の友だちは人間にもどれるぞ」

と教えてくれた。

「これはありがとうございます」。

貧乏な子は飛ぶように歩いて茄子畑を探しに行った。やっと茄子ばかり植えた一反畑に行き着いたので、子どもは喜んで、『東に向いて一本の木に七つなった茄子』を探した。

東を向いて四つなったのはあったけれど、どんなに探しても七つなったものはなかった。あきらめてまたどんどん先へ歩いて行くと、また茄子ばかりの一反畑を見つけたので歩き回って探した。けれどもどんなに探しても、東を向いて五つなった木はあったが、七つもなったものはなかった。またどんどん先に行くと、また大きな茄子畑があったので、行ったり来たり歩き回って探してみた。

こんどは東を向いて六つなった木は見つかったが、七つなった茄子はなかった。それでも力を落とさんでどんどん先へ行くと、また大きい茄子畑があって、やっと東を向いた一本の木に七つなった茄子を見つけた。子どもは、「これじゃ、これじゃ」と喜んで七つの茄子をもぐと、いっときも早う友だちを救ってやりたいもんだと、走りつづけに走って宿屋へもどった。

もどってみれば友だちの馬は、ちょうど田んぼへ引っ張り出されるところだった。貧乏な子は、馬の傷だらけの背中を撫でてやって、

「ほれ、人間にもどるんだ。きばってこれを食えよ」

と言いながら茄子を食べさせると、四つまではサクサク食べたが、残りをよう食べん。「どうした。これを食べんことには、お前はいつまでたっても馬のままだぞ」と叱りつけて、一つずつ口へ押し込んでやった。一つ食ってはかぶりを振り、また一つ食ってはかぶりを振ったが、とうとう七つ食べきった。食べきったと思うと、面白いように人間に変わっていった。

二人が旅に出た時と同じように、連れだって金持の子の家に帰って来ると、家中が大喜びで迎えてくれた。父親が、

「今までどこにどうしておったのか」

と尋ねるので、息子は、

「実は何か月もの間馬に変えられて、朝から晩まで働かされ難儀をしました。一日の長かったこと、

つらかったこと。自分の気持をだれにも言えず、物を言おうとしても『ヒヒン』と言えるだけで、早く晩になればよいがと、そればっかり思って過ごしました。この人が助けてくれなかったら人間にもどれなかったところです」

と語ったから、父親はひどく心を打たれて、あるだけの財産を二つに分けて、貧乏な子に一つ分をくれた。それで二人とも金持になれたということだ。

――鹿児島県大島郡喜界《きかいが》島――

＊解説

逃鼠譚《とうざんたん》の中でもどこかエキゾチックな香りがする話だが、『今昔物語集』にも人が馬に変えられる話がある。さらに古い『日本霊異記《にほんりょういき》』では牛に転生する話が多い。いろりで育てた稲の餅は呪力がある。いろりの神聖さと穀霊の霊力であろう。ふしぎな老人は『霊異記』には隠身《いんしん》の聖《ひじり》として出る。グリムの「鉄のハンス」は同系の話。〔IT二八六「旅人馬」〕

龍宮女房

昔あったことには、それはそれは不幸な一家があったと。大勢おった家族が、どうしたわけだかばたばた死んでしもうて、母親と末のまだ若い男の子だけが残ったそうな。貧乏で自分の地所《じしょ》を持たんかったから、親子二人はたちまち食うて行くことができん。考えた末、若者は山から花をとって来ては売り始めたが、その日はどこの家でも、「花はいま買うたばかりじゃけ」とか言うて、一人も買うてくれんかった。

若者が、売れ残った花をかかえて、ぐんなりして歩いておったら浜べに出た。白い波がサーサ、サーサと折れては返すのを見ているうちに、「そうじゃ、ネインヤ(龍宮)の神様にこれをさしあげよう」と思いついて、

「ネインヤの龍神さまへ私の花をあげ申す」

と言うて、花束を沖へ向けて投げこんだ。まっ青《さお》い海に渦巻が起こって花束は海に吸いこまれた。若者が、とにかく今日はよかことをした、と思うて帰りかけると、「もし、もし」と呼びとめる者

がある。見れば海の上に大きな亀がぽっかり浮いとった。

「先ほどは、よか花をどっさりもらって、ありがとうよ。私は龍神さまの使いですが、ネインヤでは正月の花がなくて困っていたところでしたから、龍神さまがたいそう喜ばれて、あなたをぜひネインヤへお連れしてこいとのことです。さあ、私の上に乗ってください」

と、岸辺まで、大きな背中をうんがりうんがり寄せてきた。ためらっている若者に、「ネインヤまではほんの一息ですから」としきりにすすめるので、若者はとうとう亀の背中にまたがったと。亀は、

「さあ、あちらへ着くと、龍神様があなたに何がほしいか聞かれるはずですから、その時には、『神様の女の子こそほしいものです』と答えるのですよ」

そう言って教えてくれた。二人は水にはいったかと思うと、たちまちのうちにネインヤの門口まで来ていた。門には七人の番人がおり、白い魚は白鳥になり、赤い魚は赤い鳥になってあちこち飛び回り、美しいことというたら、たとえようもない。神様は、若者が見たこともないごちそうを並べたてたてもてなしてくれた。夢のような三日が過ぎて、帰る時が来た。

「ほんとうに楽しか思いをしましたが、母が待っておりますからおいとまします」

と言うと、龍神さまは、

「お前の一番ほしか物をみやげにあげよう。何なりと望め」

と聞かれたから、若者は亀の言葉のとおりを言うた。

「龍神さまの女の子こそほしかと思います」

「そうか。私の大事な一人娘だが、どうしてもほしかと言うならあげよう。妻にしてやってくれ」

と清らかな娘を下された。

若者は新しい女房を連れて、もとの浜辺にもどってみれば、ただの三日と思うとったのに、人間界では、はや三年の月日が過ぎていて、母親は、石にもたれて飢え死にをしておったと。

「ああ、貧乏ゆえに母親にひもじい思いをさせ、あげくは殺してしもうた」。

若者がなきがらにすがりついて悲しんでおると、女房は、

「もう歎くことはなか。お母さんはよみがえります。私に任《まか》せてくだはり(さい)」と、ネインヤから持ってきた生き鞭《むち》を取り出した。なきがらに水をそうそうと掛けて、鞭で一撫でした。するとふしぎや、母はふうと息をふきかえした。二度撫で三度撫でると、すっかり元気になって、「うーん」と起き上がった。親子は手をとり合うて喜び、つもる話を話し合うのやった。

さて、三人で家にはいってみたが、三年の間、雨風にさらされておっては、住むに住めないありさまだった。女房は、

「三人で敷地の用意ができれば、あとは、宝の小槌で何とかしましょう」

と言うたから、力を合わせて、野原の雑木を切り倒して屋敷ごしらえをした。ネインヤから持って

きた打出の小槌を取り出して一振り振ると、そこに大きな光るような家が、ずはっと出た。続けて家のそばには、八とまえやら十とまえやらの倉を打ち出し、三度目には、倉にぎっちりつまるほどの米を出したから、みるみるうちに若者は恐ろしいほどの金持ち物持ちになり、龍宮女房のお蔭で長者の暮らしを始めたと。

さて、ネインヤから来た女房は、天界、地界、水界と、どこを探しても見つからんほど美しか女《おな》子《ご》であったから、その評判は殿様の耳にまで届いてしもうたと。そんな女子をこそ自分の妻にしたいと、殿様は考えをめぐらせて、ある日、若者を呼び出して、

「千石の米を、明日《あす》までに上納するか。できんとあれば、お前の妻はおいが取らす」

と言い渡した。あんまり無理な難題に、若者は青ざめ、頭をかかえて帰ってきた。女房に、

「どげな御用でしたか」

と聞かれても返事もできない。「男ともあろうもんが、そげな事でどうします」ときつう叱られたので、やっと殿様の言葉を伝えた。

「おや、そげん事なら造作《ぞうさ》もなか」

と女房は夜なかになるのを待って、みそぎをした。清らかなからだで浜辺におり立つと、海へ向かってさし招いた。すると何百という馬がそれぞれ米俵を負うて、水の中からサワサワと出てくるのだった。さっそくに俵を家の庭に運びこませると、馬どもは海へ帰した。あくる朝、若者が使いをたて

ると、殿様の家来は何百頭もの馬を連れて米俵をひき取りに来た。殿様は「うーん」とうなって、

「こしゃくなやつじゃ。もう一度男を連れてこい」

と命じた。今度は、

「千尋《せんひろ》の縄を明日までに納めよ。できんとならば、お前の妻はおいが取らす」

と、こう言い渡した。若者がしょぼしょぼしょぼくれて帰ってくると、女房は聞いた。

「今日の御用は何でしたか」

「明日までに千尋の縄を出さんとなら、お前を召し上げるというのだ」

「おや、そげん事ならわけはなか。私にお任せくだはり」。

女房は、また真夜中が来るのを待って、みそぎをすると浜辺に立った。海へ向かってさし招くと、この前同様に、千尋の縄を負うた馬が出てきた。さっそく明けの朝、若者が上納すると、殿様は、

「うーん、またやりおったか」と、腹だたしげにこう言うた。

「では、正月元日に、六百九十九人の家来を連れて、お前の妻を見にゆくぞ。ごちそうと泡盛《あわもり》（琉球しょうちゅう）七十七壺したくしておけ」。

いよいよ元旦に、ずらずらと七百人の行列がやって来たが、殿様は考えるところがあって、自分と一番下役の衣装をとりかえ、上役と下役とをことごとく逆《さか》さまにした装《よそお》いでやって来た。女房は、人一倍さとりが早かったから、障子の隙間から一目見ただけで、ははあ、我らの目をあざむいて、

殿様に対して粗相があれば、すぐに引っ張りたてる魂胆であろう、と見破っておった。

女房は、かいがいしいたすきがけで、一度に七百人のお膳をさっと出した。お客が席につこうとすると、「いっとき待ちたぼうれ」（ちょっとお待ちください）と、粗末な身なりの殿様の前に進み出て、

「殿様、ようこそお越しを」

とほほえんで、一番上座に直ってもろうた。それから七十七壺の泡盛《あわもり》を出して大盤ふるまいがつづいた。やがて、いい機嫌になった殿様は女房に命令した。

「もっと何か、芸事《げいごと》でも出して見せよ」

「芸事は何にいたしましょう」

「荒いとがよか」（大芸の仕事歌）

「はい、ではただいま」

と答えて、女房は小箱を持って来てさっと開けた。中からは何百人という男や女が、晴れの衣装をつけてとび出し、面白おかしく囃《はや》したり、舞ったり、まるでにぎやかな祭りのようだった。殿様は、

「ほう、見事じゃが、今度は細《こま》いとば出して見せよ」

「殿様、細いとは危《あぶ》なか。どうぞおやめくだはりませ」

「かまわん。わしの命令じゃ。出せというのに」。

そこで女房が別の小箱を開けたところが、鉢巻しめて、刀を持った小人《こびと》が、あとからあとから躍

り出て、「エイヤ、ハッチ、エイヤ、ハッチ」と殿様から家来まで、すっかり切り捨てた。とみるまにそこに大川ができて、切られた人を残らず海に押し流してしもうたと。

それで若者は殿様になり、夫婦は安気に暮らしたということだ。

にゃーじゃ《（昔話はそれっきり）》。

——鹿児島県大島郡鬼界島——

＊解説

異類の女が人間と結婚する型の異類婚姻譚で、「海幸山幸《うみさちやまさち》」の名で知られた上代の神話にも見える。山幸の妻となった豊玉姫はしまいに山幸のもとを去るのだが、昔話では女房は権力者の難題をはね返して幸福をかちとる。遠い祖先以来の海神信仰が花咲きほこっている。〔IT二一五「龍宮女房」〕

きりなし話

(1)

あるところの谷川の川ばたに、大きなとちの木が一本あったと。

そのとちの木さ、実がうんと鈴なりになったけれどもなあ、その木さ、ボファと風が吹いて来たとなあ。

するとどちの実がひとつ、ポタンと川さ落ちて、ツブンと沈んで、ツポリととんむくれて《(回って)》浮き上がり、ツンプコ、カンプコと川下の方さ流れて行ったと。

するとまた、その木さ、ボファと風が吹いて来たとなあ。

するとどちの実がひとつ、ポタンと川さ落ちて、ツブンと沈んで、ツポリととんむくれて浮き上がり、ツンプコ、カンプコと川下の方さ流れて行ったとさ…………。

――岩手県上《かみ》閉《へ》伊《い》郡――

＊解説

果てもなく昔話をせがむ子どもに、「長い話」として「天からふんどし云々」などとおおらかにそらす類の一つ。遠い祖先は、昔話を神聖な言葉とし、むやみな昔語りをつつしんだ。〔IT一一八一「果てなし話—落ちる木の実」〕

(2)

昔むかしその昔、もひとつ昔のまだ昔、おじいさんとおばあさんがおって、おじいさんは山へ柴刈りに、おばあさんは川へ洗濯に行ったそうな。おばあさんが洗濯しよったら、大きな桃が、ドンブリコ、コンブリコと流れてきた。おばあさんが桃を拾うて食べてみたら、とってもおいしいんで、「もひとつ流れえ、おじいさんにあげる」言うたら、また大きな桃が、ドンブリコ、コンブリコと流れてきたそうな。

「もひとつ流れえ、(けんちゃん) にあげる」言うたら、また大きな桃が、ドンブリコ、コンブリコと流れてきた。それからまた「もひとつ流れえ、(あいちゃん) にあげる」言うたら、また大きな桃が、ドンブリコ、コンブリコと流れてきた。——( ) の中に聞き手の名前を次々にいれる。子どもが眠るまでつづける。

——鳥取県倉吉市——

＊解　説

子どもに絶大な人気のある「桃太郎」の発端を語って、話の中に聞き手の幼児の名を呼んで喜ばせる。子どもはうれしがり、話をつづけているうちにやがて眠くなる。めでたしめでたし。〔IT一二〇四「流れた瓜」〕

本書に収載した昔話の分類表

(1) 本書に収載した昔話のタイプ（話型）を内外のタイプインデックスによって分類し示した。

(2) 分類表は横組みで表示し、左から右へ、次の順に並べて示した。

① 収載昔話の番号と題名

② 「IT」「日本昔話タイプ・インデックス」……稲田浩二『日本昔話通観』28「昔話タイプ・インデックス」1988 同朋舎出版 の番号とタイプ名

③ 「AT」……Antti Aarne, Stith Thompson: The Types of the Folktale 1964 HELSINKI(FFC184)

④ 「朝鮮民族」……「CT」……崔仁鶴『韓国昔話の研究』1976 弘文堂

⑤ 「漢民族」……「ET」……Wolfram Eberhard: Typen Chinesischer Volksmärchen 1937. HELSINKI (FFC120)

⑥ 「アイヌ民族」……稲田浩二・小澤俊夫『日本昔話通観』1「北海道（アイヌ民族）」1989 同朋舎出版

⑦ 『日本昔話名彙』……柳田国男監修・日本放送協会編『日本昔話名彙』1948 日本放送出版協会

⑧ 『日本昔話大成』……関敬吾『日本昔話大成』全12巻1978 1979 角川書店

(3) 表中に示した番号の・。の印

・ おおむね一致するもの

。 部分的に一致するもの

本書収載話の番号と題名	IT（日本昔話タイプ・インデックス）		（Ⅰ）国際的・民族的比較				（Ⅱ）国内タイプ・インデックスとの対照	
			AT	朝鮮民族	漢民族	アイヌ民族	日本昔話名彙	日本昔話大成
52 大歳の火	18	大みそかの火	◦480B* ◦750A •751B*	•231			大歳の火	202
69 あとかくしの雪	20	あと隠しの雪			◦89I, ◦108			
92 笠地蔵	42A	笠地蔵－来訪型	◦503				笠地蔵	203
26 こぶとり爺	47	こぶ取り爺	•503	476			瘤取爺	194
41 風の神と子ども	49	風の神と子供	•619*		•183			
88 貧乏神	58	大みそかの金馬	◦530 ◦750A					201B
36 はなたれ小僧さま	75	竜宮童子	◦555 ◦751C* ◦1889H		◦39		竜宮童子	223
16 地蔵浄土	81	地蔵浄土	◦431A* ◦432B*	•460		◦23川下の老女神 ◦250申し子の冒険	地蔵浄土	184
22 ねずみ浄土	82	鼠の浄土	◦431A* ◦432B*			153鼠の浄土	鼠の浄土	185

97 隠れ里	83	隠れ里		•301,•302,◦303	◦103	81地獄穴訪問		補遺7
60 舌切雀	85	舌切り雀	◦1143A	◦200			舌切雀	191
2 うぐいすの里	86	鶯の浄土		◦304			見るなの座敷	196A・B
63 竹伐り爺	90	竹切り爺					竹伐爺	189
28 鳥呑爺	91	鳥飲み爺		•477	•29	21バナンペとペナンペ—鳥飲み屁	鳥呑爺	188
32 天福地福	92	天福地福	•745A •834, •834A	◦430	176		天福地福	161
44 味噌買橋	94	味噌買い橋	1645				味噌買橋	160
9 猿地蔵	103	猿地蔵					猿地蔵	195
74 取り付こうか、引っ付こうか	104	とり付くひっ付く					取付く引付く	163B
78 狼の眉毛	109	狼のまつ毛		◦501				172
20 塩吹き臼	110	塩ひき臼	565	264	63	◦344塩辛い海水の起こり	塩吹臼	167
33 聴耳頭巾	111	聞き耳頭巾	◦670	• 268,◦471	•8,•28		聴耳	164B・C
6 尻鳴りべら	112	尻鳴りべら	◦566	•269			尻鳴篦	470

93 源五郎の天昇り	113	鼻高扇	◦566	276,◦282	◦28		金の扇銀の扇,鳥団扇	469
64 桃太郎	127	桃太郎			•58		桃太郎	143
10 瓜姫コ	128	瓜姫	•408		•58	135顔の取り替え 161A娘のいいなづけ訪ね－衣装の取り替え型 186山姥嫁入り	瓜子姫子	144A
17 力太郎	131	こんび太郎	•301B, •513	•287,◦469	◦49, ◦208	•250申し子の冒険	力太郎	140
79 五分次郎	137B	一寸法師－狡猾者型	◦440	•202	•42,•43		一寸法師	
14 たにし長者	139	たにし息子	•433C ◦425,◦440		42,43		田螺長者 蛙聟入 蛞蝓聟	134,◦135
85 炭焼長者	145A	炭焼き長者－初婚型	◦841, ◦1642	◦234,•419	•193		炭焼長者, 芋掘長者	149A,•153
96 運定めの話	145B	炭焼き長者－再婚型	◦1642	•57, ◦234	◦88		炭焼長者	149B
7 三人兄弟	159	弟出世	•1525A, ◦653	•470	•笑21		弟出世	•173
11 なら梨とり	169	なら梨取り	•551	◦465		323兄弟のいちご取り	なら梨採り, ◦さやずりふくべ	176

38 糠福と米福	174	米福・粟福	◦510	◦200,450	32		糠福米福,紅皿欠皿	205A
31 手なし娘	178	手なし娘	706	452			手無し娘	208
77 朝日長者と夕日長者	181	灰坊	◦314,◦510	228,•417			灰坊太郎	211
55 蛇聟入り	205E	蛇婿入り－姥皮型	◦312A,◦510				蛇聟入,河童聟入	•104A
15 猿聟入り	210B	猿婿入り－里帰り型	◦312A				猿聟入	103
99 龍宮女房	215	竜宮女房	•465,•677*	206	39		竜宮女房	114
75 絵姿女房	217B	絵姿女房－物売り型	•516B,◦559	221,◦429	195	◦444笑わぬ女	絵姿女房	120A
18 魚女房	218	魚女房	◦555,◦751C*	206	◦35	•182ます女房		•113A・B
87 天人女房	221	天人女房	•465,◦413	205,◦723	34	54B天人女房－水浴型,•124乳房にぎり	天人女房	118
〈67 狼女房〉	225C	狐女房－田植え型		◦208			狐女房	
12 鶴女房	229A	鶴女房－離別型			◦35		鶴女房,鴨女房,鳥女房	115

51 おりゅう柳	231	木霊女房		•220〈変化〉	◦112			109
82 隣の寝太郎	236A	隣の寝太郎－鳩提燈型	◦1462, ◦1829				隣の寝太郎	126
30 あぶの夢	254	夢と蜂	•1645A	245			夢の蜂	158
59 子育て幽霊	256	子育て幽霊	◦450		115		子育て幽霊	147A
27 おどる骸骨	263	歌い骸骨	◦780				歌い骸骨	218
5 猿神退治	275A	猿神退治－犬援助型	•300, •312C, ◦312A	◦53,•143, ◦292	•98	34村救い－河童退治	猿神退治	256,◦257
62 猫と南瓜	282	猫とかぼちゃ					猫の秘密, 猫と南瓜	254
43 猫と狩人	283	猫と茶釜の蓋					猫と茶釜の蓋	253A・B
8 さとりの化け物	285	さとり	•180				さとりのわっぱ	265
98 旅人馬	286	旅人馬	◦314,◦431, ◦435A*				旅人馬	250
67 狼女房	289	鍛冶屋の婆	•121	◦114 ◦278,2		◦126にせの妻	千匹狼	252
94 宝化け物	295	宝化け物	◦326	255,•257	•124,◦193		宝化物	258
50 蟹問答	298	蟹問答	•812				蟹問答	261

25 大工と鬼六	299	大工と鬼六	•812			•62〜65素性明かし, •121素性求めの化け	大工と鬼六	263
21 三枚の札コ	347	三枚のお札	313H*, ◦313D*, ◦314,◦334	•102		20バナンペとペナンペ—黒い玉・白い玉	三枚のお札	240
90 天とうさん金の鎖	348	天道さん金の綱	◦333, ◦1141, ◦1336A	100,450〈変化〉	11	178 化け熊退治, 231天の神と狼の娘, •320木の援助	天道さん金の綱	245
66 馬子どんと山んばばあ	352	馬子と山姥	◦1121	◦4			牛方山姥	243
72 食わず女房	356B	食わず女房—くも女房型	•1373A			◦126にせの妻, ◦332くも女房	食わず女房, 口無し女房	244
39 花咲爺	364A	犬むかし—花咲か爺型		◦270,◦482	•30	◦195犬むかし	花咲爺	190
95 腰折れ雀	365	腰折れ雀		457	◦22,24		腰折雀	192
80 文福茶釜	370	狸の茶釜	◦325				文福茶釜	237B
3 犬ッコと猫とうろこ玉	383	犬と猫と玉	•560,◦200, ◦200D*	265,•266	◦12,13	98犬と猫と宝箱	犬と猫と指輪, 猿の一文銭	165
76 猫檀家	386	猫檀家					猫檀家	230
37 親捨山 (1) (2)	410A 410B	姥捨て山—難題型, 姥捨て山—もっこ型	981, •980	•403, 662	71 201		姥棄山	523A・B, 523C
34 黄金の瓜	429	金の瓜種	◦675	656	•笑23		金の茄子	522

81 嘘つきこん平	438	俵薬師	•1737, ◦1535	668	191, ◦笑11 I 21	280嘘つき男	俵薬師	618
70 分別才兵衛	439	知恵あり殿	•1537	◦233〈変化〉, 686	笑14		智恵あり殿	624
57 ほととぎすと兄弟	442	ほととぎすと兄弟			•83 II	•464夜鷹と子供－不孝な子	時鳥と兄弟	46
40 とび不孝	455	雨蛙不孝	◦1365A	8,◦350	◦172		鳶不孝, 雨蛙不孝, 鳩と親子	48
47 水乞い鳥	459B	水乞い鳥－馬飼い型			•83 II	◦473•474水乞い鳥	水恋鳥, 水乞鳥, 雲鳥牛飼	50B
45 鶴と亀の旅	500	亀の甲羅	•225A				雁と亀	64A
46 蟹の仇討	522A	柿争い－仇討ち型	•210	•53,◦54	•14	•115海魔の来襲	蟹の仇討	27A
68 猿とひき蛙の餅争い	527A	餅争い－餅ころがし型		•21			餅争い	20
13 かちかち山	531	かちかち山	◦1087				かちかち山, ◦狼と爺, •兎の奸計	32C
1 尻尾の釣	535B	尻尾の釣り－仕返し型	•2	25,◦41		493尻尾の釣り	尻尾の釣, 獺と猿	3,2A・B
23 狐と狼	536	うずらと狐	◦6				狐と魚狗《かわせみ》	4

49 豆と炭とわら	573	豆と炭と藁の旅	295				炭と藁しべと豆	43
35 猿の生き肝	577	猿の生き肝	91	39,◦5		488とどの生き肝	海月骨なし	35
65 えび・たこ・ふぐとからす	578	魚の芸						
61 古屋のむる	583	古屋の漏り	177	50	10		古家の漏り	33A・B
24 江戸の蛙と京の蛙	588A	愚かな蛙－京の蛙と大阪の蛙型						308
91 和尚さんと小僧さん(1)	605	和尚と小僧－あゆはかみそり	◦1567					529A
91 和尚さんと小僧さん(2)	606	和尚と小僧－馬の落とし物					和尚と小僧イ	539
89 吉吾どんの天昇り(3)	629	金ひり馬	•1539		笑1V，笑11-39		銭垂れ馬	621A・B
89 吉吾どんの天昇り(1)	653	吉五の天昇り			◦笑11 I 39			575
29 天狗と隠れみの	662	宝物交換	◦1002				宝物交換	468
89 吉吾どんの天昇り(2)	707	涙がこぼれる			•笑11 I 42			570

86 鼻きき五左衛門	732B	にせ占い－共謀型	•1641	663	◦190		高名の鼻利き	626A・C
71 似せ本尊	786	にせ本尊	◦327C	•140	•116		似せ本尊	282
19 てんぽ競べ	793	ほら吹き息子	•1920	•638〈変化〉, ◦652			テンポ競べ	492
84 ぐずの使い	870	法事の使い	◦1696		◦笑11 I		ぐつの話	333A・B
48 粗忽惣兵衛	872	あわて者				584あわて者失敗	粗忽相兵衛	405A・B
42 ぼたもち蛙	899	嫁が見たら蛙に	◦834A, •1736			240人が見たら蛇になれ	人が見たら蛙になれ	162B,◦162A
73 ねずみ経	901A	念仏と泥棒－鼠経型	•1530*		笑24		鼠経	382
54 からすの鍬	947	鳴き声と人－嘉兵衛鍬					嘉兵衛鍬	420A
58 おいとけ堀	995	二度のおどし		•106			二度の威嚇	411
53 団子聟	1047A	物の名忘れ－団子婿型	•1687	509	•笑6 II		団子聟	362A
56 へやの起こり	1118	屁ひり嫁		521,•642	笑8		へやの起り	377
83 鴨とりごんべえ	1141	鴨取り権兵衛					まのよい猟師	•464
〈93 源五郎の天昇り〉	1142	傘屋の天昇り		•739			源五郎の天昇り	463A・B
100 きりなし話(1) (2)	1181 1204	果てなし話－落ちる木の実, 流れた瓜	•2300	•701			果無し話	642B, 642G

主な参考文献

編著者	書名〈誌名〉	出版年	発行
〈全国にわたるもの〉			
	（昔話研究）	一九三五～一九三七年	三元社・壬生書院
柳田国男・関敬吾	昔話採集手帖	一九三六年	民間伝承の会
柳田国男	日本昔話名彙	一九四八年	日本放送出版協会
関敬吾	日本昔話集成（全六冊）（改訂・日本昔話大成）	一九五〇～一九五八年（一九七八～一九八〇年）	角川書店
関敬吾	日本の昔話（全三冊）	一九五六～一九五七年	岩波書店
稲田浩二・小澤俊夫	日本昔話通観（一―二七）	一九七七～一九九〇年	同朋舎出版
稲田浩二	日本の昔話（上・下）	一九九九年	筑摩書房

〈北海道・東北地方〉

佐々木喜善	老媼夜譚	一九二七年	郷土研究社
佐々木喜善	聴耳草紙	一九三一年	中外書房
知里幸恵	市立旭川郷土博物館研究報告5	一九六七年	旭川郷土博物館
小笠原謙吉	紫波郡昔話集	一九四二年	三省堂
岩崎敏夫	磐城昔話集	一九四二年	三省堂
佐々木喜善	上閉伊郡昔話集	一九四三年	三省堂
平野直	すねこ・たんぱこ　第一集	一九五八年	未来社
能田多代子	手っきり姉さま——五戸の昔話	一九五八年	未来社
平野直	すねこ・たんぱこ——岩手の昔話——第二集	一九五八年	未来社
今村義孝	秋田むがしこ　第一集	一九五九年	未来社
国学院大学民俗文学研究会	青森県下北地方昔話集	一九六七年	
国学院大学説話研究会	津軽百話	一九六七年	東出版
今村義孝 今村泰子	秋田むがしこ　第二集	一九六八年	未来社
石川純一郎	河童火やろう——福島昔話	一九六八年	東出版

相馬道胤	相馬郡昔話集	一九六九年	（謄写刷）
佐々木徳夫	むがす、むがす、あっとごぬ	一九六九年	未来社
福島県教育委員会	西会津地方の民俗	一九六九年	福島県教育委員会
武田正	中津川昔話集　上	一九七〇年	（謄写刷）
武田正	牛方と山姥—海老名ちゃう昔話集	一九七〇年	海老名正二

〈関東・東海地方〉

小島瓔礼	神奈川県昔話集（第一、二冊）	一九六七・六八年	神奈川県教育委員会
静岡県女子師範学校郷土史研究会	静岡県伝説昔話集	一九四〇年	自刊
京都女子大学説話文学研究会	伊豆稿本　日本昔話通観13巻	一九八〇年	同朋舎出版

〈中部地方〉

小山真夫	小県郡民譚集	一九三三年	郷土研究社
土橋里木	続甲斐昔話集	一九三六年	郷土研究社
鈴木棠三	佐渡島昔話集	一九四二年	三省堂
岩倉市郎	南蒲原郡昔話集	一九四三年	三省堂
土橋里木	富士北麓昔話集	一九五七年	山梨民俗の会
水沢謙一	おばばの昔ばなし	一九六六年	野島出版

水沢謙一	とんと昔があったけど 第一集	一九六七年	未来社
水沢謙一	雪国の夜語り	一九六八年	野島出版
岐阜県小中学校長会教文部	美濃と飛驒のむかし話	一九六八年	岐阜県小中学校長会教文部
水沢謙一	赤い聞耳ずきん	一九六九年	野島出版
	(あしなか第一一五輯)	一九六九年四月	山村民俗の会
丸山久子	佐渡国仲の昔話	一九七〇年	三弥井書店
国学院大学民俗文学研究会	奥飛驒地方昔話集	一九七〇年	

〈近畿地方〉

東洋大学民俗研究会	余呉村の民俗	一九七〇年	
京都府立総合資料館資料部	京都府船井郡和知町昔話調査報告書	一九七〇年	京都府立総合資料館
京都女子大学説話文学研究会	美方・村岡昔話集	一九七〇年	(謄写刷)

〈中国地方〉

磯貝勇	安芸国昔話集	一九三四年	岡書院
今村勝臣	御津郡昔話集	一九四三年	三省堂
岡山民話の会	なんと昔があったげな(上・下)	一九六四・六五年	岡山民話の会

大谷女子大学説話文学研究会	蒜山南麓地方昔話集	一九六七年	(謄写刷)
親和女子大学説話文学研究会	蒜山地方昔話集	一九六七年	(謄写刷)
親和女子大学説話文学研究会	鳥取県東伯郡東伯町昔話集(上・下)	一九六八年	(謄写刷)
稲田浩二 福田晃	蒜山盆地の昔話	一九六八年	三弥井書店
親和女子大学説話文学研究会	広島県高野郷昔話集	一九六九年	(謄写刷)
大谷女子大学説話文学研究会	広島県比婆郡高野町下高野昔話集	一九六九年	(謄写刷)
大谷女子大学説話文学研究会	口和町昔話集	一九七〇年	(謄写刷)
大谷女子大学説話文学研究会	日置・俵山昔話集	一九七〇年	(謄写刷)
稲田浩二 福田晃	大山北麓の昔話	一九七〇年	三弥井書店
稲田和子	倉吉市の昔話稿	一九七二年	
隠岐島前高校郷土部	隠岐知夫里島の民話・島前の伝承5	一九七六年	(謄写刷)

〈四国地方〉

武田明	讃岐佐柳・志々島昔話集	一九四四年	三省堂
武田明	候えばくばく——讃岐塩飽の昔話	一九六五年	未来社

大谷女子大学民俗研究会　長見の民俗・十和の民俗　一九七〇年　（謄写刷）

〈九州地方〉

関敬吾　島原半島民話集　一九三五年　建設社
岩倉市郎　沖永良部昔話集　一九四〇年　民間伝承の会
鈴木清美　直入郡昔話集　一九四三年　三省堂
岩倉市郎　喜界島昔話集　一九四三年　三省堂
岩倉市郎　甑島昔話集　一九四四年　三省堂
宮崎一枝　国東半島の昔話　一九六九年　三弥井書店
荒木博之　甑島の昔話　一九七〇年　三弥井書店

あとがき——改訂新版にあたって

月日のたつのは早いもので、一九七一(昭和四六)年の春、この「百選」がうぶ声をあげて、今年でもうよわい三十二歳を迎えました。

想い出しますと、一九七〇年の秋、「原爆の図」アメリカ合衆国展の準備でお忙しい最中の、丸木位里先生、俊先生御夫妻をお訪ねし、お礼のお金はありませんが、表紙絵とさし絵を画いていただけないか、と不躾なお願いをいたしました。ところがお二人は即刻お引き受けくださり、おかげでこの本はまこと望外に幸せな船出ができました。

今も、昔話をうかがった、全国津々浦々の語り婆さ、語り爺さの、お声やお顔がありありと浮かんできます。みなさんの多くはこの世をお去りになりましたが、そのお話をのせさせていただいた「百選」は、初刷以来昨年までに四三刷を重ねることができました。全国各地のお母様やストーリーテラーの方々から、昔話のふるさとのようにして幼な子たちを楽しませている、というたくさんのお便りをいただきました。まことに、著者冥利に尽きる思いです。

刊行時に助産婦の役をしてくださった、三省堂編集部の相田タミさん、今回改訂の面倒をみていただいた出版局の伊藤雅昭さん、お手数をわずらわせました。心から感謝いたします。

二〇〇三年五月一日

稲田浩二
稲田和子

稲田浩二（いなだ・こうじ）

1925（大正14）年，岡山市に生まれる。

広島文理科大学文学部国語学国文学科卒業。京都女子大学名誉教授。前アジア民間説話学会会長。

著書に『昔話は生きている』（三省堂新書・筑摩学芸文庫），『昔話の時代』（筑摩書房），『日本の昔話』上・下（筑摩学芸文庫），『アイヌの昔話』（筑摩学芸文庫），『昔話の源流』（三弥井書店）他。

2008（平成20）年に死去。

稲田和子（いなだ・かずこ）
1932（昭和７）年，岡山県里庄町に生まれる。
岡山大学法文学部文学科卒業。山陽学園短期大学名誉教授。
著書に『くわずにょうぼう』（福音館書店），『かもとりごんべえ』（岩波書店），『子どもに語る日本の昔話』１・２・３（こぐま社・共著）他。

1971年４月15日　初版発行

日本昔話百選　改訂新版
2003年７月10日　第一刷発行
2024年４月10日　第十五刷発行

編著者　稲田浩二・稲田和子
発行者　株式会社　三省堂
代表者　瀧本多加志
発行所　株式会社　三省堂
東京都千代田区麴町五丁目7番地2
電話　(03)3230-9411
https://www.sanseido.co.jp/

落丁本・乱丁本はお取替えいたします。〈改訂日本昔話百選〉

ISBN978-4-385-36151-2